Samsung Galaxy S7 pour LES NULS

Bill Hughes

FIRST
Interactive

Samsung Galaxy S7 pour les Nuls

Titre de l'édition originale : *Samsung Galaxy S7 For Dummies*
Pour les Nuls est une marque déposée de Wiley Publishing, Inc
For Dummies est une marque déposée de Wiley Publishing, Inc

Collection dirigée par Jean-Pierre Cano
Traduction : Daniel Rougé
Maquette et illustrations : Marie Housseau

Édition française publiée en accord avec Wiley Publishing, Inc.

12, avenue d'Italie
75013 Paris - France
Tél. 01 44 16 09 00
Fax 01 44 16 09 01
E-mail : firstinfo@efirst.com
Web : www.editionsfirst.fr
ISBN : 978-2-7540-8754-4
Dépôt légal : 2e trimestre 2016
Imprimé en France

Sommaire

Introduction

Smartphone… En quelques années, ce mot inventé de toutes pièces est devenu comme un cri de ralliement pour tous ceux qui veulent être à la pointe du progrès, du moins en matière de téléphonie mobile. *Smart telephone*, téléphone intelligent… En fait, ce n'est pas le téléphone qui est intelligent, mais les gens de chez Samsung qui ont conçu le Galaxy S7, et vous qui en avez fait l'acquisition !

Android… L'*autre* système d'exploitation qui domine aujourd'hui très largement le marché des appareils mobiles, qu'il s'agisse de smartphones ou de tablettes. Et, comme il se doit, c'est le système que contient le Galaxy S7, avec en prime une interface maison, appelée Touchwiz, à la fois superbe et extrêmement fonctionnelle.

Tactile… L'écran du Galaxy S7 est tactile. Vous le touchez, et il réagit. Mais en plus, cet écran est d'une qualité et d'une finesse d'affichage remarquables. Il met parfaitement en valeur les photos et les vidéos que vous prenez avec son fabuleux capteur.

En fait, votre Galaxy S7 est comme un petit ordinateur de poche, bourré de composants électroniques haut de gamme, communicant en diable, qui, en prime, vous permet de jouer, pardon, de téléphoner…

En tant que nouveau possesseur d'un Galaxy S7, ou à moins que vous ne soyez simplement intéressé par son achat, vous avez évidemment envie de tirer le maximum de ses possibilités. Cela peut être intimidant, voire même frustrant. Mais rien n'est insurmontable, et votre expérience sera certainement encore meilleure à la lecture du livre que vous tenez entre les mains. C'est du moins ce que j'espère…

N'OUBLIEZ PAS

En réalité, il n'existe pas un, mais deux modèles de Galaxy S7. Il y a la version « standard », et la version « Edge », dont les bords de l'écran sont arrondis. Une petite merveille de technologie tactile. Mais est-ce que la plus-value (au moins esthétique) apportée par le Galaxy S7 Edge justifie la différence de prix ? Vous découvrirez le moment venu mon avis à ce sujet…

À propos de ce livre

Ce livre a été écrit pour vous aider à tirer le meilleur parti possible des possibilités offertes par votre smartphone Galaxy S7. C'est un ouvrage de référence. Chaque chapitre couvre un sujet spécifique, et les sections de ces chapitres s'intéressent à un point particulier de ce sujet. Inutile donc de lire ce livre dans l'ordre, de la première à la dernière page.

Au fil des pages, vous allez par exemple découvrir comment :

- Mettre en service et découvrir le maniement du Galaxy S7.
- Téléphoner, gérer votre carnet d'adresses, échanger des messages ou bien encore accéder à votre compte Facebook.
- Photographier, filmer et partager vos magnifiques prises de vue.
- Ajouter des tas d'applications passionnantes.
- Vous localiser et même trouver des itinéraires.
- Gérer votre emploi du temps et vos documents de travail.
- Partager le contenu de votre Galaxy S7 tout en vous protégeant contre les risques inhérents aux communications modernes.

Et tant d'autres choses encore… Vous n'avez rien de particulier à mémoriser, pas de formules magiques à prononcer, pas de sacrifices d'animaux à faire, et, définitivement, pas de présentations PowerPoint à ingurgiter. Au lieu de tout cela, chaque section explique un point particulier en supposant que vous venez d'ouvrir le livre au hasard à cette page-là. Il n'y a aucun présupposé à remplir. Et si certains termes un peu techniques doivent tout de même être expliqués, vous en êtes immédiatement prévenu. Ignorez-les si c'est ce que vous voulez. L'idée de ce livre, ce n'est pas de faire un cours de Galaxy S Niveau 7, mais tout simplement de vous aider à vous y retrouver tout seul, comprendre en vous exerçant à la philosophie générale qui sous-tend tout le fonctionnement de votre smartphone, et ensuite de vous laisser vivre votre vie.

Comment utiliser ce livre

Il y a quand même quelques conventions sur lesquelles nous devons nous mettre d'accord.

Tout d'abord, vous devez comprendre ce qu'est un écran tactile (d'accord, il y a aussi quelques boutons « physiques » autour de lui), et comment s'en servir. Vous allez devoir aussi vous habituer à son clavier virtuel (et sans doute aussi à son micro, si vous avez envie de lui parler).

Quand vous aurez compris les notions de base sur ces éléments, le reste devrait suivre sans trop de douleur.

D'autre part, ce livre vous invite aussi à faire telle ou telle chose en suivant des étapes numérotées, chacune correspondant à une action spécifique, comme toucher un élément affiché sur l'écran. Par exemple :

1. **Touchez Partager.**

   Cela signifie que vous devez trouver un texte, un lien ou encore un bouton qui indique Partager, et toucher l'écran à cet endroit pour déclencher une certaine action.

Mais je pourrais tout aussi bien écrire :

2. **Choisissez Partager.**

ou encore :

3. **Tapez sur Partagez.**

Toucher, taper, cela revient au même. En fait, c'est comme *cliquer* sur un ordinateur traditionnel.

Certaines options peuvent être activées ou désactivées, ce qui est indiqué par une marque colorée dans une case, comme le dessin placé en marge. En touchant cette case sur votre écran, vous pouvez faire apparaître ou au contraire disparaître la marque (ou la coche, si vous préférez). Dans le premier cas, l'option est active. Dans le second, elle est inactive. Dans d'autres cas, une option peut aussi être inversée en touchant un gros bouton gris (désactivé) ou vert (activé, comme placé en marge en bas). On les appelle aussi des *bascules* (ou interrupteurs).

Icônes utilisées dans ce livre

Cette icône signale un conseil utile ou un raccourci commode.

Pour vous aider à ne pas oublier de faire quelque chose de particulier.

Vous entrez dans une zone dangereuse, et cette icône vous alerte sur quelque chose que vous ne devriez *pas* faire.

Malgré tous les efforts consentis, il y a tout de même quelques points techniques que je me dois d'expliciter. Mais vous n'êtes pas forcé de les lire. Quoique cela pourrait tout de même vous servir à briller en société !

Première partie

Bien démarrer avec le Samsung Galaxy S7

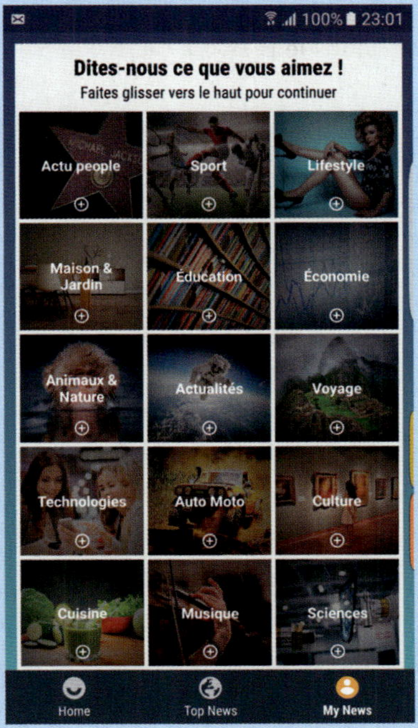

Dans cette partie…

- Comprendre les fonctions de base d'un smartphone
- Commencer à naviguer sur votre Galaxy S7
- Éteindre ou mettre en veille votre smartphone
- Gérer au mieux l'utilisation de votre smartphone

1

Explorer ce que vous pouvez faire avec votre Galaxy S7

Dans ce chapitre :

- Les fonctionnalités d'un téléphone mobile traditionnel
- Comprendre ce qui rend les smartphones si particuliers
- Ce qui rend votre Galaxy S7 si *cool*

Vous pouvez utiliser un téléphone (ou plutôt un *smartphone*) aussi sophistiqué que le Galaxy S7 pour exécuter des tâches tout à fait basiques, comme passer des coups de fil et répondre à des appels, personnaliser la sonnerie, et peut-être même utiliser une oreillette Bluetooth. Ainsi, aussi étonnant que cela puisse paraître, un Galaxy S7 est capable d'accomplir ces tâches rudimentaires. Nous allons bien entendu les explorer, mais je sais que ce n'est pas forcément la raison de votre achat. Même si, finalement, un smartphone est tout de même fait *aussi* pour téléphoner.

Tout au long de ce livre, vous découvrirez pas à pas tout ce qui rend le Galaxy S7 si attrayant et si utile, et comment en tirer le meilleur parti.

Les fonctions élémentaires de votre téléphone

Tous les téléphones mobiles du marché proposent des fonctions de base que vous retrouvez sur des appareils d'entrée de gamme. Il n'y a donc aucune raison pour que votre Galaxy S7 échappe à cette règle (même s'il les gère d'une manière plus sophistiquée). Ainsi, vous pourrez accomplir des tâches aussi simples que passer et recevoir des appels (voyez le Chapitre 4) envoyer et recevoir des SMS et des MMS (reportez-vous au Chapitre 6), et bien entendu photographier.

Voici une petite liste des fonctions de base de votre S7 :

- **Puissance :** le Galaxy S7 bénéficie d'un processeur extrêmement puissant, d'une unité de traitement dédiée au graphisme de haute volée (ce qui est parfait pour la vidéo ou pour les jeux), de 4 Go de mémoire vive (la RAM) et de 32 Go de mémoire flash interne (dont environ 8 Go sont cependant déjà utilisés par le système), ainsi que d'une belle batterie (3 000 mAh pour le S7, et 3 600 mAh pour le S7 Edge).

  TRUC

  Il est possible d'ajouter une carte mémoire Micro SD d'une capacité allant jusqu'à 200 Go. Rien que cela !

  TRUC

  Parmi les nombreux accessoires qui équipent le Galaxy S7, notons tout de suite la présence d'un capteur biométrique (pour la lecture des empreintes), d'un cardiofréquencemètre, d'un podomètre, d'un baromètre, et ainsi de suite. Nous y reviendrons le moment venu.

- **Appareil photo numérique de 12 mégapixels :** il permet d'obtenir des photographies d'une dimension maximale de 4032 x 3024 pixels. De quoi réaliser de beaux tirages ! Sans oublier la caméra frontale de 5 mégapixels (soit 2592 x 1944 pixels) pour réussir de superbes *selfies*...

- **Sonneries :** vous pouvez ajouter des sonneries que vous téléchargerez dans la mémoire de votre téléphone. Il est également possible d'assigner une sonnerie pour chaque numéro de téléphone de votre carnet d'adresses.

- **Bluetooth :** le Galaxy S7 est compatible avec les périphériques Bluetooth standard et stéréo.
- **Wi-Fi :** évidemment, l'accès aux réseaux sans fil Wi-Fi, à commencer par celui de votre box Internet, est une fonctionnalité de base de tous les smartphones. Mais le Galaxy S7 va encore plus loin en vous permettant de combiner 4G et Wi-Fi (mais vous consommez alors aussi des données mobiles).
- **USB :** la connexion du Galaxy S7 à son chargeur ou à un ordinateur se fait toujours en USB.

  Le connecteur USB est de type 2.0. Relier le smartphone au port USB 3.0 d'un ordinateur ne fera rien gagner en rapidité.
- **Écran très haute résolution :** le Galaxy S7 est équipé d'un écran tactile de 5,1 pouces ou de 5,5 pouces (pour le Galaxy Edge) et de la plus belle résolution du marché : c'est du WQHD, soit 2560 x 1440 pixels. Rien que ça ! Et comme la qualité du rendu est au rendez-vous, vous avez entre les mains le plus bel écran de smartphone de toute la planète (et même du système solaire dans sa totalité).

  Le Galaxy S7 Edge possède la même résolution, mais la taille de l'écran est plus imposante. Et les bords de cet écran sont courbes. Ce qui justifie un prix sensiblement supérieur, et quelques gadgets de plus pour justifier cet écart. Hormis ce côté ostentatoire, les deux modèles sont identiques pour l'essentiel.
- **Écran tactile capacitif :** l'écran du Galaxy S7 est très sensible au toucher. Il permet donc une utilisation précise, souple et rapide de l'ensemble de ses fonctionnalités.
- **Étanchéité :** le Galaxy S7 est conforme à la norme IP68. Cela signifie qu'il est réputé être suffisamment étanche pour résister à une plongée dans un mètre d'eau au plus, et ce pendant 30 minutes. Avis aux courageux amateurs !

Les fonctionnalités d'un smartphone

Bien entendu, un appareil de la qualité du Galaxy S7, qui est basé sur le populaire système Android, propose des fonctionnalités bien plus développées que celles d'un téléphone mobile traditionnel. À l'instar de ce que vous pouvez trouver sur un iPhone ou sur un téléphone Windows, votre Galaxy S7 dispose des fonctionnalités suivantes :

- **Accès Internet :** il suffit pour cela de lancer un navigateur Web sur le téléphone.
- **Photos :** le smartphone est équipé d'un appareil photo (ou plutôt de deux appareils), et d'un programme qui en assure la gestion.
- **Courrier électronique sans fil :** vous pouvez envoyer et recevoir des e-mails avec votre Galaxy S7.
- **Multimédia :** écoutez de la musique et regardez des vidéos (ou la télévision) sur votre téléphone. Et avec un tel affichage, vous risquez même d'abandonner votre vieux téléviseur pour profiter au maximum de l'écran du Galaxy S7 !
- **Gestionnaire de contacts :** fini le temps où vous deviez taper les dix chiffres des numéros de téléphone de vos correspondants. Le Galaxy S7 vous permet d'organiser vos contacts sous la forme d'un carnet d'adresses. Vous pouvez ajouter un certain nombre de données, comme des adresses de messagerie électronique et une photographie. Et il est même possible de synchroniser les informations du gestionnaire de contacts avec les données personnelles de votre ordinateur !
- **Caméscope numérique :** vous pouvez utiliser le Galaxy S7 comme un caméscope numérique haute définition (Full HD et même 4K !).
- **Organiser votre vie quotidienne :** le Galaxy S7 permet de surveiller la météo locale, les informations nationales, votre agenda, de programmer des alarmes, de consulter des informations boursières, de compter vos pulsations cardiaques et de vous accompagner dans vos activités physiques.

- **Plans et itinéraires :** le Galaxy S7 utilise la puce GPS du téléphone pour vous localiser où que vous vous trouviez, vous proposer des services locaux ou encore vous aider dans vos déplacements.
- **Applications bureautiques et commerciales :** le Galaxy S7 vous permet de rester productif loin de votre bureau ou de chez vous.

Les prochaines sections détaillent l'ensemble de ces fonctionnalités.

Accès Internet

Autrefois, seul un ordinateur portable permettait d'accéder à Internet loin de chez vous ou de votre lieu de travail. Aujourd'hui, les smartphones sont des alternatives très intéressantes puisque, malgré leur petite taille, ils disposent d'un navigateur Web. Plus important encore, vous pouvez accéder à Internet même si votre abonnement auprès d'un opérateur ne vous le permet pas. En effet, grâce à ses fonctionnalités Wi-Fi, le Galaxy S7 est capable de se connecter à n'importe quel réseau sans fil disponible.

Le problème d'un smartphone est de proposer un écran beaucoup plus petit qu'un ordinateur de bureau ou portable. De plus, les sites contenant des images de grande taille mettent plus de temps à se télécharger. Heureusement, de plus en plus de sites Web proposent des versions mobiles spécialement conçues pour les smartphones. En règle générale, le nom de ces sites commence par la lettre « m » ou par le mot mobile comme `m.yahoo.com`.

Sur le Galaxy S7, vous pouvez bien souvent visiter aussi bien la version mobile que la version complète d'un site Web.

Pour en savoir plus sur votre Galaxy S7 et Internet, reportez-vous au Chapitre 7.

Photos

Le Galaxy S7 est équipé d'une application graphique qui permet d'utiliser tout le potentiel de son remarquable appareil photo numérique. Des études ont montré que les propriétaires d'un téléphone mobile ont tendance à prendre beaucoup de photographies le premier mois de son utilisation. Ensuite, les photos restent stockées sur le smartphone et sont donc très rarement transférées sur un ordinateur. Au fil des mois, la prise de photos avec un téléphone mobile chute dramatiquement.

Mais, grâce à l'application de gestion des images de votre Galaxy S7, vous pourrez directement et facilement intégrer vos clichés dans votre photothèque personnelle, ou les partager sur un site spécialisé comme Flickr, et évidemment n'importe quel réseau social.

Pour plus d'informations sur l'utilisation de l'appareil photo du Galaxy S7 et les applications dédiées à cette activité, consultez le Chapitre 9.

Messagerie électronique sans fil

Votre smartphone Galaxy peut accéder à vos comptes de messagerie professionnels et personnels. Il vous permet également d'envoyer et de recevoir des e-mails. En fonction de votre système de messagerie, vous pourrez synchroniser vos messages avec ceux de votre ordinateur de manière à garder une cohérence entre tous vos courriers électroniques.

Pour en savoir plus à ce sujet, reportez-vous au Chapitre 6.

Multimédia

Le Galaxy S7 permet d'écouter de la musique (en Haute Qualité audio) et de regarder des vidéos avec les applications installées par défaut. Toutefois, vous pouvez enrichir cette expérience multimédia en téléchargeant des lecteurs plus performants sur Play Store.

L'utilisation des services multimédias est traitée au Chapitre 10.

Applications professionnelles

Le Galaxy S7 permet de travailler avec des applications compatibles Microsoft Office.

Personnaliser votre téléphone avec des jeux et des applications

Les développeurs d'applications (petits et gros) travaillent dur sur la plateforme Android pour vous proposer des applications et des jeux performants. Contrairement à d'autres plateformes dédiées à des smartphones, celle de Google impose peu de restrictions aux développeurs, ce qui se traduit par l'apparition régulière de quantité de nouvelles applications. En fait, le nombre d'applications disponibles sur Play Store dépasse allègrement le million. Le téléchargement d'applications (parmi lesquelles des myriades de jeux) est traité au Chapitre 8.

TRUC

Les amateurs de jeu apprécieront certainement les nouvelles fonctionnalités offertes par Game Launcher ou encore Game Tools. Ce mode permet de désactiver certaines fonctions du Galaxy pour ne pas être dérangé ou encore économiser la batterie, ainsi que de faciliter par exemple le partage en ligne des performances réalisées.

Votre smartphone est livré avec de belles applications qui, c'est évident, ne correspondront pas obligatoirement à toutes les tâches que vous souhaitez accomplir sur votre Galaxy S7. En effet, vous pouvez avoir un intérêt particulier pour la philatélie ou l'observation des étoiles que Samsung n'a pas eu la présence d'esprit d'inclure dans le S7 sous la forme d'une application dédiée. (Mais à quoi pensent-ils ?)

Votre téléphone est aussi livré avec des *widgets* préinstallés. Il s'agit de petites applications spécialisées. Par exemple, un widget spécifique vous permet de suivre la météo, tandis qu'un autre vous rappellera l'heure de votre prochain rendez-vous. Ils résident généralement sur l'écran d'accueil étendu afin de pouvoir être immédiatement disponibles.

Les applications permettent d'augmenter facilement et rapidement les fonctionnalités de votre smartphone sans vous ruiner. Ainsi, grâce à ces petits programmes, vous pouvez personnaliser votre Samsung Galaxy S7 pour qu'il réponde à vos besoins particuliers et personnels, comme sur un véritable ordinateur.

La mémoire du Galaxy S7 n'étant pas extensible, vous ne pourrez pas y stocker à l'infini applications, films, photographies et musiques. Compte tenu de la place que le système lui-même occupe, vous ne disposez par exemple que d'environ 24 Go de libre avec le modèle 32 Go. Bien sûr, c'est déjà important. Mais, sous peine de devoir faire un peu de ménage dans quelque temps, vous devriez très vite vous doter d'une carte mémoire Micro SD d'une capacité adaptée à vos besoins.

Respirez profondément

Ne vous précipitez pas pour explorer toutes les fonctions de votre Galaxy S7 dès sa première utilisation. Il est plus judicieux d'en découvrir les possibilités au fur et à mesure que vous vous familiariserez avec lui. Commencez par utiliser une fonction particulière, et, dès que vous la maîtrisez, passez à la suivante. Par exemple, vous pourriez commencer par configurer vos comptes de messagerie électronique et de réseaux sociaux.

La découverte progressive d'un smartphone comme le Galaxy S7 demande un peu de temps. Mais c'est indispensable pour ne pas transformer votre expérience de téléphonie mobile en un véritable cauchemar.

Heureusement, vous avez entre les mains le livre qui vous permet de progresser à votre rythme dans l'utilisation de ce formidable smartphone. Laissez-vous tranquillement guider à raison d'un ou deux chapitres à la fois.

Quoi de neuf sur la planète Android ?

Le Galaxy S7 est le *nec plus ultra* des téléphones tournant sous le système Android dans la dernière version en date, celle qui porte le numéro 6, et qui est plus joliment dénommée Marshmallow (chez Google, on aime les sucreries…). Par conséquent, toute application développée pour ce type de système fonctionnera sur le S7 au mieux de sa forme. Cela est d'autant plus utile que l'objectif de la plate-forme Android est de créer un environnement permettant aux développeurs de proposer des applications payantes ou gratuites qui augmentent les fonctionnalités des smartphones basés sur ce système. Le mode de gestion plutôt souple défini par Google (dans le respect des lois, bien entendu) aide les programmeurs à être plus créatifs, ce qui attire les meilleurs sur la planète Android. Pour votre plus grand plaisir.

Cerise sur le gâteau, Android est conçu pour exécuter plusieurs applications simultanément. Il permet ainsi de passer rapidement d'un programme à un autre, ce qui rend votre expérience avec le Galaxy S7 encore plus agréable.

Ce qui peut alourdir la note

Les smartphones sont généralement bien meilleur marché lorsque vous les achetez en même temps que vous signez un nouvel abonnement. En règle générale, votre prestataire en téléphonie mobile vous permet de téléphoner (c'est bien la moindre des choses), d'envoyer et de recevoir des SMS et des MMS, et de télécharger une certaine quantité de données sur Internet. Bien évidemment, votre Galaxy S7 dispose de toutes les fonctionnalités qui permettent de profiter à merveille de l'ensemble de ces services.

On ne le dira jamais assez : lorsque vous avez des chargements de données importants à faire, attendez d'être à portée d'un réseau Wi-Fi accessible. C'est rapide, fiable, et surtout, cela ne vous coûtera rien de plus.

Téléphoner

À l'origine, l'homme se contentait d'appeler « téléphone » un téléphone. En d'autres termes, il savait que le téléphone lui permettait de téléphoner, c'est-à-dire de parler à des correspondants utilisant le même genre d'appareil que lui. Au début de la téléphonie mobile, les prestataires proposaient des abonnements pour téléphoner, car les appareils ne savaient rien faire d'autre. Le coût d'un abonnement dépendait du nombre d'heures, ou plutôt de minutes, de communication dont vous aviez besoin.

Avec le développement des smartphones, qui sont de super téléphones mobiles super intelligents, la téléphonie a progressé de manière vertigineuse. Aujourd'hui, vous pouvez faire énormément de choses avec un appareil mobile, au point qu'on en oublierait presque que l'on peut aussi téléphoner avec. Donc, quel que soit l'abonnement que vous souscrirez auprès d'un prestataire, il y a fort à parier que vous disposerez d'un certain nombre d'heures de communication, c'est-à-dire d'appels téléphoniques classiques.

Vous ne serez donc pas étonné d'apprendre que le Galaxy S7 permet de recevoir et de passer des appels, comme cela est expliqué au Chapitre 4.

Vérifiez toujours le nombre d'heures de conversation proposé dans votre forfait de téléphonie mobile. Bien que la majorité des utilisateurs recherche des forfaits avec SMS et MMS illimités, il est très facile de penser qu'il en va de même pour vos conversations téléphoniques.

SMS/MMS

L'envoi de SMS et de MMS est devenu l'une des activités principales de la téléphonie mobile, notamment auprès des jeunes utilisateurs. Il est rare qu'un forfait ne propose pas les SMS et les MMS en illimité. D'autres prestataires proposent des formules adaptées à toutes les catégories d'âge de la population. En effet, en fonction de votre génération, vous n'aurez probablement pas toujours le réflexe de communiquer avec vos interlocuteurs par SMS. Vous préférerez la bonne vieille méthode de l'appel téléphonique classique.

Bien entendu, le Galaxy S7 fonctionne avec son temps. Il permet de gérer très facilement les SMS et les MMS et en facilite la composition.

Si vous préférez communiquer sur les réseaux sociaux, le Galaxy S7 est le smartphone qu'il vous faut ! Voyez à ce sujet le Chapitre 11.

Données

La notion de données concerne en premier lieu les pages Web que vous consultez sur Internet, et les fichiers que vous pouvez y télécharger. Mais ce n'est qu'une partie de la question : l'utilisation du GPS en rase campagne, la synchronisation des fichiers avec un nuage Internet quelconque, l'écoute de musique ou la visualisation de vidéos en streaming, ce sont aussi des échanges de données ! Là encore, tout est question d'abonnement… Ainsi, la plupart des forfaits proposent une connexion plus ou moins étendue, voire illimitée, à Internet *via* le réseau 3G ou 4G.

La notion de connexion Internet *illimitée* doit être prise avec précaution. En effet, et cela peut paraître très étrange, le terme illimité n'est pas compris de la même manière par les utilisateurs et les prestataires de téléphonie mobile. Si vous lisez bien votre contrat, vous constaterez que l'Internet illimité ne l'est pas et que vous êtes systématiquement limité à un certain nombre de gigaoctets de données que vous pouvez télécharger mensuellement. Au-delà de cette capacité, vous serez facturé d'un surcoût.

Toutefois, vous n'êtes pas obligé de souscrire à un abonnement 3G ou 4G pour accéder à Internet avec votre Galaxy S7. En effet, grâce à sa fonctionnalité Wi-Fi, vous pouvez parfaitement vous connecter au réseau local de votre domicile. Mieux encore, certains prestataires permettent de se connecter à leur propre réseau Wi-Fi, ce qui permet à un abonné d'accéder à Internet là où se trouve une box de leur marque. En d'autres termes, vous bénéficiez presque d'une connexion illimitée à Internet sans abonnement supplémentaire.

Bien entendu, votre Galaxy S7 pourra se connecter aux accès Wi-Fi gratuits de certains cafés, restaurants, hôtels, ou encore médiathèques.

Que se passe-t-il si je n'ai pas acheté mon S7 auprès d'un opérateur de téléphonie mobile ?

De facto, je pense que votre Galaxy S7 est flambant neuf. Par conséquent, il ne peut pas avoir été verrouillé par un opérateur de téléphonie mobile. Donc, vous pouvez parfaitement souscrire un abonnement *après* avoir acheté votre Galaxy S7. Il vous suffira alors d'y insérer la carte SIM (plus précisément nano SIM) fournie par le prestataire que vous avez choisi.

Malgré la gratuité potentielle des connexions Internet, ne perdez jamais de vue que certains services basés sur le Web sont payants. Donc, si la gratuité est le maître mot de votre expérience de la téléphonie mobile, vérifiez bien cette gratuité avant de vous abonner à un quelconque service disponible sur Internet.

Survivre un jour de grand déballage

Lorsque vous allez allumer votre Galaxy S7 pour la toute première fois, il va vous poser toute une série de questions afin de le configurer et de le personnaliser. Franchement, ils font tout pour rendre ce livre inutile et me mettre au chômage… C'est énervant !

Les types de chez Samsung sont pleins de bonnes intentions, mais tous les nouveaux et heureux possesseurs d'un Galaxy S7 ne savent pas forcément à l'avance s'ils ont besoin d'un compte Samsung, quel nom donner au téléphone, et ainsi de suite.

Relax. Je suis là pour vous aider à répondre à ces questions. Et, si c'est nécessaire, je vous indiquerai le numéro du chapitre de ce livre qui pourra vous aider à faire ce que vous voulez.

D'un autre côté, si votre téléphone est déjà configuré par votre opérateur de téléphonie, vous avez probablement sauté quelques questions, et vous voudrez peut-être revenir sur certains choix. Aucun problème, il est toujours possible de changer d'avis et de modifier les options de configuration de manière à ce que votre smartphone se comporte exactement comme vous le voulez.

Bien entendu, vous n'avez pas pu patienter plus longtemps. Vous avez déjà installé votre carte nano SIM et appuyé sur le bouton d'allumage… Oui ? Vous pouvez lire ce qui suit. Non ? Un détour s'impose par le Chapitre 2. Vous reviendrez ensuite ici pour suivre la procédure ci-après.

Lors d'une première configuration du Galaxy S7, vous êtes normalement confronté à une série d'une dizaine de questions :

- **Écran 1 : Code PIN du téléphone.** Votre Galaxy S7, c'est d'abord un téléphone. Et comme tout téléphone mobile qui se respecte, vous devez tout d'abord insérer votre carte SIM (voir le Chapitre 2). Et, en toute logique, le S7 va vous demander de saisir le code PIN associé à votre compte. Rappelez-vous : au bout de trois essais infructueux, vous êtes mal !

  Seul le format de carte nano SIM (le plus petit qui soit) est accepté par le Galaxy S7. Si vous changez de téléphone, c'est donc évidemment un point essentiel à vérifier à l'avance.

- **Écran 2 : Langue/Accessibilité.** Cette option vous permet de sélectionner votre langue. Dans notre cas, il devrait s'agir par défaut du français. De plus, le téléphone dispose d'options spéciales pour les personnes ayant certains handicaps. Dans ce cas, servez-vous du bouton Accessibilité pour juger de celles qui pourraient vous être utiles, ou faites-vous aider pour les configurer. Sinon, touchez simplement le bouton Démarrer.

  Si tout se passe comme prévu, cette page devrait rapidement disparaître pour laisser la place à celle qui vous demande de confirmer le nom de votre opérateur de téléphonie. Touchez le bouton OK pour confirmer.

- **Écran 3 : Wi-Fi.** Votre téléphone commence automatiquement à rechercher les connexions Wi-Fi disponibles autour de vous. Bien entendu, il est toujours possible d'utiliser une connexion cellulaire (du moins si vous êtes dans une zone correctement couverte). Si un accès Wi-Fi est disponible, votre Galaxy S7 essaiera cependant de s'y connecter en priorité. C'est généralement (beaucoup) plus rapide, et *a priori* gratuit…

  Cela ne signifie pas pour autant que vous deviez ne retenir que le point d'accès Wi-Fi le plus rapide. Il se peut que ce signal corresponde à un service payant, ou soit accessible uniquement aux abonnés d'un certain opérateur de téléphonie. Choisissez donc chaque fois que c'est possible votre propre box Wi-Fi et entrez le mot de passe qui lui est associé (voir la Figure 1.1).

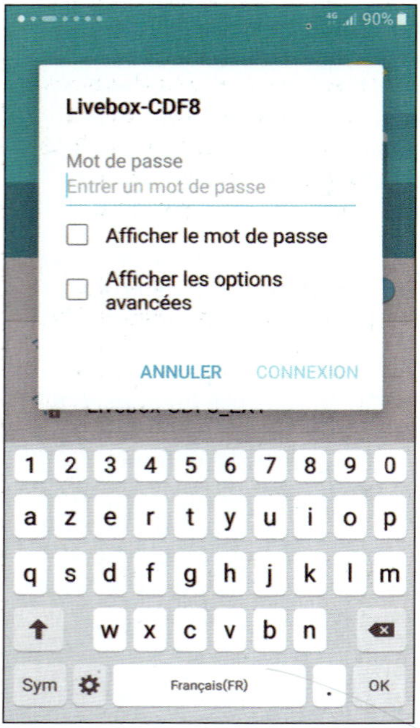

Figure 1.1 : Entrez le mode de passe de votre box pour accéder à sa connexion Wi-Fi.

Bien souvent, le code du Wi-Fi est formé d'une suite de chiffres et de lettres majuscules. Pour bloquer le clavier en majuscules, touchez deux fois de suite la touche fléchée pour qu'elle affiche un fond bleu, comme sur l'icône en marge.

TRUC

Si vous ne trouvez pas la bonne connexion Wi-Fi, ou si vous ne vous souvenez pas du mot de passe voulu, passez à la suite. Vous pourrez toujours reprendre cette étape plus tard.

- **Écran 4 : Contrat utilisateur final.** Forcément, vous allez accepter les conditions d'utilisation imposées par Samsung… Sinon, autant changer d'occupation et de téléphone tout de suite… Vous allez donc laisser cocher la case qui indique : Autorisation de prélèvement des données. Touchez ensuite le bouton Suivant, puis le bouton Accepter pour passer sous les fourches caudines du contrat de licence utilisateur final.

- **Écran 5 : Récupération des applications et des données.** Bien entendu, si vous découvrez le monde d'Android et de Google réunis, cette étape ne vous concerne pas. Vous devriez simplement toucher la ligne qui indique Non, merci, puis le bouton Suivant. C'est l'option que nous allons prendre ici.

  Sinon, touchez la ligne Copier comptes Google, applis, *etc.*, depuis un autre appareil, puis le bouton Suivant. Vous devrez alors placer les deux appareils dos à dos pour que le transfert puisse s'effectuer (c'est ce qu'Android appelle la fonction Tap & Go) . La Figure 1.2 illustre cette procédure.

ATTENTION

  Pour que cela soit possible, votre ancien appareil doit lui aussi posséder une puce NFC.

  Samsung propose une autre méthode, appelée Smart Switch. Nous y reviendrons dans le Chapitre 15.

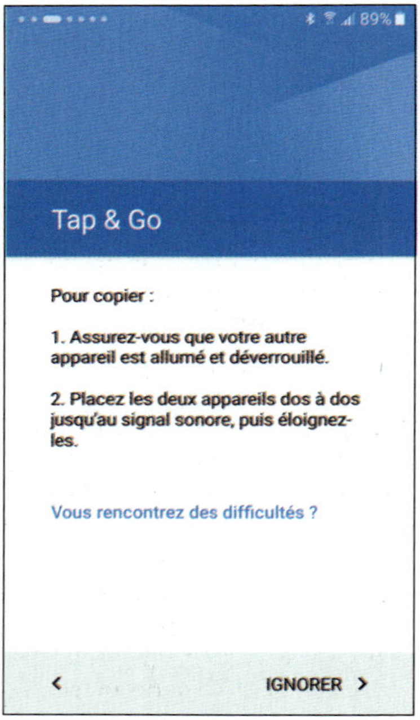

Figure 1.2 : Mettre à jour le Galaxy S7 à partir d'un autre appareil.

- **Écran 6 : Compte Google.** Avoir un compte Google signifie posséder une adresse de messagerie qui se termine par `@gmail.com`. Si vous possédez un compte Gmail, saisissez votre adresse, puis votre mot de passe. Dans le cas contraire, je vous conseille d'ignorer cette étape, puis d'attendre le Chapitre 6 pour voir comment vous y prendre. En fait, vous *devez* disposer d'un compte Google pour exploiter au mieux votre Galaxy S7, mais rien ne vous oblige à le configurer tout de suite.

  Une fois votre compte correctement identifié, touchez le bouton J'accepte pour vous connecter à votre ami Google.

- **Écran 7 : Google, ses services et la localisation.** Le fait que votre téléphone sache où vous vous trouvez et qu'il transmette cette information à des applications peut évidemment poser des problèmes délicats.

Si les notions de sécurité et de confidentialité sont essentielles pour vous, touchez les coches bleues pour les faire disparaître (il y en a quatre), puis touchez le bouton Suivant qui se trouve en bas et à droite de l'écran. Cela évitera que des applications puissent vous localiser. En contrepartie, vous ne disposerez pas des aides à la navigation et de beaucoup de fonctionnalités très utiles. Évidemment, votre opérateur de téléphonie sait, lui, où vous vous trouvez, la Défense nationale aussi, et certainement d'autres moins aimables plaisantins. Vous savez que vous n'êtes pas un terroriste. Eux, non.

Si ces questions vous concernent moins (quoique la sécurité doive être en permanence une préoccupation), contentez-vous de laisser les options cochées et touchez simplement le bouton Suivant. Vous pourrez toujours décider plus tard au cas par cas si vous acceptez ou non de partager votre position.

Si ce n'est pas votre premier appareil Android, et si vous possédez déjà un compte Google, votre Galaxy S7 va récupérer, via le Wi-Fi (c'est mieux!), toutes les informations qui vous concernent. Il s'agit notamment de vos contacts et de votre agenda, ainsi que de certaines de vos applications.

- **Écran 8 : Ajouter une autre adresse e-mail.** Il est possible d'ajouter ici une autre adresse de messagerie. Mais vous pouvez bien entendu le faire à tout moment. Nous y reviendrons plus tard. Pour l'instant, contentez-vous de toucher la ligne qui indique Pas maintenant, puis le bouton Suivant.
- **Écran 9 : Protégez votre téléphone.** Le lecteur d'empreinte, c'est la fonction de sécurité à la mode. Comme nous allons revenir sur ce sujet dans le Chapitre 16, contentez-vous pour l'instant de toucher la ligne qui indique Non, merci, puis le bouton Ignorer.
- **Écran 10 : Restaurer une sauvegarde provenant d'un autre appareil.** C'est une variante du Tap & Go mentionné un peu plus haut. Si possible, vous pouvez choisir l'appareil à partir duquel le transfert sera effectué. À ce

stade, autant rester cohérent et ignorer cette étape (mais c'est vous qui décidez). Dans ce cas, choisissez l'option Configurer en tant que nouvel appareil, puis confirmez en touchant le bouton OK (voir la Figure 1.3). Touchez ensuite le bouton Suivant.

Figure 1.3 : Restaurer données et applications à partir d'un autre smartphone ou d'une tablette, ou configurer le Galaxy S7 en tant que nouvel appareil.

- **Écran 11 : Compte Samsung.** Mon conseil est de passer cet écran pour l'instant. Un compte Samsung vous permet de sauvegarder automatiquement les principales données de votre smartphone ainsi que d'accéder à une sorte de Play Store version Samsung comme à quelques autres fonctions. Comme vous n'êtes pas vraiment décidé et qu'il vous reste encore pas mal de choses à configurer, autant continuer à avancer en touchant le bouton Ignorer. Sinon, entrez votre nom d'utilisateur Samsung et votre mot de passe, et voyez ce que vous acceptez ou non. Quand c'est fait, touchez le bouton Suivant.

- **Écran 12 : Copie du contenu de l'ancien appareil.** Voilà une troisième fonction de recopie des données d'un ancien appareil ! En fait, il s'agit ici de la méthode « physique » de transfert appelée Smart Switch (voir la Figure 1.4). Comme nous allons y revenir dans le Chapitre 15, touchez pour l'instant le bouton Plus tard.

Figure 1.4 : Restaurer un ancien appareil avec la fonction Smart Switch.

- **Écran 13 : Mode simplifié.** Il n'y a pas vraiment de raison d'activer ce mode. Touchez le bouton Suivant.
- **Écran 14 : My KNOX.** KNOX est un système de protection des données haut de gamme. Comme vous

n'êtes vraisemblablement pas concerné par un cryptage aussi sophistiqué, contentez-vous de toucher le bouton Terminer.

Votre écran d'accueil va apparaître au bout de quelques instants (voir la Figure 1.5). Bravo !

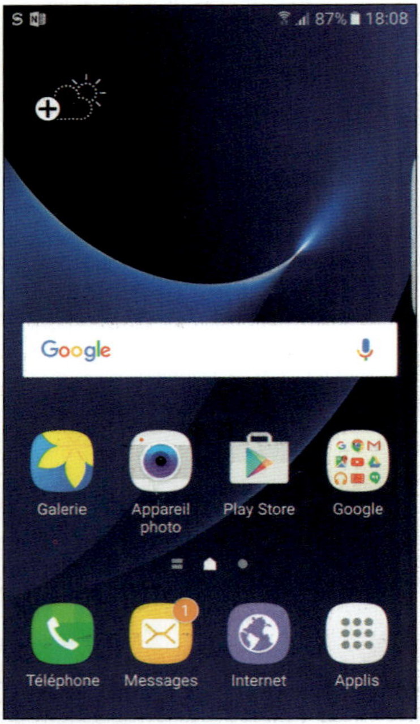

Figure 1.5 : L'écran d'accueil par défaut du Galaxy S7.

TRUC

Si votre Galaxy S7 vous propose de se mettre lui-même à jour, et donc de redémarrer, acceptez tout. Pourquoi se priver des dernières nouveautés ?

2

Commencer par le commencement

Dans ce chapitre :

- Allumer votre smartphone
- Charger et gérer la batterie
- Naviguer dans votre téléphone
- Éteindre et mettre en veille votre téléphone

Ce chapitre explique les bases de l'utilisation de votre nouveau Samsung Galaxy S7. Le bon ordre des choses commençant par le commencement, vous devez apprendre à allumer votre téléphone. Ensuite, pour assurer la pérennité de son fonctionnement, il vous faut comprendre les notions de chargement et d'autonomie de la batterie. Vous apprendrez également à utiliser les boutons et les autres fonctions du Galaxy S7. Il sera également indispensable de comprendre ces gestes qui sauvent, c'est-à-dire qui permettent de naviguer facilement dans ce type d'appareil. Enfin, vous verrez comment éteindre votre smartphone et gérer sa mise en veille.

À moins que les téléphones en général, et les smartphones en particulier, ne soient pour vous une découverte, vous pouvez vous dispenser de la lecture de ce chapitre. En revanche, si le mot « smartphone » vous est totalement étranger, n'hésitez pas à le parcourir. Sachez tout de suite qu'on appelle *smartphone* un téléphone portable dans lequel il est possible d'installer des applications réputées être meilleures, et surtout beaucoup plus diversifiées, que celles qui sont déjà présentes lorsque vous sortez l'appareil de sa boîte pour la première fois.

Premier temps : Insérer la carte SIM (et une carte Micro SD)

Lorsque vous déballerez votre smartphone, et surtout si vous débutez en téléphonie mobile, vous ne saurez pas forcément comment utiliser votre Galaxy S7. Commencez par le retirer de son emballage, et enlevez le film qui protège le petit bijou.

Le beau smartphone est maintenant posé devant vous. Vous pourriez bien entendu l'utiliser sans carte SIM, mais ce serait quand même plutôt étrange. Et surtout assez peu pratique pour téléphoner…

Donc, il est temps, si ce n'est fait, de faire cadeau à votre Galaxy S7 d'une carte SIM. Ou plutôt d'une carte nano SIM, c'est-à-dire le plus petit membre de la famille.

Votre précédent téléphone ou smartphone contient bien entendu une carte de téléphonie. Mais dans quel format ? Standard, micro ? Désolé, elle est trop grande ! Comment faire ? Oubliez l'astuce qui consiste à rogner les bords de la carte avec de grands ciseaux. Trop risqué. Oubliez aussi l'achat d'une poinçonneuse spécialisée. C'est bon pour les professionnels, pas pour un usage unique. L'idéal, c'est de vous rendre à la boutique la plus proche de votre opérateur de téléphonie (avec votre Galaxy S7 dans la poche, bien sûr). Demandez à changer votre carte SIM pour une nouvelle au format nano. L'opération est normalement immédiate, le temps du moins de désactiver l'ancienne carte et d'activer la nouvelle.

Vous n'avez pas encore de carte mémoire Micro SD ? Tant qu'à faire, courez aussi vous en procurer une. Malgré ses 32 Go de stockage (en fait, vous ne disposez que d'environ 24 Go), vous risquez un jour de constater que vous n'avez plus assez de place pour enregistrer votre énième vidéo du jour... Comme le Galaxy S7 accepte des cartes Micro SD d'une capacité pouvant aller jusqu'à 200 Go, vous avez de la marge. Pour une carte de qualité, comptez autour de 15 € pour une capacité de 32 Go, entre 20 € et 30 € pour une capacité de 64 Go, et entre 50 € et 70 € pour une capacité de 128 Go.

Grâce au connecteur USB fourni avec le Galaxy S7, vous pouvez également facilement relire le contenu d'une clé USB, ou encore y sauvegarder des fichiers du smartphone.

Vous avez la bonne carte SIM ? Vous avez aussi une carte Micro SD ? La suite est très simple :

1. **Dans la boîte du Galaxy S7, vous devez trouver un petit objet métallique pointu. Prenez-le délicatement.**

   Cet instrument est indispensable pour ouvrir le tiroir de la carte SIM. Rangez-le soigneusement dans la boîte du smartphone après usage.

2. **Localisez le tiroir à carte. Sur le Galaxy S7, il se trouve sur la tranche supérieure de l'appareil (voir la Figure 2.1).**

3. **Enfoncez la pointe de l'instrument dans le petit trou qui se trouve au bout du tiroir et poussez sans trop forcer.**

   Le tiroir va sortir.

4. **Dégagez totalement le petit tiroir et placez-y votre carte nano SIM dans le compartiment du bas.**

   Un coin est biseauté, et il est donc difficile de se tromper. N'oubliez pas que la face gravée de la carte doit être dirigée vers le bas.

   Une carte nano SIM, c'est vraiment nano. Faites attention à ne pas la laisser tomber dans un endroit inaccessible !

5. **Placez maintenant votre carte Micro SD dans le compartiment du haut (la Figure 2.1 vous montre comment elle doit être placée).**

Figure 2.1 : Le tiroir de la carte SIM et de la carte Micro SD (source Samsung).

6. **Il ne vous reste qu'à glisser le tiroir dans son logement en le poussant jusqu'au bout.**

Ouf ! Ce n'était pas si difficile que cela, après tout !

N'OUBLIEZ PAS

N'oubliez pas de remettre tout de suite le petit instrument qui sert à l'ouverture du tiroir dans la boîte du smartphone.

Deuxième temps : Allumer le Galaxy S7

Ensuite, appuyez sur le bouton de mise en marche situé sur le côté droit de l'appareil. Appuyez environ une seconde sur ce bouton pour voir l'écran s'allumer (une vibration devrait également se faire sentir). Heureusement, la batterie d'origine devrait être suffisamment chargée pour commencer à explorer votre Galaxy S7. Vous n'avez pas à ronger votre frein à attendre plusieurs dizaines de minutes le chargement de cette batterie.

N'OUBLIEZ PAS

Si l'écran ne s'allume pas, c'est que vous avez probablement appuyé trop longtemps sur le bouton Marche/Arrêt, ce qui a eu pour conséquence de l'éteindre.

Si, malgré vos précautions, le Galaxy S7 ne s'allume toujours pas, rechargez sa batterie. Vous devez pour cela respecter un certain rite : mettez la batterie en charge pendant environ une heure et quart. Cela signifie que vous devrez patienter un peu avant d'utiliser votre nouveau jouet. Désolé.

Comment votre téléphone devient-il opérationnel ?

Dès que vous allumez le Galaxy S7, plusieurs choses se déroulent successivement. D'abord, le smartphone vous demande de saisir le code PIN à quatre chiffres de la carte SIM. Classique. Il transmet ensuite des informations à votre opérateur, qui contrôle la validité de la carte et votre numéro de téléphone. Il vous connecte ensuite immédiatement (enfin, normalement) à son réseau.

Parfois, le nom d'un second opérateur peut s'ajouter à celui auprès duquel vous avez obtenu votre carte SIM. Cela s'explique par le fait que votre opérateur utilise le réseau d'un autre. Par exemple, si vous souscrivez à un forfait mobile de Free, vous verrez peut-être apparaître Free Orange, car Orange vend à Free une partie de sa bande passante.

Dès cet instant, le Galaxy S7 peut être utilisé en fonction des restrictions de votre abonnement. Généralement, vous pouvez passer et recevoir des appels, envoyer et recevoir des SMS (normalement de manière illimitée). Si vous dépassez la limite, vous êtes facturé à la minute et au SMS supplémentaire, ou bien alors vous ne pouvez plus que recevoir des appels et des SMS. Enfin, la connexion 4G n'est possible que si votre abonnement la prévoit.

Charger le Galaxy S7 et gérer son autonomie

Recharger la batterie est une opération essentielle pour utiliser le Galaxy S7 partout où vous êtes, puisque c'est le propre de la téléphonie mobile.

La première fois que vous lancez le chargement de votre batterie, laissez-le s'effectuer tout le temps nécessaire. Si ce temps peut légèrement varier d'une batterie à une autre, il devrait se situer quelque part entre une heure quinze et une heure quarante selon le modèle, voire moins, pour une recharge totale.

Par la suite, vous n'aurez pas à attendre que la batterie soit complètement à plat pour la mettre en charge. En effet, le Galaxy S7 utilise une batterie dite sans « mémoire de charge », ce qui permet de profiter de sa pleine autonomie, même si vous la rechargez alors qu'elle n'est qu'à moitié vide.

La batterie du Galaxy S7 a une énergie personnelle de 3000 ou 3600 mAh (selon le modèle) qui lui permet de résister assez longtemps entre deux chargements.

Votre smartphone est livré avec deux éléments essentiels : un câble et une fiche servant à se brancher sur une prise de courant quelconque (c'est en fait un petit transformateur). Le câble se compose de deux extrémités : l'une se connecte au smartphone et l'autre est une prise USB standard. Notez également que la prise USB permet aussi de brancher l'appareil sur un ordinateur.

Pour recharger le Samsung Galaxy S7 :

- Branchez le transformateur à une prise de courant murale, puis insérez la fiche du câble dans la prise USB du transfo.
- Ou bien, insérez directement la prise USB au port idoine de votre PC.

Le chargement de tout type d'appareil *via* un ordinateur est beaucoup moins efficace que le passage par une prise de courant standard.

Quelle que soit la méthode utilisée, vous devez insérer la petite extrémité du câble dans la prise située dans la partie inférieure de votre Galaxy S7. Enfoncez correctement la prise, sinon elle risque de se détacher par inadvertance et de nuire à la recharge de votre batterie (voir la Figure 2.2).

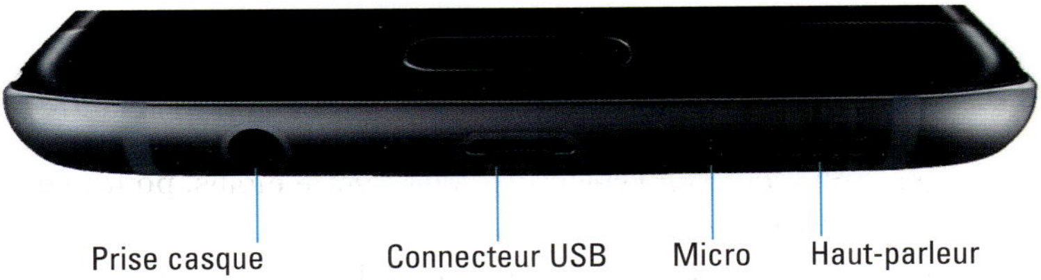

Figure 2.2 : Le connecteur USB du Galaxy S7 (source Samsung).

L'ordre de connexion des prises importe peu. Vous devez évidemment allumer votre PC pour recharger le Galaxy S7 sur un port USB.

Si votre smartphone est éteint lorsque vous rechargez la batterie, une image représentant celle-ci apparaît pendant quelques instants sur l'écran de l'appareil. Il s'agit d'une espèce de barre de progression qui permet de suivre l'évolution du chargement. La portion colorée de l'image indique le niveau de chargement actuel de votre batterie. Vous pouvez afficher cette barre de progression en appuyant brièvement sur le bouton Marche/Arrêt du téléphone.

Si votre téléphone est allumé, une petite icône de batterie est affichée dans la partie supérieure de l'écran pour vous indiquer la progression de la charge. Lorsque la batterie est totalement chargée, le smartphone vibre. Vous pouvez alors débrancher l'appareil.

Le chargement complet de la batterie ne demande que quelques dizaines de minutes. Contrairement au premier chargement, vous n'avez pas besoin d'attendre que la batterie soit complètement pleine pour pouvoir utiliser votre téléphone.

Comme vous pouvez utiliser votre téléphone portable en voyage, il serait sans doute judicieux d'investir dans un chargeur optionnel :

- **Chargeur de voyage USB :** cet accessoire permet d'utiliser votre Galaxy S7 en voyage, sans être obligé d'emporter le transformateur avec vous. En revanche, n'oubliez pas votre câble USB/Micro USB.

- **Chargeur de voiture :** vous pouvez acheter un chargeur qui se branche sur l'allume-cigare de votre voiture. Bien entendu, il doit être équipé d'un port USB. Cet accessoire est très pratique lorsque vous passez beaucoup de temps au volant de votre automobile.
- **Chargeur solaire :** l'avantage de ce chargeur est qu'il peut recharger votre Galaxy S7 quand vous n'avez pas de prise de courant murale à portée de main. La plupart de ces chargeurs utilisent des cellules photovoltaïques qui transforment la lumière en électricité. Là encore, n'oubliez pas votre câble USB !
- **Batterie externe :** cette batterie est indépendante de l'appareil. Vous la chargez chez vous, et elle peut servir de charge de secours lorsque vous êtes en déplacement. Avant tout achat, vous devez vérifier que le modèle qui vous intéresse offre une capacité suffisante (c'est-à-dire au moins 3000 ou 3600 mAh).
- **Chargeur par induction :** vous pouvez charger l'appareil sur un accessoire particulier, et le chargement se fait sans avoir à brancher le Galaxy S7. Tentant, mais pas très bon marché (comptez plusieurs dizaines d'euros). Le chargeur, lui, doit évidemment être relié à une prise de courant, et une partie de l'énergie produite est gaspillée sous forme de chaleur, ce qui n'est pas forcément bon pour la batterie ou l'environnement… De surcroît, le temps de charge est nettement plus long.

ATTENTION

Autant que faire se peut, utilisez des accessoires de la marque Samsung. Lorsque cela est impossible, vérifiez que le fabricant de l'accessoire en question dispose d'une renommée suffisante pour lui faire confiance. En cas de doute, consultez des forums d'utilisateurs qui vous donneront toutes les informations nécessaires à l'appréciation de votre achat. Vérifiez toujours la compatibilité avec le chargeur vendu avec votre smartphone. Un chargeur de mauvaise qualité, ou d'une puissance inadaptée, peut altérer l'autonomie de votre batterie. N'oubliez pas que les batteries des smartphones sont efficaces, mais sensibles à la tension électrique qu'elles reçoivent.

Une chaleur excessive peut réduire la durée de vie de votre batterie. Par conséquent, n'oubliez jamais votre téléphone sur la plage arrière de votre voiture sous un soleil de plomb. Si vous supportez la température ambiante et que votre Galaxy S7 soit avec vous, il devrait également résister à la chaleur.

Si vous prenez toutes ces précautions, l'autonomie de votre batterie sera totale pendant environ deux ans. Ensuite, et en fonction des conditions d'utilisation de votre smartphone, de rechargement et de maintenance, les performances de la batterie pourront rapidement être réduites de 25 %. Lorsque l'autonomie de la batterie n'est plus aussi longue qu'au début de votre achat, ou bien qu'elle ne tient plus la charge, adressez-vous à une société spécialisée et de préférence agréée par Samsung pour la faire remplacer (ou achetez un nouveau téléphone Samsung Galaxy).

Pour trouver un réparateur agréé, rendez-vous sur le site de Samsung (`www.samsung.com`). Dans la page principale, choisissez Assistance, puis Réparation et garantie. Dans le sous-menu correspondant, sélectionnez Centre de réparation. Il ne vous reste plus qu'à saisir votre code postal, sélectionner un type de matériel et indiquer une distance maximale.

Naviguer dans le Galaxy S7

Fidèle à la série des Samsung Galaxy, le S7 présente aussi peu de boutons physiques que ses congénères. En effet, la grande majorité des fonctionnalités du Galaxy S7 s'exécutent en touchant des icônes sur un écran tactile.

Cette section vous présente les boutons et l'écran tactile du Galaxy S7.

Les boutons physiques du smartphone

Les boutons physiques du Galaxy S7 sont au nombre de quatre : le bouton Marche/Arrêt, les deux boutons Volume et le bouton Accueil. Avant d'aller plus loin, repérez-vous en plaçant l'écran du téléphone face à vous et en tenant l'appareil verticalement.

Le bouton Marche/Arrêt

Le bouton Marche/Arrêt est situé sur le côté droit du téléphone quand vous mettez l'écran verticalement face à vous.

Appuyez également sur ce bouton pour basculer l'appareil en veille. Ce mode éteint l'écran et suspend la plupart des applications en cours d'utilisation.

Sinon, le téléphone se met automatiquement en veille après 30 secondes d'inactivité (par défaut) pour économiser la batterie (mais nous verrons plus tard comment modifier cette durée). Bien que l'affichage Super AMOLED WQHD du Samsung Galaxy S7 soit de très grande qualité et très agréable à regarder, il consomme pas mal d'énergie.

Ne confondez pas le mode Veille avec l'extinction de l'appareil. En veille, seul l'écran est éteint, mais l'appareil reste en état d'alerte. En effet, dès que quelqu'un vous appelle ou que vous recevez un SMS, l'écran se rallume automatiquement.

Les boutons Volume

Ces boutons se trouvent sur la tranche gauche de l'appareil. Un appui sur le bouton placé en haut permet de monter le son, et sur celui du bas de le baisser.

Ces boutons contrôlent également le volume de toutes les autres sources audio du téléphone, c'est-à-dire :

- La sonnerie des appels entrants.
- Le micro-casque quand vous répondez au téléphone.
- Le volume des lecteurs audio et vidéo.

Les boutons Volume interviennent uniquement dans le contexte de leur utilisation. Ainsi, lorsque vous réglez le volume de la musique, vous n'altérez pas celui de la sonnerie. Tous ces réglages sont indépendants les uns des autres.

Ils sont également complémentaires aux commandes purement logicielles. Par exemple, si vous montez le volume du lecteur audio *via* sa commande logicielle, vous pourrez le baisser en appuyant sur le bouton physique du S7 (et réciproquement).

TRUC

Les boutons de volume peuvent aussi servir à prendre une photo ou à lancer un enregistrement vidéo. L'appareil photo du Galaxy S7 est étudié dans le Chapitre 9.

Le bouton Accueil

De forme rectangulaire, il est situé en bas de la façade du Galaxy S7, juste sous l'écran (voir la Figure 2.3).

Figure 2.3 : Le Galaxy S7, vu de face.

Ce bouton permet de revenir à l'écran d'accueil de votre Galaxy S7. Lorsque vous travaillez ou que vous vous divertissez dans une application, il vous fait revenir instantanément sur le bureau Android. L'application, quant à elle, reste ouverte, donc opérationnelle.

Un appui long sur le bouton Accueil lance Google on Tap, l'ami qui vous veut du bien. Nous y reviendrons le moment venu.

Si vous appuyez deux fois de suite rapidement sur le bouton Accueil, vous activez par défaut l'appareil photo (y compris en mode Veille). Ce comportement peut être modifié dans les paramètres de l'appareil photo. Nous étudierons celui-ci dans le Chapitre 9.

Le bouton Accueil peut être paramétré dans l'application Téléphone pour répondre à un appel. De même, le bouton Marche/Arrêt peut aussi y être configuré pour terminer une communication.

Les boutons sensitifs

Le bouton Accueil est entouré de deux compagnons invisibles à l'œil nu, car sensitifs. Mais ce n'est pas de la timidité : ils s'illuminent quand vous les touchez :

- **Applications récentes** se trouve à gauche. Il sert à retrouver rapidement les applications qui ont été ouvertes ou à accéder à la liste des applications actives.

  Un appui long sur ce bouton active le multifenêtrage. Nous y reviendrons plus loin dans ce chapitre.

- **Retour** est situé en bas et à droite de l'écran. Il permet de revenir en arrière dans une application ou de quitter un programme en cours d'exécution.

L'écran tactile

Pour permettre de consulter les informations affichées sur un écran tactile, Samsung a mis au point plusieurs méthodes qui sollicitent vos doigts différemment dans le but d'accomplir une tâche particulière.

Avant d'en détailler la technique, voici quelques termes avec lesquels vous devez vous familiariser :

- **Icône :** petite image sur laquelle vous appuyez (ou tapez, ou tapotez) pour lancer une application ou exécuter certaines fonctions comme passer un coup de téléphone.
- **Bouton :** sur un écran tactile, un bouton apparaît sous une forme bi ou tridimensionnelle (mais la mode est au *bi*, ce que les spécialistes appellent le *flat design*). Il porte une légende qui permet d'en déduire la fonction. Ainsi, en fonction des actions que vous réaliserez sur votre téléphone, vous verrez parfois des boutons libellés Enregistrer ou Envoyer.
- **Lien hypertexte :** on parle plus généralement de *lien* pour identifier un texte qui exécute une certaine tâche lorsque vous appuyez dessus. Donc, si vous touchez un texte et que rien ne se passe, cela signifie que vous n'êtes pas en présence d'un lien hypertexte. En revanche, si le navigateur Web se met en route pour afficher une page spéciale, vous êtes bien en présence d'un tel lien.
- **Vignette :** image basse résolution qui identifie une image en haute résolution stockée sur votre téléphone.

Maintenant que vous connaissez ce vocabulaire, voyons comment utiliser l'écran tactile.

ATTENTION

Vous devez nettoyer l'écran de temps en temps. Bien que le Samsung Galaxy S7 soit équipé d'un verre de grande qualité et de dernière génération, le fait de le toucher sans cesse finit par le salir, même si vous avez les doigts propres. Utilisez un tissu doux ou à base de microfibres pour ne pas le rayer. Votre tee-shirt fera également l'affaire s'il n'est pas corrosif. En revanche, évitez tout papier de type essuie-mains, car il est légèrement abrasif.

N'OUBLIEZ PAS

Si vous avez choisi le modèle de couleur noire, vous constaterez très vite que les traces de doigt s'accumulent sur le dos de l'appareil. Nettoyez-le avec un tissu du même type que pour l'écran afin d'éviter de rayer la coque.

Toucher

Bien souvent, il suffit de toucher (ou taper, ou tapoter, au choix) l'écran pour qu'il se passe quelque chose, comme le lancement d'une application ou la sélection d'options. C'est l'équivalent du clic de la souris. La Figure 2.4 montre le mouvement d'un index correspondant au tapotement.

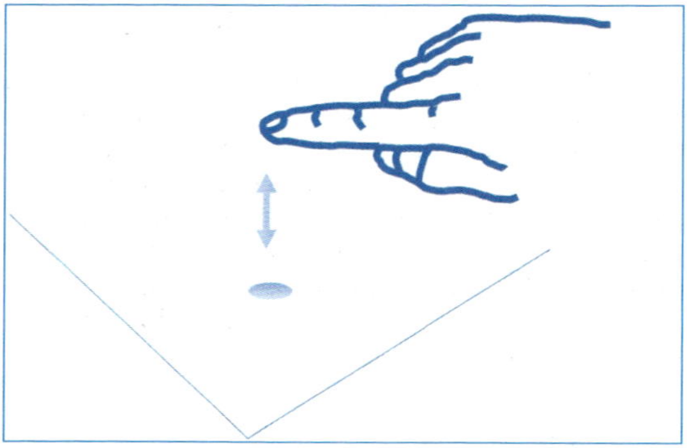

Figure 2.4 : Toucher, taper ou tapoter, c'est pareil.

Une différence à retenir entre un clic de souris et l'action de toucher tient au fait que, sur un Galaxy S7, il suffit d'un seul « clic » pour lancer une application.

Toucher diffère du « appuyer et maintenir enfoncé », fonctionnalité étudiée à la prochaine section. Lorsque vous laissez votre doigt appuyé quelques instants sur un élément, le téléphone en déduit que vous souhaitez faire autre chose que, par exemple, lancer une application.

Appui long

Comme son nom l'indique, cette action consiste à placer votre doigt sur une icône de l'écran et à le laisser appuyer plus d'une seconde. L'action qui en découle dépend de l'élément sur lequel vous avez laissé le doigt appuyé.

Par exemple, lorsque vous maintenez le doigt enfoncé sur une application de l'écran d'accueil (celui qui apparaît lorsque le téléphone sort de son sommeil), une corbeille apparaît en haut de l'écran. Elle permet de retirer cette icône du bureau. (Bien entendu, l'application elle-même est toujours présente sur votre smartphone.) Lorsque vous maintenez le doigt appuyé sur une icône dans la liste des applications, le Galaxy S7 suppose que vous souhaitez la copier vers l'écran d'accueil. Si ces notions vous semblent pour l'heure un peu ésotériques, ne vous inquiétez pas. Vous comprendrez à l'usage, et de manière très intuitive, la différence entre *toucher* et *faire un appui long*.

TRUC

Ces deux techniques doivent s'appliquer en douceur. Toutefois, sachez que même en appuyant très fort, vous ne risquez absolument pas de casser l'écran de votre Galaxy S7, du moment que vous le tenez dans une main, et que vous appuyez sur l'écran avec les doigts de l'autre. Bien entendu, vous pourriez d'abord jeter le téléphone sur le carrelage, puis appuyer très fort sur l'écran, rien que pour voir si vous êtes plus fort que lui. Si vous y arrivez, postez la vidéo sur YouTube. Vous allez avoir du succès…

Se déplacer entre les écrans

D'autres mouvements de vos doigts vous permettront de naviguer parmi les écrans de votre Galaxy S7. Vous devez les maîtriser pour profiter de toutes les fonctionnalités de votre smartphone.

La première étape consiste à naviguer jusqu'à une page qui n'est pas visible sur votre écran. C'est un peu comme afficher un contenu en faisant glisser vers la gauche ou la droite la barre de défilement horizontale, ou vers le haut et le bas la barre de défilement verticale d'une application informatique.

Le même principe s'applique à votre Galaxy S7. Il est équipé d'un programme de gestion des écrans qui permet de faire défiler les pages comme s'il s'agissait d'une grande image panoramique. Il suffit pour cela de les faire glisser horizontalement vers la gauche ou la droite.

Pour faire court, imaginez que votre smartphone a un seul et même écran *virtuel* de très grande taille. Mais seule la partie délimitée par l'écran *physique* du Galaxy S7 est visible à un instant donné. Pour accéder à une autre partie, faites simplement défiler le panorama.

En fonction des actions que vous souhaitez réaliser sur un écran, vos doigts seront obligés de glisser, de tapoter, de feuilleter, d'écarter et de pincer. Ces différentes actions sont décrites dans les sections suivantes.

Glisser

Le mouvement le plus simple que vous puissiez réaliser sur le Galaxy S7 consiste à faire glisser un doigt sur l'écran. Attention, ce n'est qu'une illusion ! L'écran du S7 restera bien en place sur la coque du téléphone. Seuls vos doigts appuieront légèrement à la surface de l'écran et vous les glisserez dans le sens du déplacement voulu, comme l'illustre la Figure 2.5. En d'autres termes, vous faites lentement et doucement glisser l'image panoramique visible sur l'écran de votre smartphone.

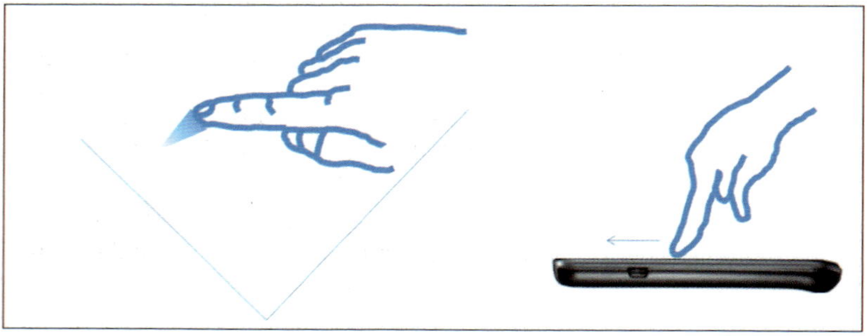

Figure 2.5 : Un glissement du doigt suffit pour parcourir les écrans du S7.

Pour naviguer plus rapidement, vous pouvez feuilleter les pages (ou écrans) du Galaxy S7, comme sur la Figure 2.6.

Une certaine pratique est nécessaire pour bien contrôler ce geste. En général, plus l'action de feuilleter est vive, plus le panorama défilera rapidement, avec comme conséquence de « sauter » des pages. Toutefois, certains écrans comme l'écran Accueil passeront systématiquement d'une page à une autre, quelle que soit la rapidité avec laquelle vous effectuerez le feuilletage.

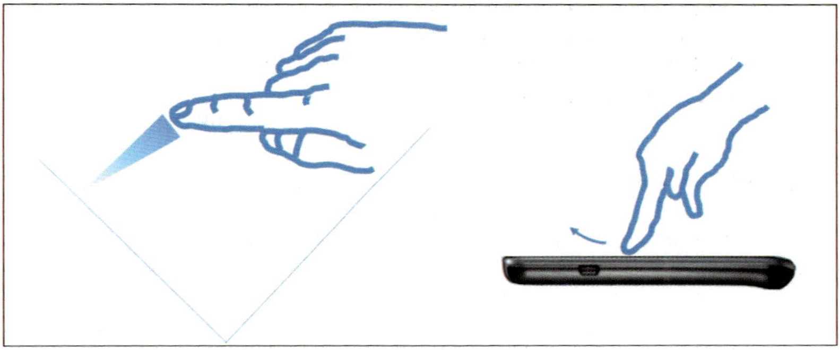

Figure 2.6 : Feuilletez par des mouvements plus rapides.

Pincer et écarter

Certains écrans permettent de changer la résolution de l'affichage. Il en va ainsi de quelques applications qui utilisent des options de zoom servant à grossir une partie de l'image. Bien entendu, tout zoom avant peut être suivi d'un zoom arrière. Ainsi, vous pouvez apprécier les détails d'une partie d'une image, puis revenir à sa taille normale.

Pour effectuer un zoom arrière, posez le pouce et l'index sur l'écran puis rapprochez-les, comme sur la partie gauche de la Figure 2.7. On appelle ce geste *pincer*.

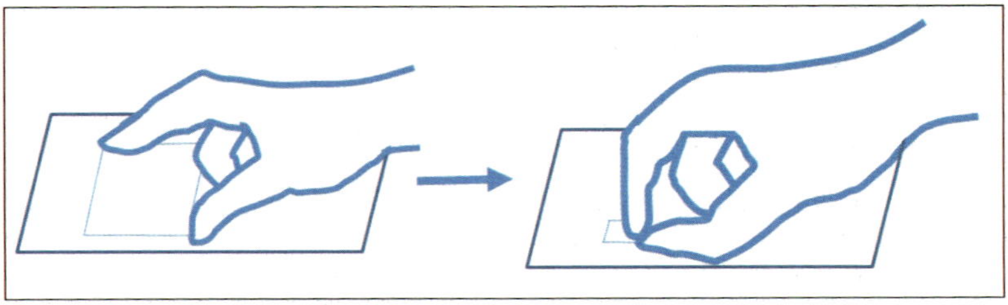

Figure 2.7 : Rapprochez les doigts pour effectuer un zoom arrière.

Pour effectuer un zoom avant, effectuez l'opération inverse, c'est-à-dire écartez les doigts, comme l'illustre la partie droite de la Figure 2.7.

Double tapotement

Le double tapotement signifie que vous tapotez deux fois de suite et assez rapidement sur un élément affiché sur l'écran. Il peut par exemple permettre de passer d'un niveau de zoom à un autre, c'est-à-dire de restaurer le précédent niveau d'affichage d'une image.

Tapotez en rythme pour que le smartphone n'interprète pas votre action comme deux tapotements bien distincts. À l'instar du double-clic informatique, le double tapotement demande un peu de pratique.

Un petit air d'intelligence

Tout ce que nous venons de voir est plutôt classique. Mais le Galaxy S7 possède de surcroît plusieurs fonctionnalités chargées de démontrer combien le smartphone est intelligent ! Même si, en réalité, la véritable intelligence est en vous, puisque vous avez à la fois acheté le Galaxy S7 *et* ce livre…

Vous avez franchi le pas et changé votre ancien S5 ou Note pour le tout nouveau Galaxy S7 ou Galaxy S7 Edge ? Sachez que Samsung a fait le choix de plus de simplicité pour plus d'efficacité en passant à la trappe les fonctions Air View ou encore Air Browse. Après tout, faire au-dessus de l'écran des gestes dignes d'une secte satanique était-il si indispensable que cela ?

Sachez donc que, quand l'écran est éteint, la fonction Smart Alert entre en jeu. Il vous suffit de prendre le Galaxy S7 dans la main, et une vibration vous indiquera si vous avez manqué des appels ou si des messages vous attendent. Il vous suffit de sortir de la veille pour voir ce qui s'est passé.

La fonction Appel direct facilite les communications. Si un contact ou un message est affiché, il vous suffit de porter l'appareil à votre oreille pour lancer l'action voulue (donc normalement appeler la personne).

La fonction Coupure son facile permet de couper la sonnerie d'un appel ou d'une alarme en couvrant l'écran d'une main (vous pouvez aussi appuyer brièvement sur le bouton Marche/Arrêt).

Le Galaxy S7 propose aussi une fonctionnalité supplémentaire, appelée Smart Stay. Elle demande à l'écran de rester actif tant que vous le regardez. Non, je ne baisserai pas les yeux le premier !

Enfin, la nouvelle fonction Always On permet d'afficher en permanence quelques informations sur l'écran de veille, comme une horloge, l'état de la batterie ou encore le nombre de messages reçus. Du fait que seuls les pixels utiles de l'écran sont allumés, ce mode ne consomme que très peu d'énergie.

Vous aimez ou vous n'aimez pas ces gestuelles plus ou moins sophistiquées. Comme pour pratiquement toutes les fonctions du Galaxy S7, ces options peuvent être désactivées si vous les trouvez plus ennuyeuses que pratiques. Pour cela :

1. **Touchez le bouton Applis (c'est plus branché que Applications) de l'écran d'accueil.**

2. **Dans la page où se concentrent vos applications, touchez l'icône Paramètres.**

3. **Touchez l'icône Affichage, puis la ligne Smart Stay pour activer ou désactiver ce mode (à l'aide du bouton qui se trouve en haut et à droite de l'écran). Servez-vous ensuite de la touche sensible Retour pour revenir en arrière.**

4. **Touchez maintenant la ligne Always On Display. Vous pouvez alors activer ou désactiver cette fonction en touchant le bouton qui apparaît en haut et à droite de l'écran. Choisissez ensuite ce que vous voulez afficher sur l'écran de veille (horloge, calendrier ou encore image – à éviter). Si vous optez pour l'horloge, vous aurez le choix entre plusieurs styles (voir la Figure 2.8).**

5. **Revenez à l'écran principal des paramètres à l'aide de la touche Retour ou de l'icône de flèche, en haut et à gauche de l'écran. Effleurez de bas en haut la liste des paramètres afin de localiser la ligne Fonctions avancées. Touchez-la.**

6. **Voyez dans les fonctions avancées celles qui sont susceptibles de vous intéresser. Vous retrouvez ici les modes décrits un peu plus haut, ainsi que quelques**

autres, notamment les options destinées aux joueurs invétérés (Game Launcher pour regrouper les jeux au même endroit, et Game Tools pour afficher des options supplémentaires), ou encore Opération à une main (en réduisant la taille de l'affichage ou encore celle du clavier), ou bien encore la manière dont seront réalisées vos éventuelles captures d'écran.

Il vous suffit ensuite d'appuyer sur le bouton Accueil du smartphone pour revenir à vos occupations habituelles.

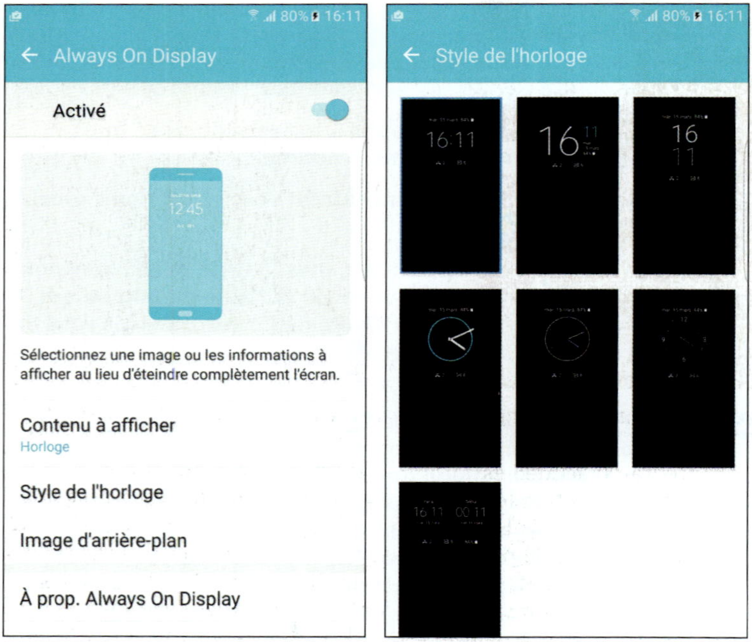

Figure 2.8 : Choisir un style d'horloge pour la fonction Always On.

L'écran d'accueil étendu

L'écran d'accueil étendu (ou tout simplement Accueil pour faire court) est le premier écran qui apparaît lorsque vous avez fini de configurer votre smartphone. En fait, il est partagé par défaut en plusieurs pages que vous pouvez faire défiler horizontalement.

La Figure 2.9 vous montre une représentation de la totalité de l'écran d'accueil par défaut, du moins telle qu'elle apparaît sur mon propre appareil. Bien entendu, vous ne pouvez voir qu'une seule de ces pages à un moment donné.

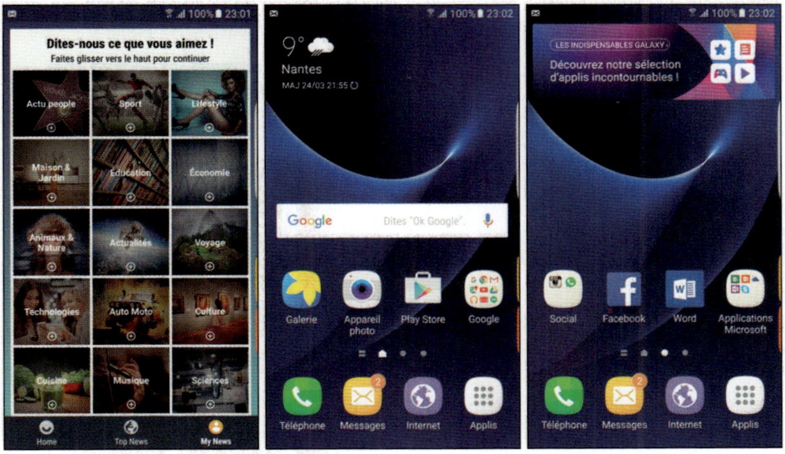

Figure 2.9 : Affichage panoramique des pages de l'écran d'accueil du Galaxy S7.

L'écran d'accueil est celui sur lequel vous organisez les icônes et autres fonctions afin de tirer le meilleur parti de votre Galaxy S7. En d'autres termes, vous allez personnaliser la configuration proposée par défaut par Samsung (et, le cas échéant, par votre opérateur de téléphonie). Ainsi, vous disposerez d'un environnement qui répondra à vos besoins personnels. La majeure partie de ce livre traite de tout ce que vous pouvez exécuter avec le Galaxy S7, dont notamment tout ce qui vous permet de créer votre propre écran d'accueil.

Commencez par vérifier la structure de l'écran d'accueil pour comprendre son interaction avec les autres sections du smartphone. La connaissance de ces zones est essentielle pour bien appréhender le système de navigation de votre Galaxy S7.

Sur la Figure 2.9, vous retrouvez un écran d'accueil typique montrant les trois zones les plus importantes du téléphone.

- **Barre des notifications :** cette zone, tout en haut de l'écran, présente des petites icônes qui identifient des éléments importants, comme le réseau utilisé ou l'autonomie de la batterie, mais aussi tous les événements qui se produisent, par exemple l'arrivée d'un message ou une notification envoyée par une application.
- **Barre des favoris :** ces icônes sont toujours visibles en bas de l'écran quand vous faites défiler les pages de l'écran d'accueil (d'accord, le concentrateur d'informations appelé Upday est beaucoup plus envahissant). Il s'agit des applications les plus importantes auxquelles vous souhaitez avoir systématiquement accès.

  TRUC

  Vous n'avez pas envie que Samsung décide pour vous des informations que vous voudriez consulter ? Faites un appui long sur un emplacement vide d'une des pages de l'écran d'accueil. Effleurez l'écran vers la droite jusqu'à atteindre la toute première page. Touchez la coche qui apparaît en haut de l'aperçu afin de la désactiver (voir la Figure 2.10). Il ne vous reste plus qu'à appuyer sur le bouton Accueil du Galaxy S7, et vous voilà libéré !
- **Partie principale de l'écran :** c'est de là que vous accédez aux icônes de raccourcis de vos applications ou de vos widgets (qui sont aussi des raccourcis, mais plus grands afin d'afficher davantage d'informations).

TRUC

Les points situés juste au-dessus des favoris permettent d'accéder instantanément à une des pages de l'écran d'accueil étendu. Remarquez en passant qu'un de ces points n'en est pas un, mais qu'il est remplacé par un petit dessin représentant une maison. C'est l'accueil de l'accueil (« *Home, sweet home* »). Un point mis en gras (ou plutôt en blanc) signale la page courante. Vous pouvez naviguer entre toutes ces pages en faisant glisser l'écran vers la gauche ou vers la droite pour vous déplacer d'une fenêtre à la fois. Il est aussi possible d'accéder directement à une page en touchant le point correspondant.

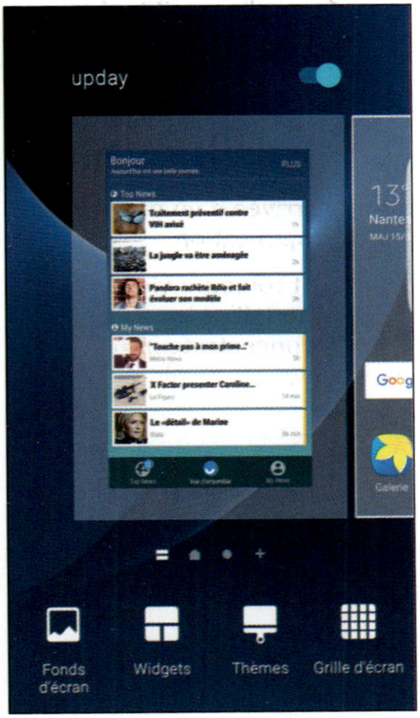

Figure 2.10 : Si vous ne voulez pas être briefé, désactivez Upday.

Ajouter des raccourcis à l'écran d'accueil

Plusieurs techniques permettent d'ajouter un raccourci à votre écran Accueil, en particulier :

- Maintenir enfoncée une icône dans la liste Applis (cela vaut également pour les widgets, qui sont une autre manière de représenter visuellement une application).
- Choisir l'option Ajouter à l'écran d'accueil (ou son équivalent) dans un navigateur afin de pouvoir accéder rapidement à une certaine adresse Web.
- Choisir un widget Contacts (les contacts sont étudiés au Chapitre 5).

Voici comment effectuer un tel ajout :

1. **Depuis l'écran Accueil, touchez l'icône Applis.**

La liste des applications déjà installées, que ce soit par défaut ou ajoutées par vos soins, va apparaître (voir la Figure 2.11). Effleurez l'écran vers la gauche ou vers la droite pour révéler toutes les applications disponibles.

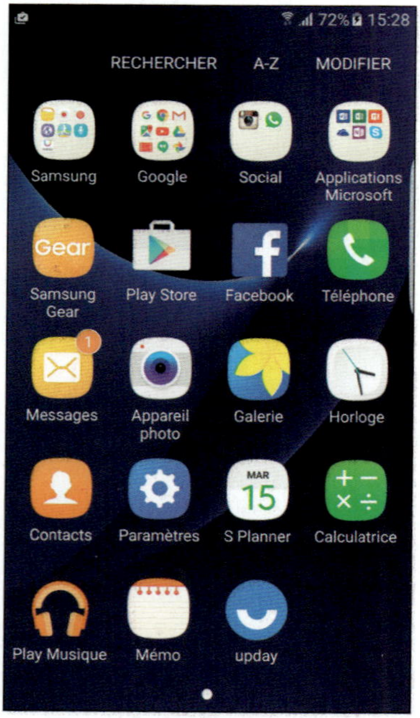

Figure 2.11 : Accéder aux applications que vous pouvez ajouter à votre écran d'accueil.

2. **Appuyez sur l'icône qui vous intéresse et maintenez-la enfoncée.**

Quand l'icône apparaît sur la page affichée en dernier, relâchez la pression.

C'est tout. Sauf à manquer de place sur l'écran d'accueil, auquel cas rien ne se passera. C'est le plus souvent le cas avec les widgets, qui ont tendance à occuper l'espace de plusieurs applications.

Vous avez pu consulter la liste de vos applications, mais où sont ces fameux widgets ? Pour le savoir, suivez ces étapes :

3. **Faites un appui long sur un emplacement d'une des pages de l'écran d'accueil vide de raccourcis. L'écran illustré sur la partie gauche de la Figure 2.12 va apparaître.**

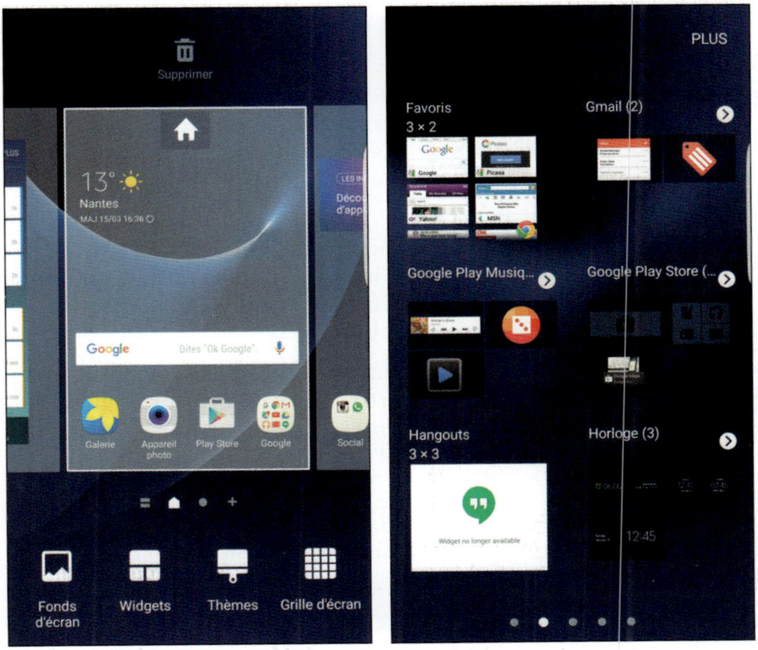

Figure 2.12 : Ajouter un widget à l'écran d'accueil.

4. **Touchez le bouton Widgets.**

   La liste des widgets disponibles apparaît (voir la partie droite de la Figure 2.12).

5. **Effleurez l'écran vers la gauche ou vers la droite afin de localiser le widget qui vous intéresse. Faites un appui long dessus.**

   Quand l'icône apparaît sur la page affichée en dernier, relâchez la pression.

Certains widgets sont si grands que l'espace disponible sur la page de destination ne suffit pas. Dans ce cas, ils refuseront tout simplement de s'installer. Vous pouvez cependant toujours essayer de leur trouver une place libre en maintenant la pression et en effleurant l'écran vers la gauche ou vers la droite jusqu'à ce que vous trouviez une page plus accueillante.

Déplacer ou supprimer des raccourcis

Il est très possible qu'un raccourci ne se trouve pas sur la page qui vous convient le mieux. Aucun problème. Touchez son icône et maintenez-la enfoncée. Faites-la ensuite glisser vers la gauche ou vers la droite jusqu'à la page voulue. Relâchez, et c'est gagné.

Supprimer un raccourci de l'écran d'accueil est tout aussi simple. Maintenez enfoncée l'icône de trop jusqu'à l'apparition de l'icône d'une corbeille en haut de l'écran. Faites-y glisser le raccourci à supprimer, et c'est tout.

En cas de suppression accidentelle, recréez purement et simplement le raccourci à partir de la liste des applications. Maintenez le doigt enfoncé sur l'icône du programme supprimé pour le voir réapparaître sur l'écran d'accueil, comme expliqué ci-dessus.

Un raccourci est un raccourci, rien de plus. En supprimer un ne fait en rien disparaître l'application correspondante.

L'écran et la barre des notifications

La barre (ou zone) des notifications est localisée tout en haut de l'écran. Elle contient différentes icônes de statuts. Par exemple, elle vous prévient de la réception d'un courrier électronique ou d'un SMS.

Pour faire simple, cette barre vous avertit de tout ce qui se passe dans votre Galaxy S7. Vous pouvez notamment savoir quelle heure il est, si vous êtes connecté en Wi-Fi, quelle est la force du signal 3G ou 4G, et plein d'autres choses encore.

Plutôt que d'apprendre par cœur le sens et la signification de toutes ces icônes, il vous suffit d'appuyer légèrement sur le haut de l'écran puis d'effleurer celui-ci vers le bas pour révéler la totalité de la barre des notifications (voir la Figure 2.13).

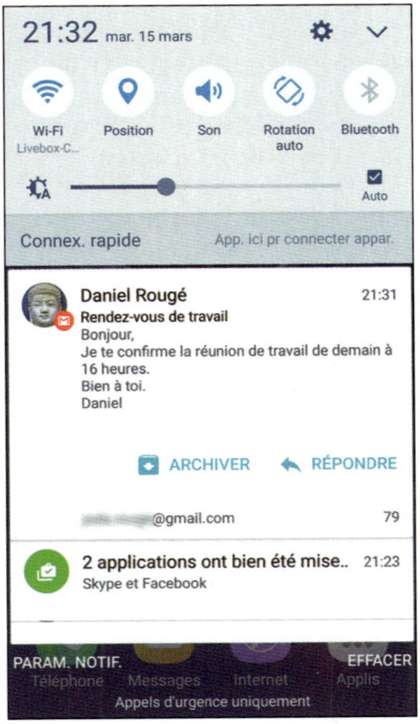

Figure 2.13 : La barre des notifications vous renseigne sur des informations et des événements importants.

Le contenu de la barre des notifications vous permet de comprendre les informations affichées et d'agir en conséquence. Par exemple, si le Galaxy S7 vous notifie de l'arrivée d'un courrier électronique, touchez simplement la barre de ce lien pour prendre connaissance de cet e-mail. Vous pouvez également y répondre directement depuis la barre des notifications, ou encore le rejeter aux oubliettes.

Une fois que vous avez lu les notifications, masquez-les en faisant glisser un doigt vers le haut. Vous pouvez aussi les supprimer en touchant le bouton Effacer, ou les effacer une par une en faisant glisser la ligne correspondante vers la gauche ou vers la droite.

Le clavier

Il s'agit du clavier d'un smartphone en général et d'un Galaxy S7 en particulier. Par défaut, votre smartphone est configuré pour afficher le clavier Samsung, dont les touches sont organisées comme sur le clavier de votre ordinateur.

Figure 2.14 : Utilisez le clavier logiciel pour entrer des données.

Le clavier logiciel surgit automatiquement en bas de l'écran chaque fois qu'une application réclame une saisie de votre part. Supposons par exemple que vous ayez touché le bouton Internet, entré l'adresse du moteur de recherche Google (`www.google.fr`) pour localiser quelque chose, puis touché le champ de saisie de la page Web. Immédiatement, le clavier logiciel apparaît sur l'écran (voir la Figure 2.14).

Votre smartphone est assez intelligent pour savoir quand il doit afficher le clavier, y compris en vous proposant une liste de réponses qu'il pense appropriées. Et si vous ne voyez pas s'afficher le clavier, touchez simplement le champ de texte voulu pour le réveiller.

Nous reviendrons plus longuement sur le clavier au Chapitre 3.

Utiliser la reconnaissance vocale

Il y a une autre option ; *pas de clavier du tout*. Votre Galaxy S7 est équipé de tout ce qu'il faut pour assurer une reconnaissance vocale dans d'aussi bonnes conditions que possible. C'est facile, et bien souvent étonnamment efficace (ou au contraire déroutant).

Dans nombre d'applications où du texte vous est demandé, vous pouvez voir apparaître le symbole d'un microphone (sinon, maintenez enfoncé le bouton qui se trouve juste à gauche de la barre d'espace, en bas du clavier, et sélectionnez le petit bouton illustré d'un micro).

Dictez ensuite votre texte. Le smartphone va réfléchir une toute petite seconde, puis vous proposer une réponse comme celle illustrée sur la partie gauche de la Figure 2.15 (en l'occurrence, il s'agit d'une requête dans le moteur de recherche Google). Vous pouvez aussi parler directement à votre Galaxy S7 en disant « Ok Google », et la reconnaissance vocale se réveille aussitôt (voir la partie droite de la Figure 2.15).

Quand vous avez terminé, touchez le message de la zone de reconnaissance qui indique Appuyez pour interrompre, ou attendez simplement quelques secondes. Vous pourrez alors toucher le symbole de la croix pour reprendre le cours usuel des choses.

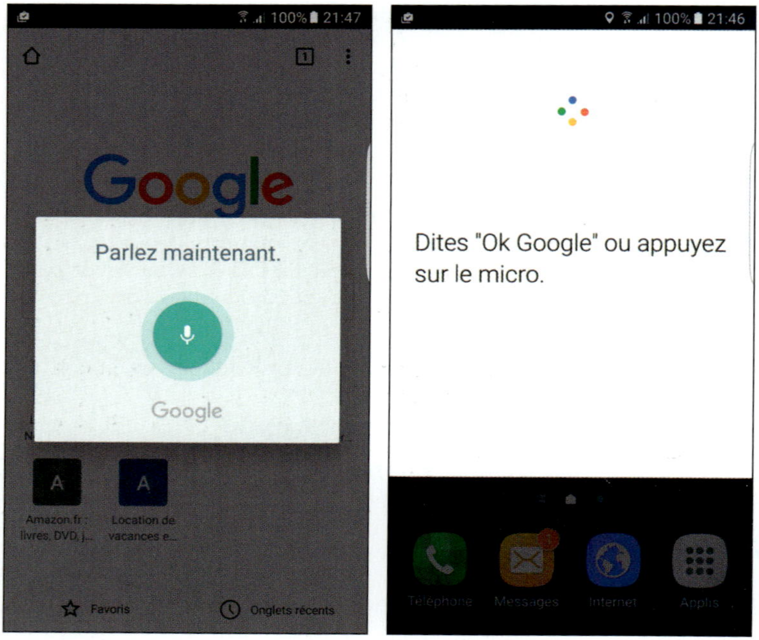

Figure 2.15 : Lancer une reconnaissance vocale.

L'orientation du téléphone

Votre Galaxy S7 est capable de savoir si vous le tenez verticalement ou horizontalement, et il bascule alors l'écran du mode Portrait au mode Paysage et réciproquement. En fonction de l'activité que vous réalisez, il peut être plus judicieux d'utiliser l'appareil horizontalement (par exemple pour visionner une vidéo, pour afficher des photos, voire même une page Web).

L'appareil informe chaque application de l'orientation courante de l'écran, mais toutes les applications ne sont pas conçues pour s'adapter au mode Portrait ou Paysage. Cela relève des choix faits par leurs concepteurs. Par exemple, votre écran d'accueil restera toujours désespérément vertical, tandis que le lecteur vidéo fourni en standard saura s'adapter à toutes les situations. Dans le même ordre d'idées, de nombreux jeux sont conçus exclusivement pour utiliser la largeur de l'écran et non sa hauteur. Dans bien des cas, c'est logique, et même indispensable (songez à une course automobile : en mode Portrait, votre champ de vision serait tout de même bien étriqué, non ?).

TRUC

Pour forcer l'orientation de l'appareil en mode Portrait (donc verticalement), ouvrez la barre des notifications, puis touchez le bouton Rotation auto.

Votre téléphone sait aussi quand vous le portez à votre oreille pour discuter avec un correspondant. Dans ce cas, il coupe automatiquement l'affichage pour éviter tout risque de surchauffe de vos conduits internes. Dès que vous l'éloignez, par exemple pour un appel visio ou pour utiliser le clavier dans votre messagerie, l'écran se réactive.

Ouvrir deux fenêtres à la fois

La règle de base, c'est qu'une application occupe toujours la totalité de l'écran, que ce soit verticalement (le mode Portrait) ou horizontalement (le mode Paysage) selon l'orientation de l'appareil ou le choix de conception d'une application. Mais il y a une seconde règle, valable uniquement avec certaines applications : le multifenêtrage (en fait, c'est plutôt du double vitrage).

Suivez ces étapes :

1. **Faites un appui long sur le bouton Applications récentes du smartphone (celui qui se trouve à gauche du bouton Accueil), puis relâchez.**

   Le Galaxy S7 va vous demander de choisir deux applications (voir la partie gauche de la Figure 2.16). Effleurez le haut de l'écran vers la gauche ou vers la droite pour consulter toutes les possibilités.

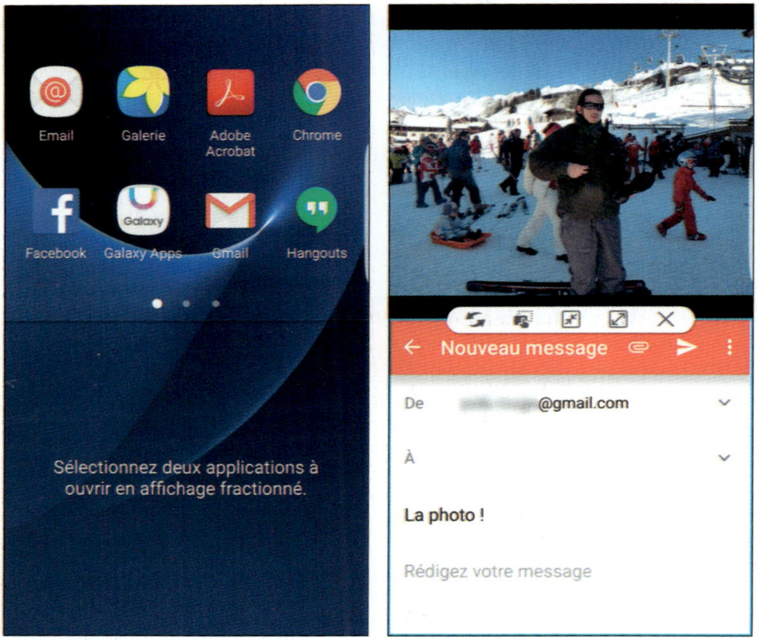

Figure 2.16 : Activer l'affichage fractionné.

TRUC

Un appui sur la touche Retour annule l'opération.

2. **Touchez une première icône. L'application correspondante s'ouvre tout à fait normalement dans la moitié supérieure de l'écran.**

3. **Recommencez avec une seconde icône. Miracle ! Elle vient occuper la moitié inférieure de l'écran.**

   Vous avez donc deux applications affichées et actives en même temps, comme l'illustre la partie droite de la Figure 2.16.

Vous pouvez de cette manière afficher en même temps des photos tout en surfant sur Internet, en envoyant un message ou bien en prenant une note. Et personne ne vous interdit de regarder deux vidéos en même temps !

Une fois vos deux fenêtres en place, vous pouvez :

- Changer la fenêtre qui a le focus, comme on dit, c'est-à-dire celle qui reçoit les commandes. Touchez simplement la fenêtre que vous voulez activer (elle est entourée d'un cadre bleu).
- Changer la taille relative des fenêtres en faisant glisser le gros point qui se trouve au centre du bandeau de séparation.
- Inverser les deux fenêtres. Pour cela, touchez le gros point central, puis le premier bouton (la double flèche) dans le bandeau qui s'affiche (reportez-vous à la Figure 2.16).
- Faire glisser un certain élément, par exemple une image ou un morceau de texte préalablement sélectionné, d'une application vers une autre. Pour cela, touchez le point central, puis le second bouton en partant de la gauche.

  Cette opération n'est possible qu'avec un nombre limité d'applications.
- Réduire l'application active à l'état d'icône. Pour cela, touchez le point central, puis le bouton marqué de deux flèches de sens contraire. La seconde application occupe alors toute la surface de l'écran (voir la partie gauche de la Figure 2.17). Il suffit alors de toucher l'icône de l'application qui a été réduite pour qu'elle apparaisse dans une petite fenêtre (voir la partie droite de la Figure 2.17).

  Pour basculer entre les deux modes, touchez à nouveau le gros point blanc, puis le bouton représentant deux flèches opposées.
- Agrandir une fenêtre pour qu'elle occupe tout l'espace. Pour cela, touchez le point central, puis le second bouton en partant de la droite (la flèche à deux têtes).

  Bien entendu, la seconde application n'est plus visible. Pour la retrouver, faites un appui court ou long sur le bouton Applications récentes.

- Refermer l'application active. Pour cela, touchez le point central, puis le bouton de droite (la croix).

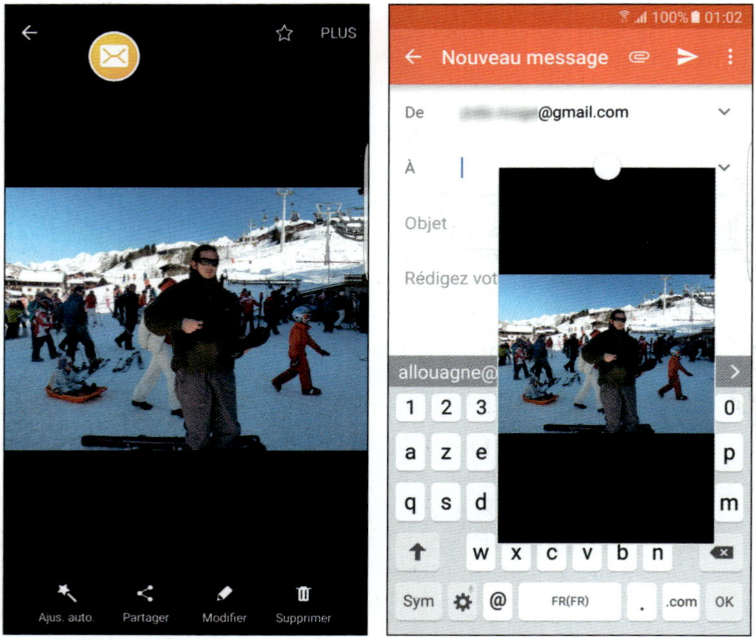

Figure 2.17 : Une fenêtre dans une fenêtre.

Toutes les applications ne prennent pas en charge le fractionnement de l'affichage. Pour savoir rapidement si une application qui a déjà été lancée accepte cette forme de torture, appuyez brièvement sur le bouton Dernière touche utilisée. Le *Gestionnaire de tâches* apparaît (nous y reviendrons plus en détail dans chapitre ultérieur). Vous pouvez remarquer que certains bandeaux de titre affichent le dessin d'un double rectangle, et d'autres non. Le multifenêtrage n'est possible que dans le premier cas. Pour ouvrir une application compatible sur une moitié de l'écran, touchez simplement le double rectangle.

Veille et Arrêt du téléphone

Vous pouvez parfaitement laisser votre Galaxy S7 allumé jour et nuit jusqu'à ce que vous décidiez qu'il est temps de vous offrir une nouvelle génération de smartphone, disons un S10 ou un S20. Mais il est clair que la charge de votre batterie va s'épuiser bien plus vite. C'est pourquoi il existe un mode Veille qui coupe automatiquement l'affichage de l'écran afin d'économiser l'énergie.

Par défaut, le mode Veille se déclenche automatiquement au bout d'environ 30 secondes d'inactivité du smartphone. Ce délai peut être modifié dans les paramètres de l'appareil (*via* l'icône Affichage). Une autre possibilité consiste à appuyer brièvement sur le bouton Marche/Arrêt.

Le Galaxy S7 est équipé d'un mode « Veille intelligente » (ou Smart Stay) qui détecte si l'utilisateur regarde ou non l'écran afin de désactiver si nécessaire le passage en veille.

Si vous n'avez pas l'intention de vous servir de votre smartphone pendant un ou deux jours, autant l'éteindre totalement. Pour cela, appuyez sur le bouton Marche/Arrêt pendant quelques petites secondes. Un menu d'options va alors s'afficher :

- **Éteindre :** éteint purement et simplement le téléphone.
- **Redémarrer :** relance la procédure de démarrage du téléphone.
- **Mode Urgence :** si vous êtes perdu dans un recoin de montagne, ce mode vous permet de transmettre votre position approximative à un certain numéro de portable, puis de désactiver toutes les fonctionnalités dont vous n'avez pas besoin dans ces circonstances, afin d'économiser la batterie en attendant les secours. Bonne chance et bon courage !

3

Toucher sans couler

Dans ce chapitre :

- Organiser les applications et les widgets
- Gérer l'écran d'accueil
- Gérer les applications avec le Gestionnaire des tâches
- Désinstaller une application (ou un widget)
- Découvrir le clavier virtuel
- Saisir des symboles et des caractères de ponctuation
- Configurer le clavier
- Correction et prédiction
- Éditer les textes

Dans le précédent chapitre, nous avons découvert les caractéristiques du Galaxy S7, comment utiliser l'écran tactile et comment manipuler les raccourcis des applications.

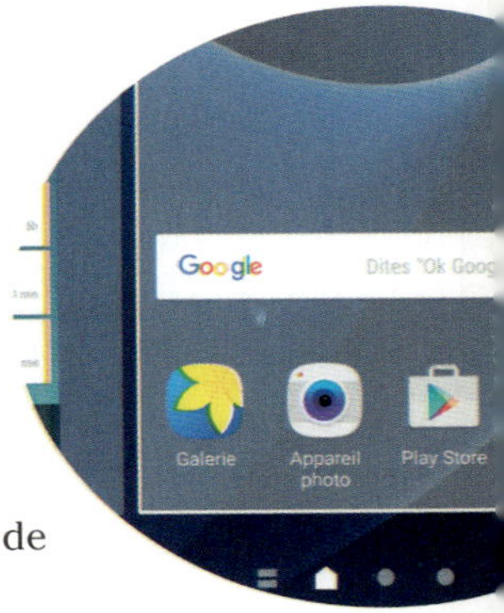

Avant de nous lancer dans les travaux pratiques, je vous propose ici d'aller plus loin dans l'exploration de votre écran et de vous initier aux subtilités du clavier virtuel de votre smartphone.

Tactile, mais facile

Vous savez déjà ajouter à votre écran d'accueil des raccourcis d'*applis* et de *widgets*, les déplacer ou les supprimer. Avant d'aller plus loin, précisons un peu ces notions :

- **Appli (ou Application) :** c'est l'équivalent d'un programme, ou d'un logiciel, sur un ordinateur. En fait, votre smartphone, mis à part le matériel lui-même, contient dans sa mémoire essentiellement deux choses : le système d'exploitation Android, et les applications qui vous permettent de faire des tas et des tas de choses avec votre Galaxy S7, et même de téléphoner ! Navigateur Web, Galerie, jeux, messagerie, et tout ce que vous pouvez imaginer d'autres *sont* des applications. Certaines sont liées directement au système et ne peuvent pas être supprimées. Les autres, si. Et vous pouvez en ajouter autant que la mémoire de l'appareil le permet. Voyez également à ce sujet le Chapitre 8.

  Ce que vous voyez sur l'écran d'accueil ou dans les pages Applis, ce ne sont pas les applications elles-mêmes, mais des liens, des raccourcis, qui permettent de les lancer.

  Lors de son premier lancement, le Galaxy S7 contient déjà un certain nombre d'applications, d'ailleurs plus ou moins utiles et importantes, certaines pouvant d'ailleurs être désinstallées. Les principales sont abordées tout au long de ce livre. Nous n'y reviendrons pas ici.

- **Widgets :** un widget, c'est un peu comme un gadget. En fait, c'est aussi une application, généralement chargée d'une tâche spécifique, mais dont le raccourci est bien souvent d'une plus grande taille que les petites icônes des applications. Certains widgets occupent toute une page sur l'écran d'accueil, et d'autres peuvent être redimensionnés (voir ci-après).

Vous avez dit widget ?

Votre Galaxy S7 est accompagné de toute une série d'applications et de widgets. Certains sont estampillés

Samsung, d'autres peuvent avoir été mis là par votre opérateur de téléphonie, et d'autres encore se retrouvent sur tous les appareils Android.

Pour accéder à vos widgets :

1. **Trouvez un emplacement libre sur l'une des pages de l'écran d'accueil et faites un appui long dessus.**
2. **Dans l'écran qui s'affiche, touchez le bouton Widgets.**
3. **Faites défiler les pages pour voir la liste de tous les widgets qui vous sont proposés, et dont certains encombrent par défaut votre écran d'accueil.**
4. **Pour ajouter un widget à l'une des pages de l'écran d'accueil, faites un appui long dessus et procédez comme expliqué dans le Chapitre 2 pour placer son raccourci où vous le souhaitez.**

Regardez par exemple le widget Cadre Photo. Remarquez la mention 2 x 2 qui l'accompagne. En d'autres termes, il a besoin de deux cases en largeur, et d'autant en hauteur. Résultat : il mobilise le quart d'une page de l'écran d'accueil à lui tout seul.

Faites défiler les écrans pour localiser le widget Gmail, autrement dit votre messagerie Google. La flèche qui suit son nom signifie que plusieurs widgets sont associés à cette application. Touchez-la. Vous constatez que Gmail vous propose deux modes d'affichage : liste des messages, au format 3 x 3, soit une grande partie de la page, et raccourci vers un dossier Gmail, au format 1 x 1, autrement dit le minimum légal.

Au total, vous disposez par défaut sur un écran vide d'un maximum de quatre icônes aussi bien horizontalement que verticalement, soit seize cases. À vous de bien réfléchir à l'organisation et à la disposition de vos widgets et de vos applications sur votre écran d'accueil !

TRUC

Si vous trouvez cela insuffisant, faites un appui long sur une zone vide de l'écran, puis touchez le bouton Grille d'écran. Vous constatez que trois possibilités vous sont offertes : 4 x 4, 4 x 5 et 5 x 5. Bien entendu, plus vous augmentez le nombre de cases, et plus la taille des icônes se réduit. Tout dépend de vos besoins, de la qualité de votre vue et de l'agilité de vos doigts…

TRUC

Certains widgets peuvent être redimensionnés lorsque vous les ajoutez à l'écran d'accueil. Faites simplement glisser leurs poignées (les points ronds et bleus) pour les ajuster sur l'écran (voir la Figure 3.1). Touchez quelque part sur l'écran pour terminer.

Figure 3.1 : À gauche, un widget qui peut être redimensionné. À droite, le même widget agrandi au maximum.

N'OUBLIEZ PAS

Si vous voulez changer plus tard la taille du widget, faites un appui long dessus. Les poignées réapparaissent.

Organiser les applications en dossiers

Imaginez-vous dans quelque temps. Vous allez avoir chargé tellement de nouvelles applications que vous ne saurez plus où les ranger sur votre écran d'accueil. D'accord, nous verrons plus loin qu'il est toujours possible de lui ajouter de nouvelles pages. Mais ce n'est pas forcément le meilleur moyen de s'y retrouver.

Fort heureusement, vous avez la possibilité de regrouper d'une manière (si possible) logique vos icônes en les plaçant dans des *dossiers* de l'écran d'accueil. Un dossier n'occupe en effet que la place d'une icône. Voilà qui multiplie à bon compte les possibilités.

Votre Galaxy S7 contient déjà plusieurs dossiers d'applications, comme Google ou Samsung.

Pour créer et remplir un dossier, suivez ces étapes :

1. **Activez la page qui contient déjà une ou plusieurs icônes d'applications que vous souhaitez regrouper dans un même dossier. Nous prendrons comme exemple un dossier d'applications multimédias.**

2. **Faites un appui long sur une des icônes, comme si vous vouliez la supprimer. Mais, cette fois, faites-la glisser sur une autre icône (voir la partie gauche de la Figure 3.2).**

3. **Entrez maintenant un nom pour votre dossier, par exemple Multimédia.**

4. **Pour compléter votre dossier, touchez le bouton « + » dans le dossier. La liste des applications installées sur votre smartphone va s'afficher en ordre alphabétique. Cochez toutes celles que vous voulez ajouter à votre dossier (voir la partie droite de la Figure 3.2). Touchez le bouton Ajouter quand vous avez terminé.**

   Vous pouvez aussi essayer de faire glisser une icône sur un dossier existant. Mais c'est n'est pas le plus simple…

5. **Pour ouvrir une application, il vous suffit de toucher l'icône du dossier. Celui-ci s'ouvre et vous pouvez lancer votre application en la touchant.**

   Le bouton qui représente une palette, en haut et à droite d'une fenêtre de dossier, vous permet de choisir la couleur donnée au fond et au titre de celui-ci.

Figure 3.2 : Créer un nouveau dossier dans l'écran d'accueil.

6. **Pour retirer une icône d'un dossier, ouvrez celui-ci, puis faites un appui long sur l'icône voulue et faites-la glisser sur l'écran d'accueil.**

TRUC

Il n'existe pas de dossier vide. Lorsqu'il ne reste plus qu'une seule icône, celle-ci redevient un raccourci comme un autre et le dossier disparaît automatiquement.

Voilà en tout cas de quoi multiplier de manière presque exponentielle les capacités de votre écran d'accueil.

TRUC

Un dossier peut parfaitement trouver sa place dans la barre des favoris (voir ci-après).

Personnaliser la barre des favoris

La barre d'icônes qui se trouve en bas de votre écran est visible en permanence. Son contenu est réputé être si important qu'il doit donc être toujours accessible. Le choix par défaut semble être assez judicieux :

- **Téléphone :** c'est en théorie la première fonction du Galaxy S7…
- **Messages :** pour envoyer des SMS et des MMS.
- **Internet :** le navigateur Web maison.
- **Applis :** évidemment, vous voulez que vos applications soient facilement accessibles à tout moment, même celles qui ne sont pas installées sur l'écran d'accueil.

Mais vous avez parfaitement le droit d'avoir une opinion différente. Admettons par exemple que vous vouliez remplacer l'icône Internet par Gmail, ou l'inverse :

1. **Faites un appui long sur l'icône que vous voulez retirer de la barre des favoris, et faites-la glisser sur un emplacement libre de l'écran d'accueil.**
2. **Ouvrez votre liste d'applications. Localisez l'icône voulue (Gmail pour cet exemple).**
3. **Appuyez dessus, puis faites-la glisser tout en bas de l'écran à la place de celle que vous venez de retirer.**

TRUC

Il est parfaitement possible d'ajouter un dossier à la barre des favoris au lieu d'un simple raccourci. En revanche, l'icône des applications, Applis, est inamovible.

Déplacer plusieurs icônes à la fois

Lorsque vous installez une nouvelle application, son raccourci vient se placer sur la page d'accueil… là où il peut, pas là où vous voudriez qu'il soit. Pour mieux organiser vos écrans, il vous suffit de faire un appui long sur une icône, puis de la faire glisser vers un bord de l'écran pour activer la page précédente ou suivante. Quand vous atteignez l'emplacement voulu sur la bonne page, relâchez.

Comme cette gestuelle n'est pas toujours évidente, surtout si vous devez déplacer plusieurs icônes, je vous conseille pour gagner du temps de faire appel à la fonction Déplacer applications :

1. **Faire un appui long sur une première icône à déplacer, puis faites-la glisser sur le bouton Déplacer applications, en haut de l'écran.**
2. **Recommencez pour les autres icônes à déplacer en les faisant glisser sur le bandeau qui s'affiche en haut de l'écran.**
3. **Quand c'est fait, effleurez l'écran d'accueil vers la gauche ou vers la droite pour accéder à la page de destination.**
4. **Il ne vous reste plus qu'à faire glisser les icônes à l'endroit voulu sur la page jusqu'à ce que le bandeau soit vidé.**

Jouer avec la page Applis

Quand vous touchez le bouton Applis, les applications (comme les widgets) se présentent sous la forme d'icônes (ou d'aperçus) rangées sagement dans un ordre prédéfini. Les applications ou les widgets que vous installez par la suite viennent se classer en ordre alphabétique.

TRUC

Vous pouvez aussi ranger tout le monde dans l'ordre alphabétique (les groupes restant en tête de gondole) en touchant le bouton A-Z. Mais est-ce une bonne idée ? Quant au bouton Modifier, il permet simplement de désinstaller les applications qui ne sont pas strictement liées au système.

N'OUBLIEZ PAS

Une application désinstallée de votre smartphone n'est pas perdue corps et biens. Vous pourrez toujours, si vous le souhaitez, la réinstaller plus tard *via* Play Sore (voir à ce sujet le Chapitre 8).

Réorganiser les pages de l'écran d'accueil

L'écran d'accueil contient plusieurs pages pour y placer raccourcis et widgets. L'une est définie comme écran d'accueil par défaut lorsque vous quittez l'écran de verrouillage ou que vous appuyez sur le bouton Accueil du smartphone.

Il est cependant possible de réorganiser toutes ces pages :

1. **Faites un appui long sur un emplacement libre d'une des pages de l'écran d'accueil.**

   Une vue en réduction de vos pages apparaît (voir la Figure 3.3).

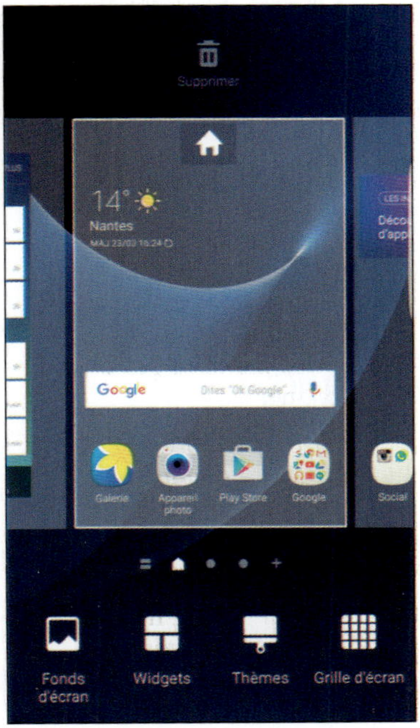

Figure 3.3 : Réorganiser les pages de l'écran d'accueil.

2. **Effleurez l'écran dans la direction voulue pour localiser la page à modifier, puis faites un appui long sur celle-ci pour la glisser où vous voulez définir la nouvelle organisation.**

Vous pouvez aussi vider entièrement le contenu d'une page en la faisant glisser sur l'icône Supprimer. Il vous suffit ensuite d'effleurer l'écran de droite à gauche jusqu'à la fin de la pile, puis de toucher le bouton « + » pour insérer une page vierge supplémentaire.

Rassurez-vous : vous ne faites que supprimer des raccourcis, pas les applications elles-mêmes.

Vous pouvez parfaitement créer un grand nombre de pages sur votre écran d'accueil. Mais, grâce aux dossiers, vous n'avez sans doute pas besoin d'une telle débauche. En effet, les dossiers permettent de regrouper logiquement les raccourcis sans limites (ou presque) dans un minimum d'espace.

3. **Pour changer la page d'accueil par défaut, touchez le symbole de maison qui se trouve en haut d'une des vignettes. Cette icône apparaît alors en surbrillance et le dessin de la petite maison, au-dessus de la barre des favoris, vous informe que l'écran d'accueil par défaut a été changé.**

4. **Pour terminer, appuyez sur bouton Retour du smartphone.**

Gérer les applications avec le Gestionnaire de tâches

Vous allez, comme il se doit, ouvrir une application, puis une autre, téléphoner, prendre des photos, jouer, envoyer des messages, écouter de la musique, et ainsi de suite. Au bout d'un certain temps, vous ne savez plus où vous en êtes. Toutes vos applications ouvertes s'accumulent en mémoire, certaines restant actives tandis que d'autres sont gelées dans un cache. Mais si vous touchez l'icône d'une application déjà lancée, vous allez la retrouver telle que vous l'aviez laissée (à moins d'avoir éteint le smartphone entre-temps).

Oui, mais elle est où cette icône, finalement ? Inutile de vous creuser la tête : faites confiance au *Gestionnaire de tâches*.

Suivez ces étapes :

1. **Touchez le bouton Applications récentes du smartphone (celui qui se trouve à gauche du bouton Accueil).**

   Le Gestionnaire de tâches apparaît (voir la Figure 3.4).

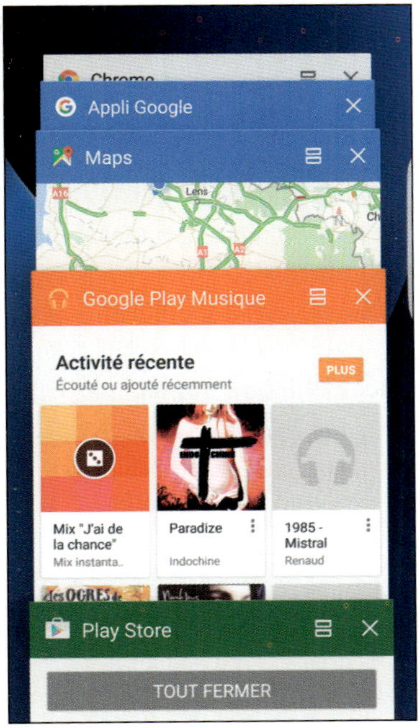

Figure 3.4 : Le Gestionnaire de tâches.

2. **Effleurez l'écran vers le haut ou vers le bas pour faire défiler la liste des applications en mémoire.**
3. **Touchez l'aperçu de celle que vous voulez réactiver.**

   Ou bien :

4. **Faites glisser vers la gauche ou vers la droite l'aperçu d'une application que vous voulez refermer.**

5. **Pour arrêter toutes les applications actives, touchez le bouton Tout fermer.**

Si vous touchez le nom d'une application dans cette fenêtre, vous la réactivez tout simplement.

Certaines vignettes présentent un double rectangle vers la droite de leur barre de titre. Cela signifie que l'application correspondante accepte l'affichage fractionné (le multifenêtrage). Revoyez le Chapitre 2 pour en savoir plus à ce sujet.

Désinstaller une application (ou un widget)

Désinstaller une application ou un widget, ce n'est pas simplement effacer son raccourci, mais la retirer totalement de la mémoire de votre Galaxy S7. C'est donc une vraie décision à prendre.

Supposons-la prise. La méthode à suivre est alors plutôt simple :

1. **Depuis l'écran d'accueil, touchez l'icône Applis.**

   Pour désinstaller un widget, la procédure est globalement la même. Mais vous devrez d'abord faire un appui long sur un emplacement vide de l'écran d'accueil, puis toucher le bouton Widgets. Touchez alors le bouton Plus, en haut et à droite de l'écran, et choisissez dans le menu qui apparaît l'option Désinstaller.

2. **Appuyez sur le bouton Modifier.**

   La plupart des icônes affichent maintenant un cerclé barré d'un trait rouge.

3. **Si nécessaire, faites défiler vos pages.**

   Certaines des applications préinstallées sur le Galaxy S7 ne peuvent pas être désinstallées.

4. **Touchez l'icône d'une application que vous voulez faire disparaître, puis confirmez en touchant le bouton OK. Si vous avez fait une erreur, touchez simplement le bouton Annuler.**

5. **Recommencez les Étapes 3 et 4 pour sélectionner toutes les applications à désinstaller.**

6. **Appuyez sur le bouton Accueil du téléphone pour terminer.**

N'OUBLIEZ PAS

Si une application que vous désinstallez possède un ou plusieurs widgets, ceux-ci peuvent rester visibles, au moins tant que le smartphone reste allumé. En revanche, la désinstallation d'un widget entraîne immédiatement celle de l'application associée.

N'OUBLIEZ PAS

Le bouton Supprimer qui apparaît en haut de l'écran lorsque vous faites un appui long sur une icône de l'écran d'accueil ne fait qu'effacer le raccourci, pas l'application elle-même.

Un clavier, mais virtuel

Votre principale interface avec votre smartphone est, qu'on le veuille ou non, vous-même, ou plus exactement vos doigts. En particulier, vous devez apprendre à vous sentir aussi à l'aise que possible avec le clavier (ou plutôt les claviers) de votre Galaxy S7.

Découvrir le clavier

Dès que vous avez besoin d'entrer du texte sur votre Galaxy S7, un clavier virtuel surgit en bas de l'écran. Vous voulez rédiger un message, trouver un contact, faire une recherche ou encore saisir une adresse Web ? Touchez un champ dans un formulaire ou une zone de saisie quelconque, et aussitôt le clavier apparaît !

En fait, ce clavier peut plus ou moins changer selon le type de texte que vous voulez entrer. Mais, évidemment, vous allez toujours y retrouver vos lettres ou vos chiffres à peu près à la même place !

La Figure 3.5 vous montre plusieurs variations autour du même thème. Vous y voyez le clavier virtuel tel qu'il apparaît dans trois situations typiques : rédaction d'un e-mail, saisie d'un SMS (par exemple) et entrée d'une adresse Web dans le navigateur Internet.

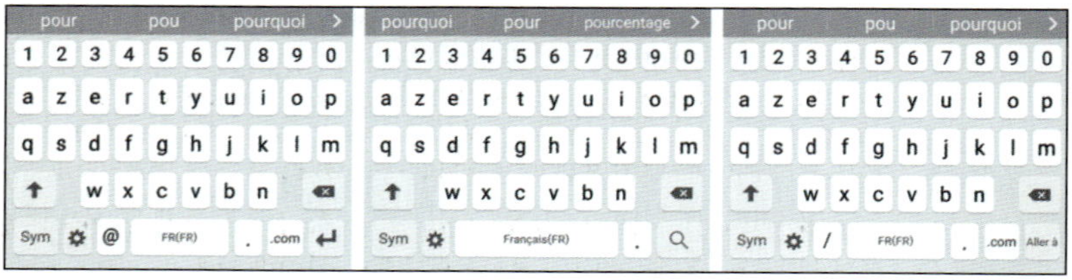

Figure 3.5 : Le Galaxy S7 et ses claviers virtuels.

Bien entendu, d'autres applications ont leur clavier bien à elles. Par exemple, la calculatrice a un clavier numérique et le téléphone un clavier de composition. Normal.

Inutile de vous expliquer que, pour saisir un caractère, il faut toucher le signe qui le représente…

Vous pouvez remarquer sur la Figure 3.5 que la plupart des touches sont les mêmes dans chaque situation. Après tout, une lettre est une lettre et un chiffre est un chiffre ! Mais il y a aussi quelques variations subtiles :

- Dans un e-mail, lorsque vous voulez saisir l'adresse du destinataire, vous trouvez de chaque côté de la barre d'espace, en bas de l'écran, deux touches : arobase (@) et `.com`. C'est pour vous aider à saisir plus vite cette adresse. Dès que vous activez le champ Objet ou le corps du message, le clavier repasse en mode « texte » classique.
- Pour une adresse Web, ces mêmes touches deviennent / et `www.`, évidemment pour les mêmes raisons.

Voyons maintenant l'art et la manière de se servir du clavier virtuel :

- **Barre d'espace :** c'est la plus grande touche, en bas et au milieu du clavier.
- **Majuscules et minuscules :** dès que vous êtes en début de phrase, le clavier passe en mode Majuscules, puis revient en mode minuscules. Pour bloquer le mode Majuscules, faites un appui long sur la touche fléchée, à gauche du clavier. Appuyez à nouveau dessus pour revenir en minuscules.

- **Caractères accentués :** pour obtenir un caractère accentué, faites un appui long sur la touche correspondante (par exemple le *e*). Une série de propositions apparaît. Faites glisser votre doigt sur le caractère accentué voulu, puis relâchez.

- **Correction :** cette touche efface les caractères précédents à partir de la position courante dans un texte.

- **Entrée :** la touche dite Entrée se trouve en bas et à droite du clavier. Selon les circonstances, elle peut prendre plusieurs aspects : flèche coudée pour passer à la ligne, `Suiv.` pour passer au champ suivant dans une suite de saisies, ou loupe pour faire une recherche. Vous pouvez aussi rencontrer les indications OK (pour confirmer quelque chose), Aller à (pour accepter une saisie ou effectuer une autre action), ou encore Terminer (à la suite du dernier champ d'un formulaire).
- **Touches spéciales :** ces touches jouent un rôle spécial, comme l'illustre la Figure 3.6. Un appui long peut révéler des symboles courants, comme sur la partie droite de la figure, ou bien encore des options de saisie, comme sur la partie gauche de la figure. Vous y voyez notamment : passage en saisie vocale, ouverture du presse-papiers, insertion d'émoticône, et ouverture des paramètres de saisie (voir plus loin).

Figure 3.6 : Les touches spéciales du clavier.

- **Afficher/masquer le clavier :** si la présence du clavier vous gêne, touchez une fois (et une seule) le bouton Retour du smartphone. Pour le rappeler, touchez simplement une zone ou un champ qui réclame une saisie.

Accéder aux symboles et aux caractères de ponctuation

Comme un texte n'est pas formé uniquement de lettres et de chiffres, il vous faut d'autres touches pour couvrir tous les besoins. Pour accéder aux caractères de ponctuation et autres symboles, vous pouvez :

- Faire un appui long sur la touche « point ». Elle se trouve juste à droite de la barre d'espace et elle affiche à son sommet deux petits points ainsi qu'un point d'interrogation. Elle révèle les signes et symboles réputés être les plus courants (reportez-vous à Figure 3.6). Touchez simplement le signe à placer dans le texte.

  Si cette touche indique .com, par exemple lors de la saisie d'une adresse Web, un appui long révèle une série de suffixes Internet courants.

- Faire un appui long sur la cousine de cette touche, cette fois juste à gauche de la barre d'espace. Là encore, quelques caractères spéciaux vous sont proposés (voir également la Figure 3.6).

Figure 3.7 : Vous disposez de deux claviers pour les caractères spéciaux et les signes de ponctuation.

- Toucher, en bas et à gauche du clavier, le bouton marqué `Sym`. Comme l'illustre la Figure 3.7, vous avez à votre disposition non pas un, mais deux claviers de signes et de symboles. Vous pouvez passer de l'un à l'autre en touchant, sur la gauche de l'écran, le bouton qui indique 1/2 ou 2/2.

Pour revenir à un clavier de base, touchez le bouton marqué `ABC` (il remplace `Sym`).

Configurer le clavier

Pour afficher les options de configuration du clavier, faites un appui long sur l'avant-dernière touche à gauche, entre `Sym` et la barre d'espace. Dans la petite fenêtre qui s'affiche, touchez le bouton Paramètres (la roue dentée).

Vous accédez aux options du clavier Samsung (voir la Figure 3.8). Intéressons-nous aux principales :

- **Langue de saisie :** vous pouvez sélectionner une autre langue que le français pour changer la disposition du clavier et/ou les caractères disponibles. Par exemple, un clavier anglais ou américain apparaîtra au format QWERTY.
- **Texte intuitif :** c'est pour vous proposer des mots avant que vous n'ayez fini de les saisir. Nous allons y revenir un peu plus loin.
- **Remplacement automatique :** permet d'insérer dans le texte le mot proposé par le Galaxy S7 en touchant la barre d'espace. Dans le même esprit, l'option Ponctuation automatique demande à insérer un point en touchant deux fois de suite la barre d'espace.
- **Vérification orthographe auto. :** si vous le souhaitez, vous demandez à ce que les fautes d'orthographe (du moins selon le point de vue du dictionnaire intégré) soient soulignées en rouge. Dans tous les cas, des suggestions vous sont à chaque instant proposées en haut du clavier.
- **Raccourcis texte :** vous pouvez saisir ici des expressions ou des phrases dont vous vous servez couramment

et leur associer un raccourci qui sera reconnu lors de la saisie. Exemple : « Veuillez agréer, Monsieur le Directeur, l'expression de ma plus haute et respectueuse considération » peut être raccourci en *das* (pour *demande d'augmentation de salaire*).

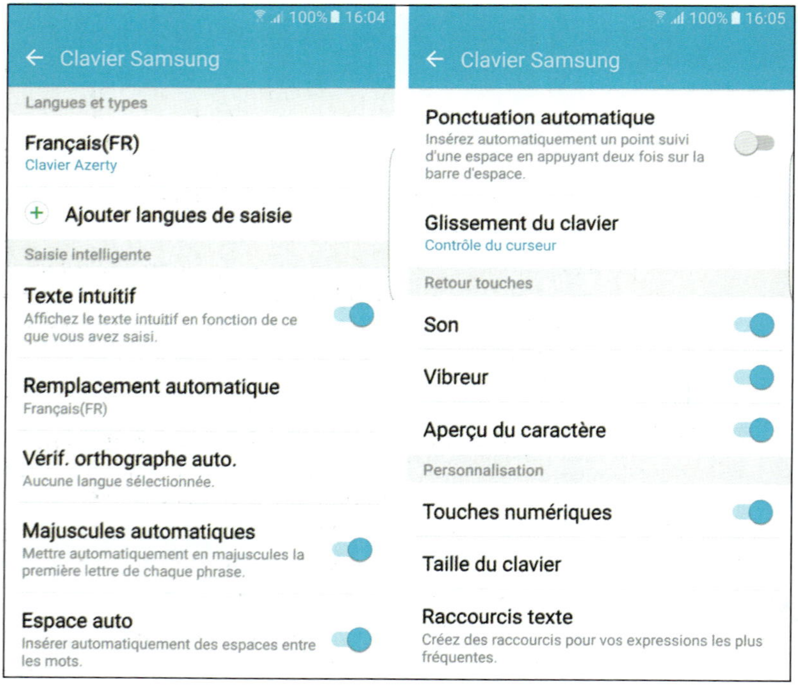

Figure 3.8 : Paramètres de clavier.

- **Glissement du clavier :** sert à « dessiner » les mots avec le doigt. Voyez à ce sujet la section suivante si l'option de saisie en continu vous paraît intéressante. L'option Glissement du curseur aide à déplacer le curseur *via* un glissement le long du clavier.

  Ces options sont incompatibles entre elles.

TRUC

Avec la saisie en continu, vous pouvez « dessiner » un mot par un geste de glisser passant au-dessus des caractères qui composent ce mot. Une trace bleue suit votre mouvement. Le résultat est finalement plutôt efficace, du moins si vous arrivez à maîtriser cette gestuelle.

- **Autres paramètres :** vous pouvez activer ou désactiver le bruit émis par les touches du clavier, ainsi que la petite vibration qui accompagne la frappe du texte. Les majuscules en début de phrase et l'espacement automatique des mots sont également à retenir, de même sans doute que l'aperçu agrandi des caractères, notamment lorsque vous devez entrer un mot de passe. Enfin, l'ajustement de la taille du clavier n'est pas forcément indispensable.

Vous pouvez vous amuser autant que vous le souhaitez avec tous ces réglages. Et si le résultat ne vous convient pas, il vous suffit de choisir en fin de liste l'option Réinitialiser paramètres.

Correction et prédiction

Ne soyez pas gêné si vous avez du mal à taper correctement un texte ou à trouver l'orthographe exacte d'un mot. Vous avez deux aides à votre service : la correction automatique et la prédiction des mots. Les deux vont de pair.

TRUC

Pour être aidé dans votre saisie, vous devez activer l'option Texte intuitif dans les paramètres du clavier.

Par défaut, des termes vous sont proposés au fur et à mesure que vous saisissez des caractères. Pour accepter une proposition, il vous suffit de toucher le mot qui est affiché en bleu au-dessus du clavier, ou un autre mot proposé, lui, en blanc (voir la Figure 3.9).

Rien de plus simple. Voyons donc quelques remarques à ce sujet :

- Si une prédiction ne vous convient pas, continuez tout simplement votre saisie. Le Galaxy S7 va s'adapter pour faire de nouvelles suggestions.

- Touchez un des mots suggérés, et il vient immédiatement prendre sa place dans le texte.
- Le mot qui paraît le plus probable pour votre smartphone est affiché en bleu. Touchez la barre d'espace pour l'insérer dans le texte.
- Si une prédiction est accompagnée sur sa droite d'une flèche, touchez-la pour obtenir d'autres choix (voyez la partie droite de la Figure 3.9). Touchez alors la proposition qui correspond à ce que vous voulez saisir, ou à nouveau la flèche pour réduire cette liste.

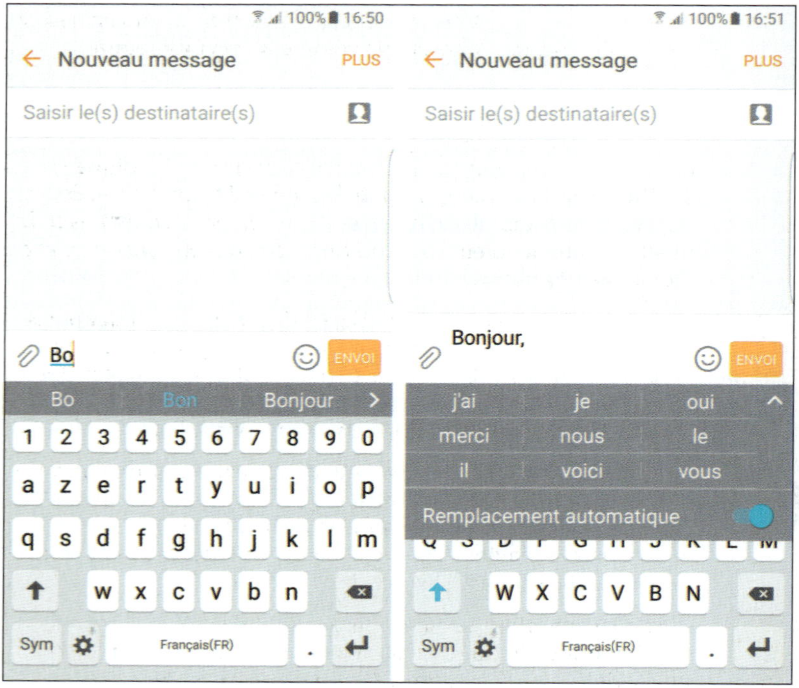

Figure 3.9 : Accepter une prédiction de mot.

Finalement, c'est un peu comme avec un GPS : vous avez le droit de refuser d'être aidé et continuer à suivre votre propre route. Pardon… à entrer votre texte en version SMS abrégée si c'est ce que vous voulez.

Les prédictions s'appuient sur un dictionnaire intégré. Si une proposition vous ennuie régulièrement, faites un appui long dessus et acceptez de la supprimer des mots appris.

Éditer vos textes

D'accord, même avec l'aide de la prédiction des mots, vous n'allez pas toujours arriver à rédiger correctement vos textes. À moins que vous n'ayez tout bêtement besoin de les copier et de les coller. C'est comme sur un ordinateur, mais en moins commode. Autant donc savoir comment vous y prendre.

Déplacer le curseur

Le *curseur*, c'est la ligne verticale clignotante qui indique la position courante dans le texte. Sur un ordinateur, vous le déplacez en cliquant. Ici, vous le déplacez en touchant avec le doigt un emplacement dans un texte. Reconnaissons-le : c'est bien moins pratique.

Quand vous touchez un texte déjà saisi, le curseur clignotant se déplace et un gros marqueur bleu apparaît à cet endroit. Vous avez alors le choix entre deux possibilités : insérer des caractères à la position du curseur, ou effacer les caractères précédents en touchant la touche de retour arrière.

Pour déplacer le curseur bleu qui marque la position courante dans le texte, vous pouvez toucher un emplacement dans celui-ci ou effectuer un glissement vers la droite ou vers la gauche sur le clavier. Vous voyez alors la barre verticale du curseur suivre le mouvement de votre doigt.

Le déplacement du curseur par ce procédé nécessite que l'option Contrôle du curseur soit activée dans les paramètres du clavier (dans la rubrique Glissement du clavier).

Sélectionner, copier, couper et coller du texte

Pour sélectionner un mot, faites un appui long sur celui-ci. Un gros marqueur bleu apparaît de chaque côté du mot (voir la Figure 3.10).

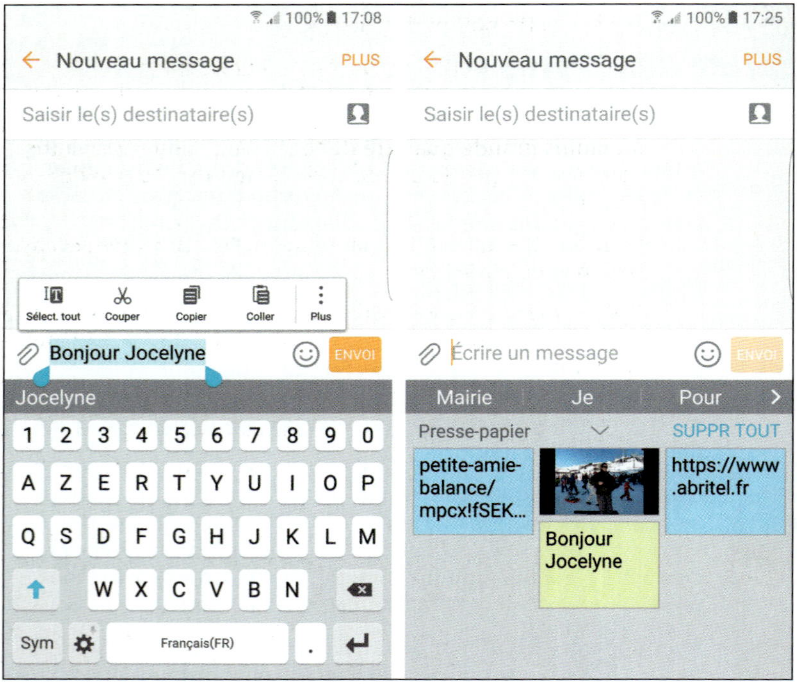

Figure 3.10 : Sélectionner du texte.

TRUC

Vous pouvez aussi toucher deux fois de suite sur le mot.

Faites ensuite glisser l'un, l'autre ou les deux marqueurs pour affiner la sélection en remontant vers le début ou en allant vers la fin du texte.

TRUC

Comme l'illustre la Figure 3.10, plusieurs options particulières peuvent apparaître au-dessus du texte lorsqu'une sélection est active (touchez si nécessaire le bouton Plus) : Sélectionner tout le texte, Couper, Copier, Coller, Presse-papiers et Dictionnaire (cette dernière permet de télécharger des dictionnaires dans différentes langues).

TRUC

Dans certains cas, une septième option peut être proposée : Partager. Nous aurons l'occasion de revenir à plusieurs reprises sur cette notion de partage.

- Lorsqu'une sélection est active, touchez l'un des marqueurs de début ou de fin de bloc, et faites-le glisser sur l'écran tactile de manière à sélectionner une plus ou moins grande quantité de texte. Vous pouvez ensuite couper ou copier le morceau de texte pour l'utiliser par ailleurs.
- Pour annuler une sélection, touchez l'écran en dehors du bloc mis en surbrillance.
- Quelle que soit l'application, il suffit qu'elle vous demande de saisir du texte pour qu'il soit possible d'effectuer une sélection.
- Certaines applications vous permettent, *via* un bouton, une commande de menu ou encore un appui long, de copier d'autres types d'objets : image ou partie d'image, lien, *etc.*

  TRUC

  Par exemple, un appui long sur une image dans un site Web dans l'appli Internet ouvre un menu comportant une option Copier l'image.
- Pour insérer un texte placé dans le presse-papiers, ouvrez l'application de destination et faites à nouveau un appui long à l'emplacement voulu, si nécessaire en déplaçant au préalable plus finement le curseur. Touchez ensuite le bouton Coller.

N'OUBLIEZ PAS

Un texte collé remplace celui qui était actuellement sélectionné. Sinon, touchez l'écran pour annuler la sélection, replacez le curseur et touchez le bouton Coller dans la barre d'outils de l'application active.

TRUC

Le presse-papiers peut contenir de multiples collages. Lorsque vous faites un appui long pour coller quelque chose et que vous voyez s'afficher un bouton Presse-papiers, touchez-le pour faire apparaître les diverses possibilités (revoyez la partie droite de la Figure 3.10). Faites défiler les contenus enregistrés, et touchez la vignette de ce que vous voulez coller (texte, lien ou encore image). En cas d'erreur, touchez le bouton Retour du smartphone, puis le texte en cours de saisie pour réafficher le clavier.

Deuxième partie

Le Galaxy S7, l'art de la communication

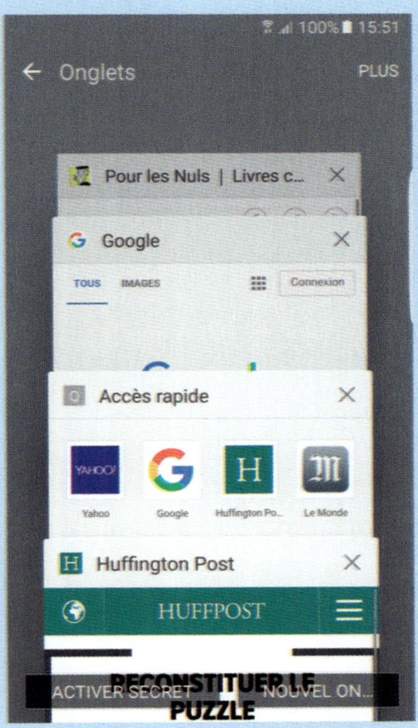

Dans cette partie...

Le Galaxy S7 est un smartphone polyvalent, puissant, doté de plein d'applications variées, sans compter toutes celles que vous lui ajouterez au fil du temps.

Mais c'est d'abord un téléphone. Et un téléphone branché, puisqu'il vous permet non seulement d'appeler et d'être appelé (ce qui est le moins qu'on puisse lui demander), mais aussi de gérer votre ou vos carnets d'adresses, autrement dit vos contacts (ce qui est on ne peut plus normal), d'envoyer et de recevoir des messages en tous genres, et en particulier des e-mails, des SMS et des MMS, et, modernité exige, de vous permettre d'accéder pleinement à Internet.

Bref, le Galaxy S7 est l'outil communicant par excellence. C'est ce que nous allons découvrir et étudier dans cette partie.

4

Simple comme un coup de fil

Dans ce chapitre :

- Appeler, être appelé, rappeler
- Désolé, je ne peux pas répondre !
- Je suis déjà en ligne (le double appel)
- Appeler en visiophonie

Appeler, être appelé, c'était le rôle exclusif des téléphones filaires et des premières générations de téléphones portables. Avec l'arrivée des smartphones, cet usage de base s'est progressivement réduit au profit de bien d'autres activités communicantes ou non. En fait, on estime aujourd'hui que plus de 60 % de l'utilisation des smartphones sert à autre chose : photo, vidéo, Internet, jeu, *etc.* Mais il n'en reste pas moins que, quand même, votre Galaxy S7 sert aussi à téléphoner !

Vous ne dites pas « Je vais téléphoner au 01 02 03 04 05 », mais « je vais appeler Marie ». Pourquoi ? Parce qu'il est bien plus facile de se souvenir d'un nom que d'un numéro de téléphone. Et parce que vos noms de parents, d'amis, de collègues, comme de lieux divers et variés, vous les enregistrez dans un carnet d'adresses, électronique bien sûr. Votre Galaxy S7 sait évidemment gérer parfaitement toutes ces informations *via* une application dédiée appelée Contacts. Nous étudierons celle-ci au Chapitre 5. Ici, nous allons donc nous intéresser exclusivement aux fonctions de téléphonie générales. Je suppose évidemment que vous avez, d'une manière ou d'une autre, déjà enregistré des contacts, par exemple grâce à la synchronisation automatique de votre compte Gmail.

Je t'appelle, tu m'appelles, je te rappelle

Dans la première partie du livre, vous avez fait connaissance avec votre Galaxy S7. En particulier, vous avez installé votre carte SIM et vérifié très vite que le téléphone était opérationnel. N'y revenons pas. Il s'agit maintenant de passer aux travaux pratiques.

Appeler un contact

En fait, il y a plusieurs moyens de déclencher un appel téléphonique. Mais le plus simple, c'est encore de trouver la bonne icône… Suivez ces étapes :

1. **Sur l'écran d'accueil, touchez l'icône Téléphone.**

   Vous devriez la trouver dans la barre des favoris (sinon, touchez le bouton Applis pour la retrouver). Un grand clavier va s'afficher.

2. **Commencez à composer le numéro à appeler en touchant les boutons numériques, comme vous le feriez sur un téléphone fixe.**

   Si des contacts sont déjà enregistrés, leur nom est automatiquement proposé vers le haut de l'écran (voir la partie gauche de la Figure 4.1). Sélectionnez simplement votre correspondant en touchant son nom.

   Pour corriger une erreur de saisie, touchez le bouton fléché, à droite de la ligne de numérotation.

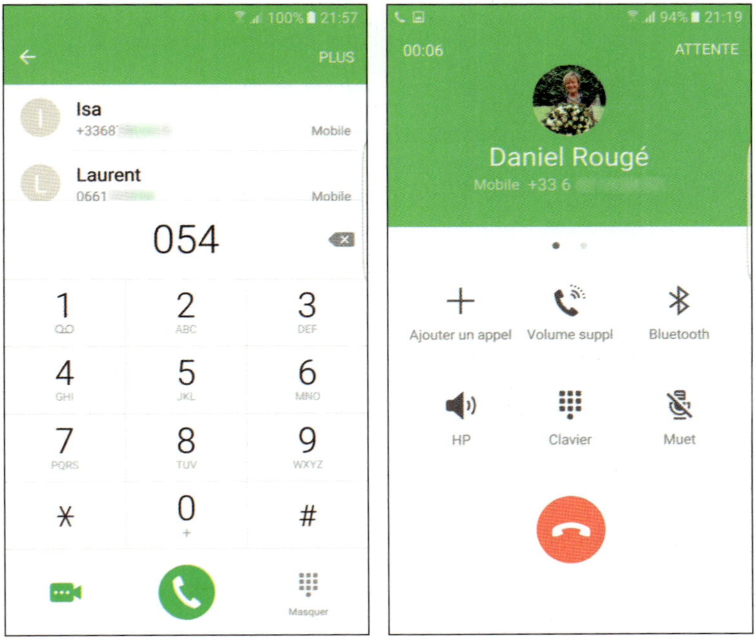

Figure 4.1 : Lancer un appel.

3. **Quand le numéro est complet, touchez l'icône verte de téléphone, en bas et au milieu de l'écran.**

   Si le nom du bon contact vous est proposé, touchez-le d'abord.

   Le Galaxy S7 va lancer l'appel. Il ne reste plus qu'à attendre que votre correspondant décroche pour entamer la discussion.

Comme le montre la partie droite de la Figure 4.1, une nouvelle série de boutons apparaît sur votre écran, en plus du numéro de téléphone ainsi que (si c'est possible) du nom et de l'image associée à votre contact (voyez à ce sujet le Chapitre 5).

- **Ajouter un appel :** sert à inviter une ou plusieurs autres personnes à participer au débat. Ce mode de téléconférence peut nécessiter une option d'abonnement spécifique.
- **Volume supplémentaire :** touchez le dessin en forme de combiné sonore pour appliquer cette fonction d'amplification du son.
- **Bluetooth :** permet d'activer un casque Bluetooth (ou le système Bluetooth de votre voiture) pour téléphoner.
- **HP :** active le haut-parleur pour que l'entourage puisse entendre la conversation.
- **Clavier :** affiche un clavier numérique pour saisir les options proposées par un serveur vocal, ou encore pour gérer le contenu de votre messagerie.
- **Muet :** coupe le micro. C'est à peu près comme une mise en attente, mais sans *bip*.
- **Fin :** c'est le gros bouton rouge. Il termine la communication. Normalement, cette procédure est automatique dès qu'un des interlocuteurs raccroche.
- **Attente :** suspend le micro pour pouvoir parler tranquillement à une autre personne sans que votre correspondant puisse entendre ce qui se dit. Touchez à nouveau le bouton (il indique alors Récup.) pour reprendre la communication.

  Pendant une attente, votre correspondant entend un bip émis à intervalles réguliers.

Si vous effleurez l'écran vers la gauche en cours de communication, d'autres options vont vous être proposées, ce qui vous évitera d'avoir à interrompre la conversation pour effectuer d'autres tâches (voir la Figure 4.2) :

- **E-mail :** pour envoyer (ou lire) un e-mail urgent pendant la communication.
- **Message :** même principe, mais cette fois pour expédier (ou lire) un SMS ou un MMS.

- **Internet :** oui, on peut aller sur le Web même en téléphonant…
- **Contacts :** ouvre l'application de même nom, par exemple pour rechercher un contact dont vous avez besoin de fournir les coordonnées à votre correspondant actuel.
- **S Planner :** c'est votre agenda, pour prendre un rendez-vous en direct, ou vérifier une date. Nous y reviendrons en détail au Chapitre 13.
- **Mémo :** sert à rédiger une note pendant la communication.

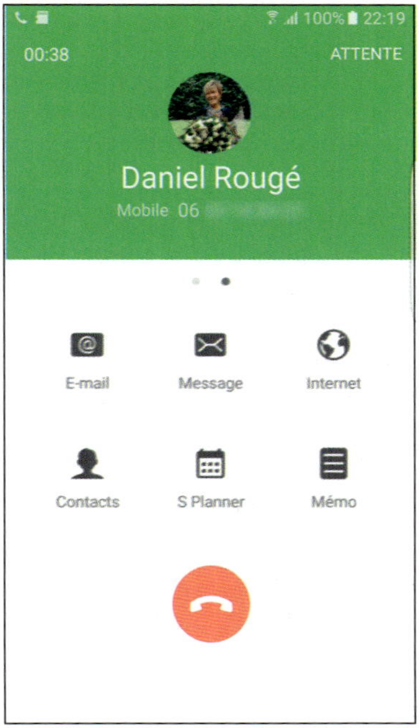

Figure 4.2 : Même en téléphonant, vous pouvez réaliser plein d'autres choses !

Le bouton Plus de l'application Téléphone propose à son tour d'autres options :

- **Numérotation rapide :** cette fonction vous permet d'associer un contact à une valeur numérique. Si vous touchez par exemple la ligne 20 et que vous l'associiez à votre cousine Marie-Germaine, il vous suffira de taper ces deux chiffres sur le clavier numérique pour que le nom de votre parente soit automatiquement proposé. Pour annuler ce raccourci, utilisez la même procédure, mais touchez cette fois le signe moins qui suit le nom.
- **Paramètres :** si la liste des paramètres de téléphonie est relativement fournie, il est assez vraisemblable que vous ne modifierez pratiquement rien ici, à l'exception peut-être de l'option Blocage d'appel. Celle-ci permet en particulier de créer une liste de numéros que vous voulez interdire de séjour. Vous pouvez vous contenter des appels anonymes, ou spécifier certains numéros ou types de numéros, ou bien encore certains correspondants ou contacts. Désolé pour eux, tant mieux pour vous !

TRUC

Ce même bouton Plus propose quelques options supplémentaires lorsque vous composez un numéro. Vous pouvez par exemple ajouter une pause de 2 secondes si vous appelez un poste qui se trouve derrière un standard téléphonique.

N'OUBLIEZ PAS

La colonne Favoris de l'application Téléphone permet d'accéder rapidement aux contacts définis comme tels. Nous y reviendrons au Chapitre 5.

Maîtriser l'utilisation du téléphone

Voici brièvement quelques remarques supplémentaires que vous pourrez (ou non) retenir pour devenir un vrai pro de la téléphonie sur votre Galaxy S7 :

TRUC

- Pendant une communication, vous pouvez vous lancer dans d'autres activités, par exemple noter un rendez-vous, soit en balayant l'écran pour révéler des fonctions supplémentaires (voir ci-dessus), soit en appuyant sur le bouton Retour du smartphone puis en activant une autre application. La conversation en cours est matérialisée par une petite fenêtre accessible depuis la barre des notifications. Touchez-la pour revenir au téléphone.

- Vous avez d'autres possibilités pour lancer un appel téléphonique. En particulier, quand le nom d'un contact est affiché à l'écran, il vous suffit de porter le Galaxy S7 à votre oreille pour déclencher l'appel du numéro de téléphone par défaut enregistré dans la fiche de ce contact.
- Si vous ouvrez l'une des rubriques Journal, Favoris ou Contacts, il est aussi possible de lancer un appel téléphonique en faisant glisser vers la droite le nom de la personne que vous voulez appeler (vers la gauche, pour envoyer un message).
- Autre technique, vocale, cette fois. Sur l'écran d'accueil, touchez le symbole de micro qui se trouve à droite de la barre Google. Énoncez alors votre commande en disant *appeler*, puis le nom ou le numéro de téléphone de votre contact. L'appel devrait alors automatiquement être déclenché. L'application maison S Voice suit le même principe, mais elle semble à l'usage moins performante dans ce domaine.
- Si vous utilisez des écouteurs, appuyez sur le bouton Marche/Arrêt pour désactiver l'affichage pendant la conversation et ainsi verrouiller la fonction de téléphonie. Cela évite aussi d'appuyer par inadvertance sur la touche Fin ou Muet.

  Vous pouvez connecter ou déconnecter les écouteurs pendant l'appel, sans interrompre la conversation.
- Même si le téléphone semble loin de votre bouche, il capture parfaitement bien votre voix.
- Ne gardez pas le téléphone à votre oreille quand vous activez le haut-parleur !
- Pour converser avec une oreillette Bluetooth, vous devez préalablement la connecter à votre smartphone.
- Pour composer un numéro international, maintenez la touche 0 (zéro) enfoncée jusqu'à ce que le signe + s'affiche. Ensuite, saisissez le reste du numéro.

Puissance du signal et accès au réseau

Deux icônes sont continuellement présentes dans la barre d'état de votre téléphone Android. Elles indiquent si le téléphone est connecté à un réseau, et la puissance du signal reçu.

L'icône de la puissance du signal est composée de petites barres organisées dans un ordre croissant de gauche à droite. Plus il y a de barres éclairées, plus le signal est puissant.

NOTE TECHNIQUE

Lorsque le téléphone se trouve dans une zone non desservie par votre opérateur, une icône dite de *Roaming* (ou itinérance) peut apparaître.

En l'absence de réseau, d'autres icônes peuvent vous indiquer le type de connexion qui reste malgré tout à votre disposition, notamment :

- **E** : cette icône représente le réseau historique d'origine (dit Edge). Il est relativement lent.
- **3G** : cette icône identifie un réseau maintenant assez ancien, mais relativement rapide.
- **3G+** : comme ci-dessus, mais réputé être plus rapide.
- **H+ ou HSPA** : cette icône représente le réseau qui était le plus rapide jusqu'à l'arrivée de la 4G.
- **4G** : le meilleur de la téléphonie actuelle, là où ce type de réseau est disponible. Votre Galaxy S7 est évidemment parfaitement outillé pour profiter de la 4G. En attendant l'arrivée de la 4G+, voire de la 5G…

ATTENTION

Si le numéro de votre correspondant est enregistré avec un préfixe d'appel international, vous devrez saisir celui-ci pour que le contact vous soit proposé. Exemple : le portable de Marie-Germaine est enregistré sous la forme +336 06 06 06 06. Si vous commencez à saisir simplement 06, la pauvre Marie-Germaine n'apparaîtra pas dans la liste des contacts détectés par l'application Téléphone. Mais vous pouvez évidemment taper 06 06 06 06 06 en entier pour l'appeler.

- Vous ne pouvez pas téléphoner quand le réseau téléphonique est indisponible. Avant de passer un coup de fil, vérifiez la densité du signal dans la barre des notifications de votre téléphone. (Vous pouvez également lire l'encadré ci-après, « Puissance du signal et accès au réseau ».)
- Vous ne pouvez pas non plus téléphoner quand l'appareil est en mode Hors-ligne (ou Avion).

Répondre à un appel (ou pas)

Cette fois, c'est votre téléphone qui sonne. Aussitôt, vous entendez une sonnerie et un écran apparaît pour que vous puissiez répondre.

Dans des circonstances où une sonnerie de téléphone serait mal venue, ouvrez la barre des notifications en la faisant glisser vers le bas. Touchez le bouton Son une première fois pour passer en mode Vibreur, une seconde fois pour tout désactiver (Muet), et une troisième pour rétablir le son.

La sonnerie par défaut est une musique générique que vous pouvez choisir (de même que le son du vibreur) dans l'application Paramètres. Choisissez Sons et vibrations. Configurez la sonnerie à votre convenance. Recommencez avec l'option Type de vibreur. Sachez par avance que ces réglages peuvent être redéfinis pour chacun de vos contacts (voir le Chapitre 5).

La liste des paramètres est bien trop longue pour pouvoir s'y attarder dans ce livre. Amusez-vous à la parcourir, sachant que, normalement, il y a assez peu de raisons pour changer la plupart des réglages par défaut.

Lorsque vous recevez un appel, plusieurs actions s'offrent à vous :

- **Répondre :** faites glisser vers le milieu de l'écran le gros bouton vert illustré d'un combiné (voir la Figure 4.3). La conversation peut s'engager…

Figure 4.3 : Répondre ou ne pas répondre, telle est la question.

- **Refuser l'appel :** faites glisser vers le milieu de l'écran le gros bouton rouge illustré d'un combiné. Désolé, partenaire !
- **Rejeter l'appel avec message :** refuse l'appel tout en envoyant un message d'excuse choisi dans une liste de textes types (voyez la partie droite de la Figure 4.3). Faites glisser vers le haut le bandeau qui apparaît en bas de l'écran.

TRUC

Comme il est assez peu pratique de créer un texte personnalisé en cours de route, il vaut mieux le faire à l'avance. Pour cela, touchez le bouton Plus de l'application Téléphone et choisissez Paramètres, puis Blocage d'appel, et enfin l'option Messages de refus d'appel. Vous retrouvez la liste des réponses prédéfinies sur la partie droite de la Figure 4.3. Touchez le champ affiché en haut de l'écran et saisissez le texte voulu. Touchez ensuite le bouton « + » pour valider. Vous pouvez également toucher un message existant pour le modifier, ou le trait rouge qui se trouve à la suite d'un message pour le supprimer.

TRUC

Selon ce que fait votre Galaxy S7 lorsqu'une communication arrive, il est possible que l'appel apparaisse dans une petite fenêtre (voir la Figure 4.4). Les actions disponibles sont les mêmes, et vous pouvez afficher la fenêtre en mode Écran en touchant le petit symbole fléché, en haut et à droite.

Figure 4.4 : Mais qui me dérange en plein calcul ?

J'ai manqué l'appel !

Si vous manquez un appel téléphonique, l'écran de verrouillage et la barre des notifications vont évidemment vous en prévenir. Il vous suffit de toucher ce bandeau pour accéder à la page Journal de l'application Téléphone. Vous pouvez alors estimer qu'il n'y a aucune urgence à recontacter votre correspondant. Sinon, touchez la ligne de l'appel pour afficher les coordonnées du contact et décider de la suite des événements (voyez le Chapitre 5 pour plus d'informations sur la gestion des contacts). Vous pouvez également faire glisser un bandeau vers la droite pour lancer un appel téléphonique, ou vers la gauche pour rédiger un message (voir le Chapitre 6).

Le Galaxy S7 Edge offre une fonctionnalité supplémentaire. En effleurant vers la gauche la petite languette placée en haut et à droite de l'écran d'accueil, vous allez révéler un panneau qui vous permet de gérer jusqu'à cinq favoris parmi vos contacts (voir la Figure 4.5).

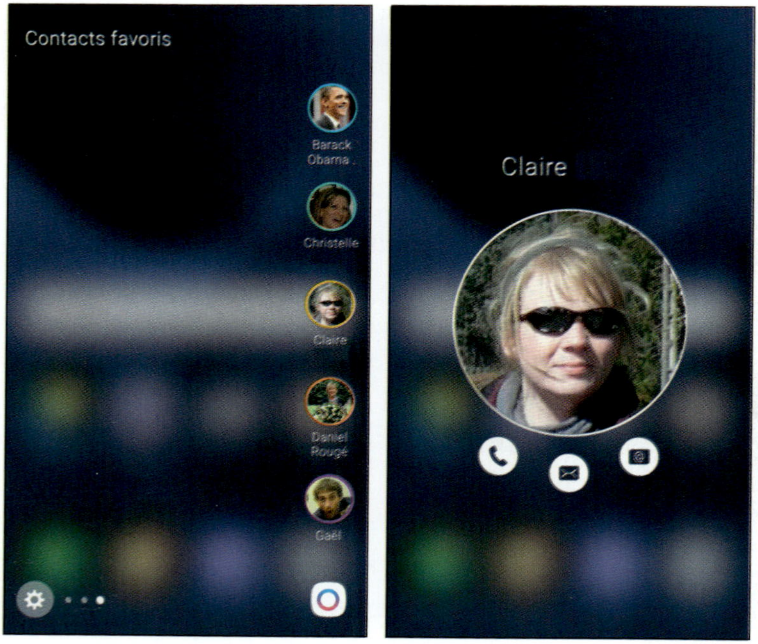

Figure 4.5 : Les favoris du Galaxy S7 Edge.

- Pour ajouter un favori, voyez l'application Contacts, étudiée dans le Chapitre 5.
- Pour retirer un favori, faites un appui long sur le bouton correspondant, puis faites-le glisser sur le bouton Supprimer.
- Pour appeler un favori, ou encore lui envoyer un message, touchez le bouton correspondant (reportez-vous à la Figure 4.5).
- Cette fonctionnalité peut être activée ou désactivée depuis les Paramètres (la roue dentée). Nous y reviendrons le moment venu.

Si vous manquez un appel ou un message d'un de vos favoris, une petite languette colorée de la couleur qui lui est associée va apparaître sur le bord arrondi de l'écran du Galaxy S7 Edge. Faites glisser ce bandeau pour en apprendre plus et choisir éventuellement ce que vous voulez faire (voir la Figure 4.6). Joli, non ?

Figure 4.6 : J'ai manqué l'appel ! Je fais quoi, je téléphone, j'envoie un message ou j'oublie ?

TRUC

Écran éteint, prenez le smartphone et retournez-le. Si un de vos favoris appelle, la couleur correspondante apparaîtra !

Nous reviendrons sur les particularités du Galaxy S7 Edge dans le Chapitre 14.

Rappeler un contact

Pour rappeler un numéro, suivez ces étapes :

1. **Ouvrez l'application Téléphone, puis touchez en haut de l'écran le bouton Journal.**

2. **Faites défiler la liste des appels mémorisés pour trouver le bon numéro. Touchez la ligne que vous avez repérée.**
3. **Dans l'écran qui s'affiche, touchez l'icône de téléphone pour lancer l'appel (voir la Figure 4.7).**

Figure 4.7 : Rappeler un contact.

TRUC

Vous pouvez également, à partir de cet écran, déclencher un appel en visio, envoyer un SMS ou un MMS ou bien encore afficher tous les détails sur le contact.

TRUC

Allez encore plus vite : faites glisser dans le journal la ligne voulue vers la droite pour appeler directement le numéro, ou vers la gauche pour composer un message.

Servez-vous du bouton Plus de l'application pour supprimer ou encore rechercher des appels mémorisés dans le journal.

TRUC

Si vous avez manqué un appel et que votre correspondant ait laissé un message, vous en êtes prévenu dans la barre des notifications. Vous pouvez alors appeler le service de messagerie vocale de votre opérateur, ou, bien sûr, ne rien faire…

J'ai deux appels, lequel choisir ?

Vous êtes déjà en communication lorsqu'une autre personne vous appelle. Aussitôt l'écran affiche ce nouvel appel entrant. Vous pouvez bien entendu le refuser ou le rejeter avec un message (voir plus haut). Si vous l'acceptez en faisant glisser le bouton vert du combiné, vous vous retrouvez avec deux conversations à gérer en même temps. Aucun problème.

1. **Une fois le second appel accepté, mettez en attente l'autre correspondant.**
2. **Pour passer d'un interlocuteur à un autre, touchez le bouton Permuter (voir la Figure 4.8).**
3. **Si vous touchez le bouton Fusionner, toutes les conversations en cours se croisent. Autrement dit, vous lancez une conférence téléphonique à plusieurs. Il est même potentiellement possible d'inviter des participants supplémentaires à l'aide du bouton Ajouter.**
4. **Pour cesser la conversation avec la personne qui est au bout du fil virtuel, touchez le bouton Fin.**

Dans le cas d'un double appel, l'autre conversation se poursuit normalement. En revanche, le bouton Fin termine d'un coup une conférence téléphonique.

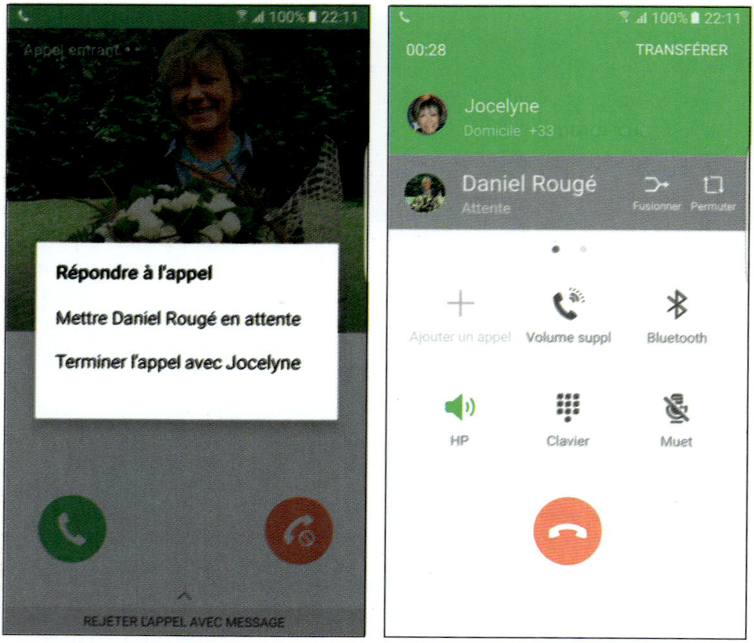

Figure 4.8 : Multipliez les formes d'appel.

Appeler en visiophonie

Votre Galaxy S7 est pourvu de deux objectifs photographiques. Et, quand on y réfléchit un peu, la plupart des téléphones portables, smartphones ou non, sont eux aussi équipés pour la photo et la vidéo. L'association des deux, téléphonie et vidéo, cela s'appelle la *visiophonie*. Vous vous parlez *et* vous vous voyez en même temps.

Pour lancer un appel en visiophonie, suivez ces étapes :

1. **Procédez exactement comme pour effectuer un appel téléphonique normal (revoyez le début de ce chapitre).**

2. **Dans l'écran de composition du numéro (ou de rappel d'un contact), touchez le bouton qui affiche le dessin d'une caméra (revoyez par exemple la Figure 4.1).**

   Votre appel visiophonique est lancé.

3. **Si votre contact accepte ce type d'appel (et s'il peut l'accepter…), vous devriez pouvoir dialoguer tout en vous envoyant mutuellement les images filmées par vos caméras respectives (voir la Figure 4.9).**

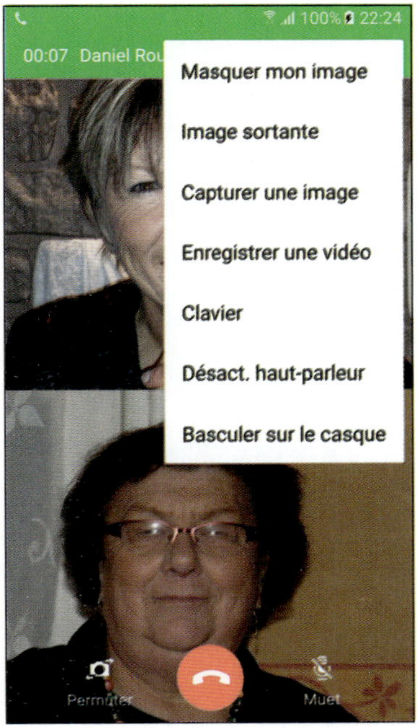

Figure 4.9 : « Allô, Maman ? C'est Fifille ! ».

Les boutons qui apparaissent en bas de l'écran permettent respectivement d'inverser les deux objectifs photo de l'appareil, de couper le son et de mettre fin à la communication.

ATTENTION

La transmission en direct d'images vidéo est une grande consommatrice de données, et donc de forfait. Les appels en visio sont donc à utiliser avec modération.

TRUC

Pour communiquer en visiophonie *et* en Wi-Fi, il existe des applications gratuites, nécessitant de créer un compte personnel, qui font transiter les images par Internet. Voyez par exemple du côté de Skype (qui est préinstallé sur votre Galaxy S7).

5

Gérer ses contacts

Dans ce chapitre :

- Mais qui sont vos contacts ?
- Gérer ses contacts avec Gmail
- Contact avec l'application Contacts
- Rechercher des contacts
- Créer ou modifier un contact
- Créer des groupes de contacts et des favoris

Que vous les appeliez connaissances, membres de la famille, collègues, amis Facebook ou tout ce que voulez, ce sont vos contacts et ils sont enregistrés dans votre carnet d'adresses.

Il est bien loin le temps des carnets à onglets ! Sur votre Galaxy S7, vous pouvez gérer non pas un, mais de multiples carnets selon le nombre de comptes de messagerie que vous possédez, ou de réseaux sociaux auxquels vous êtes abonné. Et vous avez à votre disposition des tas d'outils puissants pour vous organiser avec tout cela.

Dans ce chapitre, nous allons devoir nous contenter de découvrir les principales fonctions de l'application Contacts, mais c'est déjà largement suffisant pour la vie de tous les jours !

Gérer ses contacts avec Gmail

Au commencement était Gmail. Vous avez en effet au moins un compte Gmail. Et celui-ci offre un avantage considérable : vous pouvez gérer en toute tranquillité vos contacts et toutes les informations qui leur sont associées sur votre ordinateur de bureau. Le miracle d'Internet fera que ces données seront automatiquement et presque immédiatement synchronisées sur votre Galaxy S7. Voilà qui mérite qu'on s'y attarde un peu.

Créer et éditer des contacts sur un ordinateur

Suivez ces étapes :

1. **Ouvrez votre navigateur Web préféré sur votre ordinateur et connectez-vous à votre page Gmail.**

2. **En haut et sur la gauche de la page, cliquez sur le bouton Gmail. Dans le menu qui s'affiche, cliquez sur Contacts.**

   La liste de tous les contacts actuellement enregistrés dans le carnet d'adresses associé à Gmail apparaît.

3. **Pour ajouter une personne, cliquez sur le bouton Ajouter un contact. Renseignez les champs de la fiche, et complétez si nécessaire celle-ci en cliquant sur le bouton Ajouter tous les champs pour insérer de nouvelles rubriques (voir la Figure 5.1).**

4. **Si vous disposez déjà d'une photo du contact, localisez-la sur l'ordinateur. Cliquez sur l'aperçu qui indique Ajouter une photo. Faites glisser l'image sur la fenêtre d'aperçu, recadrez et confirmez.**

   Vous pouvez évidemment choisir n'importe quelle image à votre convenance…

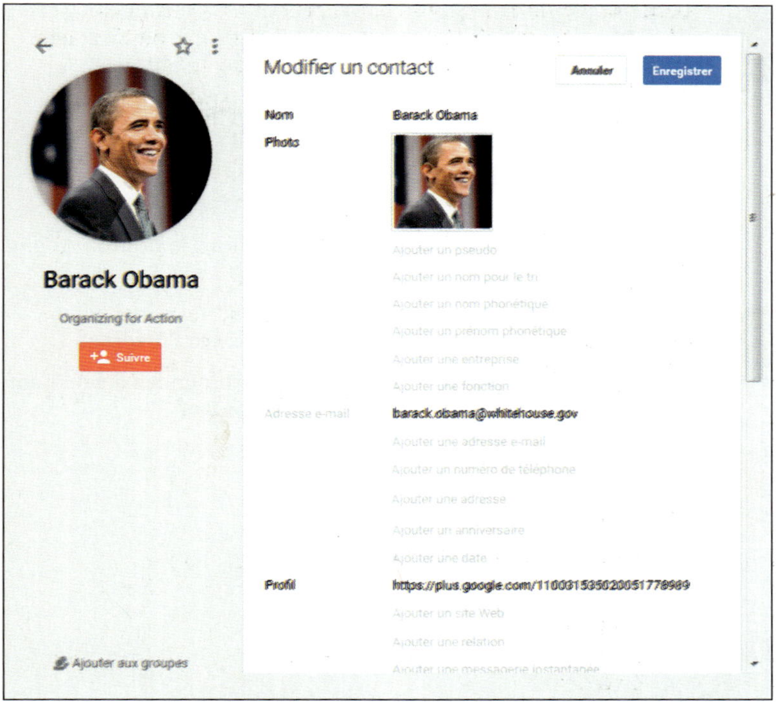

Figure 5.1 : Créer un contact dans Gmail.

5. **Quand vous avez terminé, cliquez sur le bouton Enregistrer.**

C'est fait. Vous pouvez ensuite à tout moment cliquer sur le nom de votre contact pour le modifier ou compléter vos informations.

TRUC

Vous disposez également de toutes les options nécessaires pour gérer par exemple des groupes, pour rechercher et fusionner des doublons, *etc.* Retenez simplement que tout ce qui est possible sur votre Galaxy S7 se fait encore plus facilement sur un ordinateur, du moins pour vos comptes Gmail !

Gmail vous permet également d'accéder à de futurs contacts possédant une adresse publique sur Google+, et de partager facilement vos informations de contact avec d'autres personnes.

Voyons maintenant ce qui vient de se passer :

6. **Reprenez votre Galaxy S7 et touchez l'icône de l'application Contacts, en bas de l'écran d'accueil.**

   Si vous ne la voyez pas, touchez d'abord le bouton Applis pour la retrouver.

   À l'évidence, l'application Contacts est un autre point d'entrée vers l'application Téléphone. Ou l'inverse…

7. **Touchez le champ Rechercher et commencez à saisir sur le clavier virtuel le nom de votre contact.**

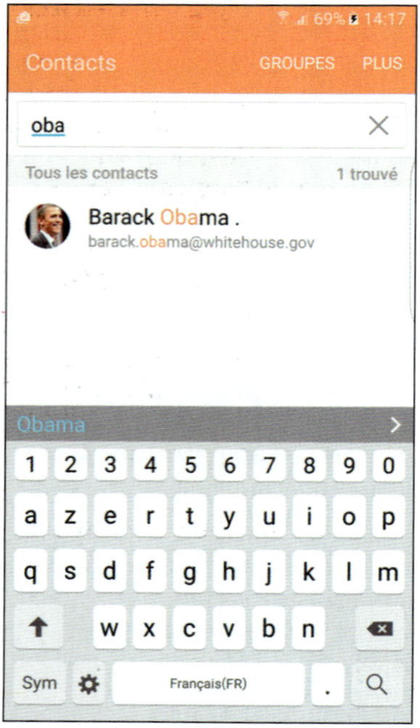

Figure 5.2 : La mise à jour d'un contact Gmail est automatique.

Très vite, les réponses qui correspondent à ce que vous entrez s'affichent, et… incroyable, votre contact est bel et bien là, y compris avec sa photo (voir la Figure 5.2) !

Résumons-nous :

- Quand vous créez, modifiez (ou supprimez) un contact sur votre ordinateur, les informations sont instantanément transmises aux ordinateurs de Google où elles sont enregistrées.
- À partir du compte enregistré sur votre Galaxy S7, le smartphone scrute régulièrement ces mêmes ordinateurs Google. Dès qu'il détecte un changement, il télécharge les nouvelles informations et les enregistre dans sa mémoire. Résultat : vos comptes (comme d'ailleurs bien d'autres données) sont presque instantanément *synchronisés*.
- Si vous avez d'autres appareils mobiles qui fonctionnent selon le même schéma, ils sont évidemment eux aussi synchronisés, sauf avis contraire (nous reviendrons un peu plus loin sur les options de synchronisation).
- L'énorme avantage de cette méthode, c'est que vos données existent indépendamment de l'appareil qui les utilise (ordinateur, smartphone ou encore tablette). Elles sont en effet stockées sur Internet, ce qui permet par exemple de les récupérer facilement en cas de problème, ou si vous réinitialisez votre smartphone.
- Est-ce que les comptes Gmail sont les seuls concernés ? Non. Si vous pratiquez Facebook, Google+ ou d'autres réseaux sociaux, vous constaterez rapidement que vos « amis » se retrouvent d'eux-mêmes dans votre carnet d'adresses.
- Bien entendu, toute synchronisation est préférable quand le Wi-Fi est actif, puisque vous ne consommez alors aucune donnée mobile.

Importer des contacts dans Gmail

Avant Gmail, vous aviez peut-être un autre carnet d'adresses enregistré ailleurs ? Gmail est tout à fait capable de le récupérer, du moins à certaines conditions :

1. **Dans le programme servant à gérer votre ancien carnet d'adresses, localisez la commande qui vous permet d'exporter celui-ci. Choisissez comme format d'exportation vCard ou CSV.**

   Dans Outlook, par exemple, vous devez cliquer sur Fichier, puis sur Ouvrir et exporter, puis sur Importer/Exporter. Dans la fenêtre qui s'affiche, choisissez l'action Exporter des données vers un fichier. Cliquez sur Suivant, puis sur Valeurs séparées par une virgule. Cliquez à nouveau sur Suivant, puis sur Contacts. Il ne vous reste plus qu'à choisir l'emplacement et le nom du fichier de type CSV que vous allez créer puis confirmer.

   Cette même technique peut aussi servir à exporter un agenda pour le récupérer dans le module Agenda de Gmail.

2. **Revenez à la page Contacts de Gmail dans votre navigateur Web. Cliquez sur le lien Plus, puis Importer.**

   Au moment où ce livre est écrit, Gmail vous prévient gentiment qu'il n'est pas encore capable d'importer des fichiers de contacts et vous propose de revenir provisoirement à l'ancienne version… Vous n'avez donc pas le choix.

3. **Cliquez sur le lien Accéder à l'ancienne version de Contacts.**

4. **Dans la page qui s'ouvre, cliquez sur Importer des contacts.**

5. **Servez-vous du bouton Parcourir pour localiser votre fichier de contacts, puis cliquez sur Importer.**

   C'est parti…

6. **Quand l'importation est terminée, revenez à la page de la nouvelle version de Gmail, et actualisez l'affichage en appuyant sur la touche F5.**

Et voilà. Votre liste de contacts est à jour.

Si vous avez plusieurs carnets d'adresses à importer dans Gmail, pensez à éliminer les références multiples en cliquant sur le lien Rechercher les doublons. Vous pouvez également sélectionner manuellement un doublon en cochant les cases correspondantes. Cliquez ensuite sur le bouton Fusionner, en haut à droite de la fenêtre. À nouveau, j'insiste sur le fait que c'est beaucoup plus facile à faire que sur votre smartphone, et que la synchronisation avec celui-ci est (par défaut) automatique.

Un problème de synchronisation ?

Vos contacts (ou d'autres données) ne sont pas synchronisés sur votre Galaxy S7 ? Mis à part un problème avec votre réseau de téléphonie ou votre Wi-Fi, la raison peut en être très simple : cette fonctionnalité est tout bonnement désactivée sur votre smartphone…

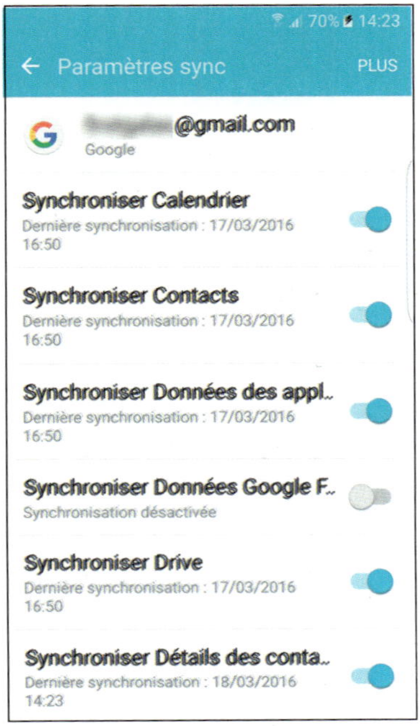

Figure 5.3 : Configurer les options de synchronisation pour un compte Google.

Pour vérifier que tout est normal, et éventuellement pour modifier les options de synchronisation, suivez ces étapes :

1. **Depuis l'écran d'accueil, touchez le bouton Applis, puis l'icône Paramètres.**
2. **Localisez l'icône Comptes.**
3. **Choisissez Google comme type de compte. Touchez ensuite le nom du compte à reconfigurer.**
4. **Vous n'avez plus qu'à cocher ou décocher les options de synchronisation que vous voulez ou non activer. Tout ce qui concerne le quotidien devrait être automatiquement synchronisé, comme les contacts, l'agenda, la messagerie, etc. En revanche, vous avez parfaitement le droit de dédaigner Google+ et toute la série des Google Play si vous n'en avez pas l'utilité (voir la Figure 5.3).**

Contact avec l'application Contacts

Il est temps maintenant de reprendre en main votre Galaxy S7. Ouvrez l'application Contacts (vous devriez la retrouver facilement dans la barre des favoris de votre page d'accueil, ou sinon en touchant le bouton Applis).

Si vous avez suivi les conseils donnés plus haut, vous voyez s'afficher une liste de contacts déjà bien remplie. Et maintenant…

Options de gestion des contacts

Avant de nous intéresser aux contacts en particulier, voyons ce que nous propose l'application Contacts en général.

Vous pouvez facilement remarquer que l'application Contacts n'est à peu près rien d'autre qu'un second visage de l'application Téléphone.

Touchez le bouton Plus pour accéder aux commandes servant à gérer votre carnet d'adresses :

- **Supprimer :** liste tous les contacts. Cochez ceux que vous voulez supprimer (il vaut mieux faire d'abord une recherche). Touchez le bouton Supprimer quand vous avez terminé.

  Comme votre carnet d'adresses est synchronisé, supprimer des contacts les effacera également sur le stockage Internet, et donc définitivement.

- **Partager :** liste également tous les contacts. Cochez ceux dont vous voulez partager les données avec d'autres. Choisissez ensuite l'application servant au partage. Vous pouvez par exemple communiquer ces renseignements *via* un SMS ou un e-mail, ou bien encore en Bluetooth ou contact direct avec un autre appareil, voire même sous la forme d'un QR Code si vous avez installé une application spécialisée.

- **Fusionner des contacts :** nous avons vu plus haut qu'il était préférable de réaliser ce genre d'opération sur votre ordinateur en vous connectant à votre compte Gmail.

- **Paramètres :** il s'agit plutôt d'une série de commandes supplémentaires :

  - **Importer/Exporter les contacts :** sert essentiellement à créer une copie de sauvegarde au format VCF dans la mémoire du smartphone. Il est ensuite possible de restaurer les données en cas de problème. Pour les agendas synchronisés, ce genre de procédure devrait être inutile. De plus, si certains contacts ont été enregistrés sur votre carte SIM, cette option permet de les transférer vers l'un des comptes enregistrés sur votre smartphone. De cette manière, ils pourront ensuite facilement être synchronisés.

  - **Contacts à afficher :** vous permet de limiter l'affichage du carnet d'adresses à certains contacts, par exemple uniquement ceux qui sont enregistrés sur la carte SIM du téléphone et dans votre compte Gmail principal à l'exclusion des amis Facebook. Il est également possible de créer une liste personnalisée.

- **Trier par/Format du nom :** choisissez ici la manière dont les contacts sont présentés (prénom d'abord, ou nom d'abord).
- **Partager plusieurs contacts :** choisissez ici votre méthode de partage préférée.

Rechercher des contacts

Repérer un contact que vous voulez appeler, ou auquel vous voulez envoyer un message quelconque (e-mail, SMS, statut Facebook, *etc.*) est très simple :

1. **Touchez le champ Rechercher.**

   Le clavier virtuel apparaît.

2. **Commencez à saisir votre critère de recherche.**

   Au fur et à mesure de la saisie, la liste des contacts qui correspondent à ce que vous tapez s'affine.

3. **Quand vous avez localisé le bon contact, touchez son nom et choisissez ce que vous voulez faire en touchant la ligne voulue (appel, envoi de message, connexion Facebook ou Google+, recherche de l'adresse sur Maps, modification des réglages, *etc.*).**

4. **Pour effacer le contenu du champ Rechercher, et donc revenir à la liste de tous les contacts, touchez la croix qui se trouve à son extrémité.**

Le critère que vous définissez peut concerner n'importe quel champ de texte défini pour le contact : nom, prénom, ville, rue, notes, organisation et ainsi de suite.

La saisie vocale est également possible. Pour cela, touchez le bouton sur lequel figure un symbole de micro (à droite du champ Rechercher) et commencez à parler. Avec un peu de chance, vous tomberez peut-être sur le bon contact…

Créer (ou éditer) un contact

Nous avons vu dans le chapitre précédent qu'il était possible de créer un nouveau contact à partir d'un appel téléphonique.

Et nous avons vu aussi plus haut qu'il était plus simple de le faire en toute tranquillité sur son ordinateur.

Mais, bien entendu, quantité d'autres circonstances peuvent nécessiter l'enregistrement de nouveaux contacts directement sur votre Galaxy S7. Suivez donc ces étapes :

1. **Si ce n'est fait, ouvrez l'application Contacts. Touchez ensuite le bouton « + », en bas et à droite de l'écran.**
2. **Commencez par définir l'emplacement où le contact sera enregistré.**

   Vous avez essentiellement le choix entre la carte SIM de votre téléphone, appelée ici Périphérique (le contact ne sera donc pas partagé) ou un compte de messagerie.

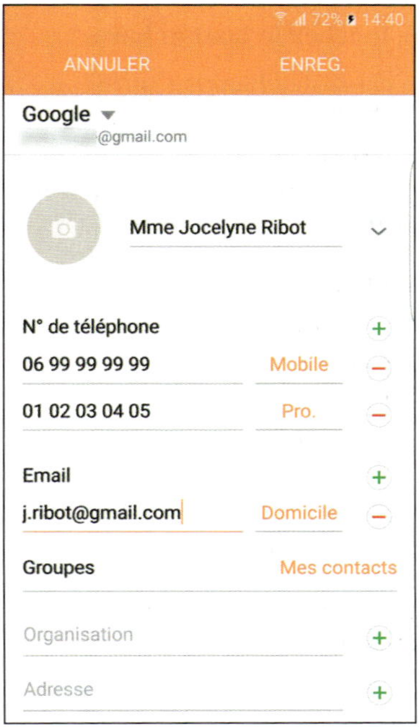

Figure 5.4 : Saisir la fiche d'un nouveau contact.

3. **Renseignez ensuite chacun des champs que vous pouvez remplir (voir la Figure 5.4).**

   Ceux-ci peuvent être plus ou moins nombreux, et plus ou moins déjà préremplis si le contact est automatiquement récupéré à partir d'une autre source (depuis un appel téléphonique, Facebook, Maps, une carte de visite ou autre).

   Lorsque vous saisissez un numéro de téléphone, vous avez la possibilité d'insérer des caractères spéciaux en touchant le bouton Sym du clavier virtuel. Il peut s'agir de parenthèses, d'une pause, d'un caractère dièse (pour obtenir par exemple directement un poste dans un service), etc. Touchez le bouton 123 pour revenir au pavé numérique.

4. **Quand vous avez terminé, touchez le bouton Enreg.**

Entre les Étapes 3 et 4, un large choix de champs s'offre à vous. Voyons donc quelques points spécifiques :

- **Image :** touchez le cercle contenant le dessin d'un appareil photographique pour associer une image à votre contact. Il peut s'agir d'une photographie présente dans la Galerie ou encore d'un sujet que vous allez prendre en photo. Positionnez et recadrez ensuite le portrait en faisant glisser les poignées et le cadre lui-même, puis confirmez avec le bouton Terminer. Touchez ensuite éventuellement le bouton qui affiche une baguette magique pour appliquer un filtre à l'image (voir la Figure 5.5), ou le bouton « moins » pour recommencer l'opération.

  Une autre manière de procéder consiste à partir de l'application Galerie. Sélectionnez la photo ou l'image que vous voudriez utiliser. Touchez ensuite le bouton Plus, puis l'option Définir pour contact. Il ne vous reste plus qu'à choisir le contact voulu, puis à rogner l'image, exactement comme avec la méthode précédente.

- **Nom et prénom :** touchez la petite flèche qui suit le champ Nom pour différencier nom, prénom et titre. Sinon, vous risquez d'inverser sans le vouloir ces renseignements.

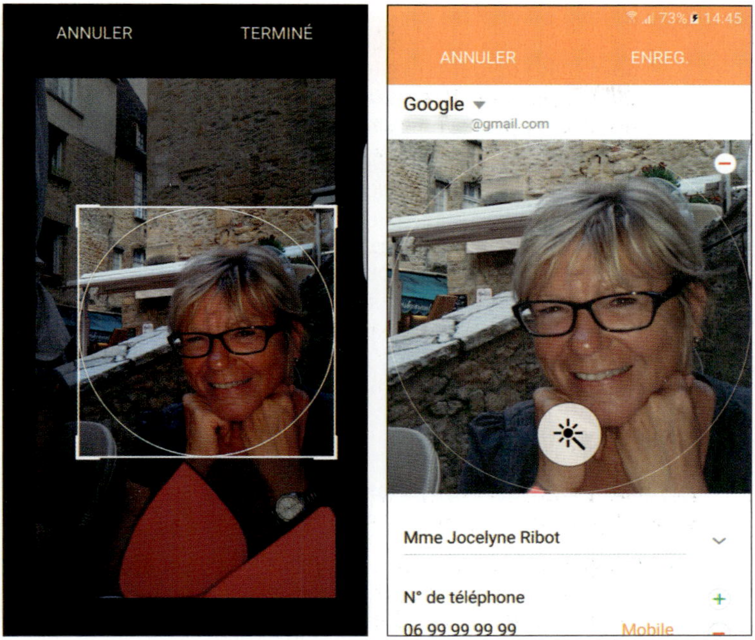

Figure 5.5 : Une photo pour un nouveau contact.

- **Téléphone :** pour ajouter plusieurs numéros de téléphone, touchez le bouton « + » de cette rubrique. Touchez le champ de droite pour indiquer s'il s'agit d'un fixe, d'un mobile, du numéro de la maison ou du travail, *etc.* Pour supprimer un numéro, touchez ce champ, puis le bouton « - » de la ligne correspondante.

TRUC

Les boutons « + » et « - » se retrouvent dans différents champs.

- **Sonnerie :** vous pouvez choisir la sonnerie du téléphone associée à chaque contact, et ce de manière indépendante. Comme ce n'est pas votre premier téléphone portable, vous savez déjà que vous avez le choix entre des thèmes par défaut et les musiques enregistrées sur votre smartphone. Heureusement, il est facile d'incorporer des sonneries personnalisées à l'aide du lien Ajouter une sonnerie. Vous avez également la possibilité de définir une sonnerie de notification, par exemple lorsqu'un message arrive, ou encore un type de vibreur (mais ces éléments ne sont pas modifiables).

- **Adresse :** ajoutez ce champ, puis entrez soigneusement l'adresse de votre nouveau contact. En effet, elle vous permettra plus tard de localiser celui-ci en touchant ce champ dans sa fiche afin de l'afficher dans Maps et de calculer un itinéraire pour vous rendre chez lui. Voyez à ce sujet le Chapitre 12.
- **Événements :** n'oubliez pas non plus de renseigner ce champ. Un anniversaire est si vite oublié !

Options des contacts

Lorsque vous touchez le nom d'un contact dans votre carnet d'adresses, le bouton Plus vous donne accès à une nouvelle liste d'options (voir la Figure 5.6) :

- **Supprimer :** pour effacer le contact.
- **Associer des contacts/Dissocier contacts :** permet de jumeler plusieurs contacts de manière à fusionner les informations qui les concernent et fournir un point d'accès groupé. Ou l'inverse…
- **Définir comme élément par défaut :** vous appelez votre conjoint ou votre patron trente fois par jour ? Gagnez du temps en sélectionnant cette option puis en choisissant un numéro de téléphone.
- **Partager le contact :** pour transmettre les informations sur le contact *via* un fichier vCard (un format standard), ou sous forme de texte.

TRUC

Pour éditer la fiche du contact, activez-le, puis touchez le bouton Modifier, en haut de l'écran.

Lorsque vous ajoutez un contact à l'écran d'accueil à l'aide du widget correspondant, il vous suffit de toucher cette icône pour faire apparaître sa fiche.

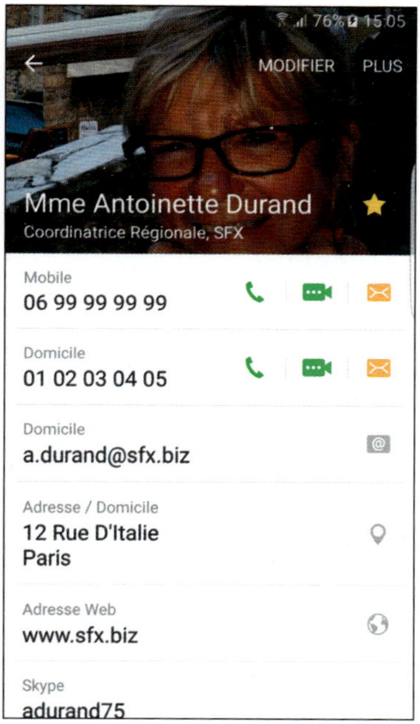

Figure 5.6 : Afficher la « carte » d'un contact.

Créer des favoris

À quoi ça sert un favori ? Tout simplement à retrouver plus rapidement telle ou telle personne que vous avez souvent besoin de contacter. Vos favoris peuvent être les membres de votre famille, des relations professionnelles ou encore le président de votre club de football.

Pour créer un favori :

1. **Ouvrez la fiche du contact.**
2. **Touchez le bouton en forme d'étoile, vers le haut et à droite de l'écran.**

Cette étoile devient jaune. Ouvrez maintenant l'application Téléphone. Touchez le bouton Favoris : votre nouveau favori est bien là. Ce raccourci va vous permettre d'accéder plus rapidement à certains contacts (voir la Figure 5.7).

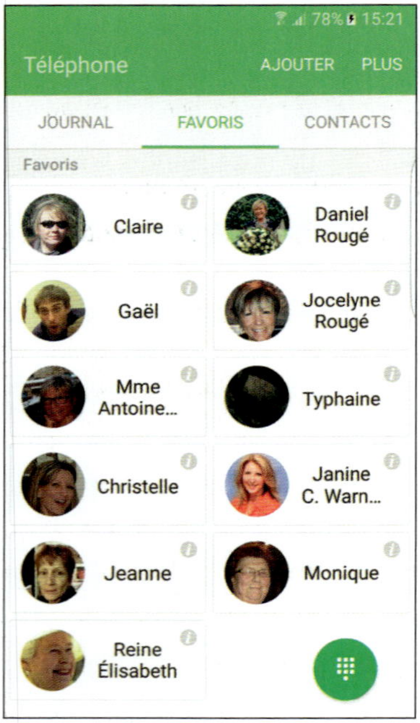

Figure 5.7 : Les favoris sont autant de raccourcis vers vos contacts préférés.

La page des favoris peut également afficher les noms des personnes que vous contactez le plus souvent. Le bouton Plus offre comme option Gérer les favoris. Vous pouvez alors supprimer certains favoris (autrement dit, leur retirer leur étoile, et non les effacer des contacts), ou encore réorganiser les vignettes en les faisant glisser vers un autre emplacement.

Pour retirer un contact de la liste des favoris, vous pouvez aussi ouvrir sa fiche et toucher à nouveau le symbole d'étoile pour « éteindre » celle-ci.

Gérer des groupes de contacts

Plus vous avez de contacts, et plus il peut être difficile de s'y retrouver. C'est là que vous allez apprécier la possibilité de créer des groupes, autrement dit des sortes de classeurs dans lesquels vous rangerez d'un côté les membres de votre famille, d'un autre vos amis, d'un autre encore vos contacts professionnels, d'un autre aussi les sociétaires de votre club de foot, et ainsi de suite. C'est juste une question d'organisation.

Pour gérer vos groupes de contacts, suivez ces étapes :

1. **Dans la fenêtre principale de l'application Contacts, touchez le bouton Groupes.**

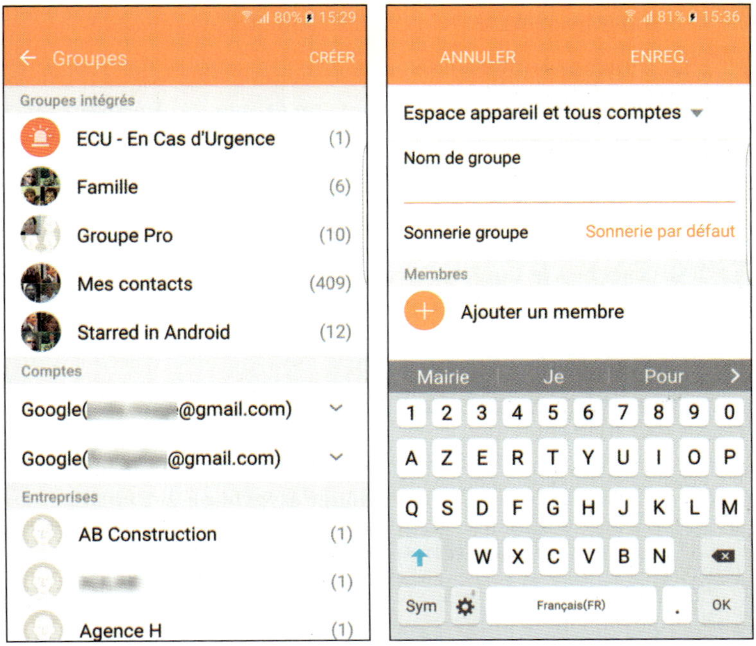

Figure 5.8 : Créer un nouveau groupe.

Comme le montre la partie gauche de la Figure 5.8, certains groupes sont prédéfinis, par exemple pour les numéros d'urgence, les contacts en général, *etc.*

Le groupe ECU – En Cas d'Urgence – contient au minimum le numéro d'appel européen 112. Il permet d'obtenir une communication avec certains services d'urgence sans forfait, et même sans carte SIM. Il vous permet également d'enregistrer des informations médicales vous concernant, ce qui pourrait vous aider en cas d'accident ou de malaise, du moins si quelqu'un est capable d'accéder à votre Galaxy S7 en sachant où retrouver ces données vitales...

Le groupe appelé Starred in Android contient vos favoris.

La liste intitulée Entreprises correspond aux contacts pour lesquels le champ Organisation a été renseigné.

2. **Touchez le bouton Créer.**
3. **Entrez un nom pour le nouveau groupe et choisissez un type de sonnerie (voir la partie droite de la Figure 5.8).**

   Vous pouvez commencer à remplir le groupe à l'aide du bouton Ajouter un membre, ou reporter l'opération à plus tard.

4. **Touchez le bouton Enreg. pour terminer.**
5. **Touchez le nom de votre nouveau groupe (ou d'un autre) pour commencer à le remplir, ou encore pour le compléter.**
6. **Touchez le bouton Ajouter un membre.**

   La liste de vos contacts apparaît.

7. **Localisez les contacts à ajouter au groupe et touchez la case qui leur est associée pour la cocher. Touchez le bouton OK pour terminer.**

   Bien entendu, vous pourrez toujours compléter votre groupe plus tard, ou au contraire le réduire.

8. **Vous revenez à votre groupe. Vous pouvez alors utiliser le bouton Plus pour supprimer des membres du groupe ou encore envoyer des messages collectifs.**

L'option Supprimer vous permet d'effacer certains groupes (voire même les contacts qu'ils contiennent !), mais pas tous. En effet, Google crée automatiquement des groupes prédéfinis dont vous ne pouvez pas vous débarrasser, ou même renommer.

N'espérez pas envoyer d'un seul coup un SMS commercial à vos centaines de clients ! Une dizaine à la fois, c'est à peu près la limite du possible.

Pour ne pas perdre de temps quand vous voulez lancer rapidement un appel ou envoyer un message, il vous suffit de faire glisser la vignette d'un contact vers la gauche (SMS ou MMS) ou vers la droite (appel téléphonique) au lieu de la toucher pour afficher toutes les informations enregistrées pour cette personne.

Il y a une astuce encore plus simple pour appeler un contact. Vous affichez sa page d'informations et vous portez votre téléphone à l'oreille. Aussitôt, le numéro par défaut est composé. Mais, pour cela, encore faut-il avoir activé la bonne option. Touchez le bouton Applis, puis Paramètres. Localisez l'option Fonctions avancées. Vérifiez que la fonction Appel direct est bien activée.

Jetez aussi un coup d'œil du côté de l'option Smart Alert si vous voulez être averti d'un appel ou d'un message manqué par une vibration de l'appareil lorsque vous le prenez en main.

Si un contact est associé à plusieurs numéros de téléphone, ouvrez sa fiche puis faites un appui long sur celui qui doit être prioritaire. Dans le menu qui apparaît, touchez l'option Définir comme élément par défaut. Une coche apparaît alors au-dessus du numéro. La même manipulation permet d'effacer la valeur par défaut, autrement dit de retirer simplement la coche.

6

E-mails, SMS et autres MMS

Dans ce chapitre :

- Envoyer et recevoir des SMS et des MMS
- Envoyer et recevoir des e-mails

Nous avons vu que votre Galaxy S7 était tout à fait capable de gérer tous vos contacts. Et il est évidemment conçu pour envoyer et recevoir des SMS et des MMS. Bien sûr, c'est aussi par essence un appareil qui aime le Web, Internet et tous les réseaux possibles et imaginables. Il sait donc également parfaitement traiter votre courrier électronique, en d'autres termes vos mails, méls ou encore e-mails.

Quelques réflexions sur les SMS

On accuse beaucoup les SMS d'être responsables en partie de la mauvaise orthographe de la plupart des utilisateurs. Tout cela à cause du fameux T9, cette bibliothèque d'expressions prédéfinies, et des raccourcis très souvent employés pour gagner de la place et du temps.

C'est un débat qui n'est pas tranché. Mais dont on peut raisonnablement penser qu'il est mal posé. D'abord, les langues sont des choses vivantes, qui évoluent. Il y a deux ou trois siècles, on ne parlait pas comme aujourd'hui. Et que deviendra le français dans un ou deux siècles ? D'autre part, une langue s'écrit, se lit et se comprend. Le troisième terme, et donc la faculté de communiquer d'une manière qui soit aussi parfaitement compréhensible que possible par les autres, n'est-il pas en définitive le plus important de tous ?

NOTE TECHNIQUE

Au fait, ça veut dire quoi SMS et MMS ? SMS est le sigle de *Short Messaging Service*, disons un service pour les messages courts. En fait, les messages de type texte qui sont limités à 160 caractères. Et MMS, c'est presque pareil, sauf qu'il faut lire ici *Multimedia Messaging Service*, soit « service de messagerie multimédia ». Au lieu d'un simple texte, vous pouvez attacher en tant que *pièce jointe* une photo, une vidéo, un enregistrement audio ou d'autres choses.

NOTE TECHNIQUE

Le langage des raccourcis employés pour les SMS est varié. Il s'appuie sur plusieurs techniques différentes :

- **Abréviations :** elles éliminent la plupart des consonnes, quelques voyelles aussi, tout en gardant une certaine lisibilité. Exemple : *tt*. Vous lisez quoi ? Moi, « tout ».
- **Phonétique :** je lis, et le mot sonne correctement à mon oreille. Simplement, il est plus court que le terme normal. *Koi* ? C'est « quoi ? »
- **Rébus :** on est entre la phonétique et le jeu de mots. *Mr6*… « Merci ». *A2m1* ? « À demain ». Et ainsi de suite.

TRUC

Bien entendu, toute combinaison de ces trois méthodes est autorisée… *Mr6 bcp*… « Merci beaucoup ».

Avec la prédiction automatique des mots proposée par son clavier virtuel ou la reconnaissance manuscrite, le Galaxy S7 aide énormément à rédiger vos messages, et donc élimine partiellement le besoin de tous ces raccourcis. Mais, si vous voulez aller vite, apprenez tout de même à l'apprivoiser.

Envoyer et recevoir des SMS et des MMS

Un SMS, c'est donc court. Un MMS, c'est tout aussi court, du moins pour ce qui concerne le texte, sauf qu'on peut y ajouter une photo ou autre chose.

Dans tout abonnement téléphonique moderne qui se respecte, l'envoi et la réception de MMS devraient être activés par défaut. Et même être totalement intégrés dans l'abonnement… En cas de problème, voyez ce qu'en dit votre contrat.

Envoyer un SMS

Que vous faut-il pour envoyer un SMS ? En fait, rien de particulier, si ce n'est bien sûr de pouvoir téléphoner (voir le Chapitre 4) et de savoir quel numéro composer à l'aide de votre liste de contacts (voir le Chapitre 5).

À partir de là, suivez ces étapes :

1. **Sur votre écran d'accueil, touchez l'icône Messages.**

   Elle devrait apparaître par défaut dans votre barre de favoris, autrement dit en bas de l'écran d'accueil. Sinon, localisez-la en touchant le bouton Applis.

2. **Touchez le bouton Écrire, en bas et à gauche de l'écran.**

   L'écran affiche maintenant le clavier virtuel, ainsi que deux champs de saisie : l'un pour entrer le nom ou le numéro de téléphone du ou des destinataires, et l'autre pour le message lui-même (voir la Figure 6.1).

3. **Dans le champ de saisie du destinataire, commencez à entrer le nom ou le numéro de téléphone de votre correspondant.**

   Si vous touchez une lettre, le nom des contacts correspondants va commencer à s'afficher automatiquement. Saisissez un ou plusieurs caractères supplémentaires pour affiner votre recherche. En sélectionnant un chiffre, ce sont les noms des contacts dont le numéro de téléphone correspond à votre demande qui vont apparaître (forcément, commencer par 06 vous donne bêtement la liste de pratiquement tous ceux qui ont un portable…). Quand vous avez trouvé, touchez simplement le nom de votre contact pour l'ajouter à votre envoi.

Figure 6.1 : Saisir le, la ou les destinataires d'un SMS.

TRUC

Si vous touchez le bouton représentant une silhouette, à droite du champ de saisie du destinataire, vous accédez à votre carnet d'adresses. Vous pouvez alors sélectionner un contact, un numéro enregistré dans le journal des appels, et même un groupe entier de contacts. Pour plus d'informations à ce sujet, voyez le Chapitre 5.

TRUC

Personne ne vous interdit de choisir une adresse e-mail comme destinataire du message…

Dès qu'un contact est défini, un nouveau champ apparaît pour définir un destinataire supplémentaire. Reprenez l'Étape 3 pour ajouter un autre contact, ou touchez le champ du message pour commencer à saisir celui-ci. En cas d'erreur, touchez le bouton «-» qui suit le nom d'un contact pour le retirer de l'envoi.

4. **Tapez votre message sur le clavier virtuel.**

Vous avez également la possibilité de faire appel à la reconnaissance vocale, en espérant bien sûr qu'elle transcrive fidèlement vos propos.

Le nombre de caractères restant disponibles s'affiche à droite de l'écran lorsque vous vous rapprochez de la longueur autorisée. Si vous la dépassez, vous entamez un second SMS…

Le Galaxy S7 aime les SMS, et il vous propose dans sa liste de prédiction des mots qui sont assortis à ce que vous pouvez avoir à dire dans un message aussi court.

Et il aime en fait tellement les SMS qu'il vous propose d'insérer des petites images, ou smileys, que vous choisissez en touchant le dessin qui se trouve à droite de l'écran, à côté du bouton Envoi. Des dizaines et des dizaines de smileys sont ainsi disponibles. Ils sont groupés en catégories dont vous pouvez faire défiler le contenu latéralement, et il suffit d'en toucher un pour l'insérer dans le SMS (voir la Figure 6.2).

Pour que les destinataires du message voient vos smileys, il faut que leur propre téléphone soit capable de les afficher. Sinon, ils seront remplacés par des symboles textuels. Si un de vos correspondants se plaint qu'il n'arrive pas à décrypter vos messages, conseillez-lui de s'offrir un Galaxy S7 !

5. **Quand vous avez terminé, touchez le bouton Envoi, sur la droite de l'écran, pour expédier le message au(x) destinataire(s).**

Si vous changez d'avis en cours de route et que vous touchiez la barre Nouveau message avant d'envoyer quoi que ce soit, le message sera par défaut enregistré comme brouillon, et vous le retrouverez marqué en tant que tel dans la liste de vos messages. Sinon, touchez le bouton Plus dans la page du message et choisissez Ne pas enregistrer.

Pour effacer un brouillon, comme d'ailleurs tout message reçu, servez-vous du bouton Plus. Choisissez la commande Supprimer. Cochez ensuite le ou les messages que vous voulez effacer.

Figure 6.2 : Insérer un smiley dans un SMS.

Envoyer un MMS

Un MMS, c'est exactement comme un SMS, si ce n'est que vous lui ajoutez autre chose que du texte, autrement dit une pièce jointe.

Pour cela, saisissez normalement votre message, puis touchez le bouton qui représente un trombone. Sélectionnez le type d'objet que vous voulez joindre (voir la partie gauche de la Figure 6.3). Selon les applications installées sur votre Galaxy S7, vous disposerez d'un nombre plus ou moins grand d'options. Faites votre choix et validez.

La plupart du temps, les MMS servent à envoyer des photos ou de courtes vidéos. Mais il est parfaitement possible de communiquer de cette manière un fichier son, les coordonnées d'un contact, une localisation ou encore les détails d'un rendez-vous, comme vous pouvez le constater sur la Figure 6.3.

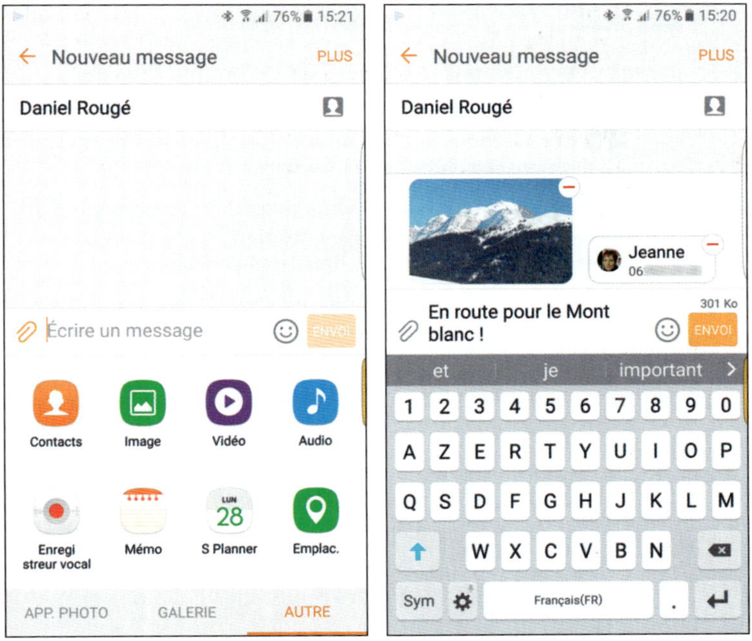

Figure 6.3 : Envoyer un MMS.

N'OUBLIEZ PAS

Le « poids » des MMS est limité. Ne comptez donc pas transmettre de cette manière toute votre galerie d'images ! Si vous prenez une photo avec votre Galaxy S7 et que vous la joigniez dans un MMS, sa taille sera automatiquement réduite pour que le fichier ne dépasse pas quelques dizaines, voire quelques petites centaines, de kilooctets.

TRUC

Le « poids » du MMS est indiqué à droite de l'écran, sous l'icône de l'enveloppe.

Pour annuler par exemple l'ajout d'une photo ou d'une vidéo, touchez le petit bouton « - » qui lui est associé.

Les SMS, les MMS et leurs options

Lorsque vous composez un message, le bouton Plus de l'application vous donne accès à plusieurs options :

- **Afficher les détails du contact :** pour plus d'informations sur un contact choisi dans le carnet d'adresses.
- **Ajouter aux contacts :** si vous avez directement saisi un numéro de téléphone, cette commande vous permet de créer une nouvelle entrée dans vos contacts.
- **Réponses rapides :** affiche une liste de phrases toutes faites si vous êtes dans l'urgence, ou bien à court d'idées.
- **Programmer un message :** si vous ne voulez pas expédier tout de suite le SMS ou le MMS, définissez ici le jour et l'heure de l'envoi.
- **Options de message :** donne accès à d'autres réglages. Vous disposez des choix suivants :
  - **Ajouter un objet :** en l'occurrence, cet objet est une légende de type texte qui est associée au message. La commande devient alors Supprimer l'objet.
  - **Créer un diaporama :** permet d'ajouter un peu de fantaisie si vous envoyez plusieurs images dans votre MMS. Le bouton Plus vous permet d'afficher un aperçu, de définir la durée de l'affichage des éléments joints, ou encore de choisir une mise en forme (simplement pour placer le texte avant ou après une pièce jointe.).
- **Ne pas enregistrer :** annule le message sans l'enregistrer comme brouillon.

Dans la fenêtre principale de l'application Messages, le bouton Plus propose d'autres options, par exemple pour supprimer des « fils » de discussion, accéder à des hordes d'options que vous laisserez probablement de côté (sauf sans doute pour changer le son des notifications ou les couleurs, et tenter d'échapper aux *spams*), *etc*. Notez en particulier l'option Taille de police, qui vous permet de grossir ou au contraire de réduire la taille des caractères dans les messages.

Souvenez-vous : comme dans les notifications, faites glisser le bandeau d'un message vers la droite pour appeler l'expéditeur, ou vers la gauche pour répondre à son SMS ou son MMS.

L'option Ajouter exp. prioritaires sert à gérer une liste de favoris, autrement dit de contacts auxquels vous envoyez régulièrement des messages. Pour créer de nouveaux favoris, touchez le bouton « + », en haut de l'application Messages. Pour en retirer, choisissez l'option Modifier les expéditeurs prioritaires du menu.

Envoyer et recevoir des e-mails

Si les SMS et les MMS font depuis longtemps partie de la panoplie de base des téléphones portables, le courrier électronique y est devenu une application extrêmement courante, et en particulier sur les smartphones et les tablettes. Sur votre Galaxy S7, vous n'avez pas une, mais deux applications de messagerie : Email et Gmail, l'une réputée être généraliste, et l'autre prioritairement dédiée à… Gmail. Mais, en réalité, les deux acceptent tout type de compte.

Configurer un compte de messagerie

Comme vous êtes censé avoir créé un compte Gmail afin de le saisir lorsque vous mettez votre Galaxy S7 en service pour profiter de toutes les possibilités de votre appareil, nous allons plutôt nous intéresser ici à l'autre versant de l'affaire : l'enregistrement d'un compte sans aucun rapport avec Google.

1. **Ouvrez l'application Paramètres puis touchez la ligne Comptes, puis Ajouter compte.**

2. **Touchez la ligne qui correspond au type de compte que vous voulez définir. En l'occurrence, il s'agira d'Email (mais, comme l'illustre la partie gauche de la Figure 6.4, les possibilités sont multiples).**

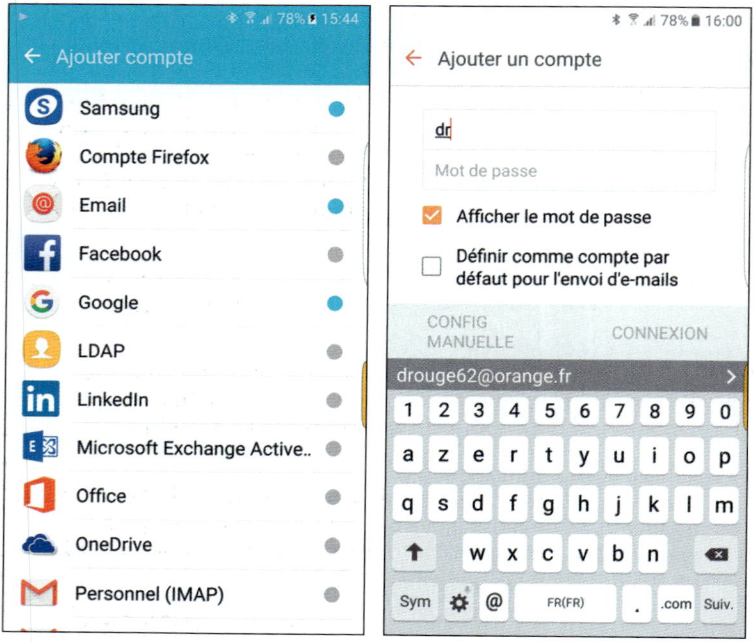

Figure 6.4 : Configurer un compte de messagerie Email.

3. **Tapez votre adresse de messagerie dans le premier champ.**

4. **Saisissez ensuite le mot de passe associé à ce compte.**

   TRUC

   Si vous avez du mal à taper correctement votre code, cochez la case Afficher le mot de passe (voir la partie droite de la Figure 6.4). Vous pouvez aussi définir tout de suite le compte comme celui qui sera proposé par défaut lorsque vous composez un message.

5. **Touchez le bouton Connexion.**

   Si vous avez de la chance, tout va se dérouler automatiquement, et vous allez revenir à la page des comptes. Félicitations ! Sinon, vous allez devoir spécifier les informations communiquées par votre fournisseur d'accès Internet pour préciser le type du compte et les noms des serveurs de messagerie utilisés pour les courriers entrants et sortants (ce que l'on désigne par POP3 et SMTP). Touchez le bouton voulu pour le type de serveur entrant. Si tout va bien, c'est-à-dire si votre système de messagerie n'est pas trop exotique, les informations voulues devraient être déjà récupérées par le smartphone. Laissez-vous guider et touchez à chaque fois le bouton Suivant.

C'est fait ! Vérifiez le cas échéant en touchant le nom de votre nouveau compte que la synchronisation automatique des e-mails est bien activée.

Pour supprimer, ouvrez l'application Paramètres, localisez le compte voulu en fonction de son type, touchez la ligne correspondante, puis le bouton Plus et enfin l'option Supprimer le compte.

Si vous utilisez l'application Email, vous êtes déjà opérationnel. Je vous conseille alors de toucher le bouton Plus, puis Paramètres, et enfin le nom de votre compte pour en vérifier les réglages par défaut.

Parmi les options que je vous conseille de ne *pas* activer, retenez celle-ci : Afficher les images. De cette manière, non seulement vous économisez du temps et des données, mais en plus vous améliorez votre propre sécurité. Si vous voulez réellement afficher des images jointes, c'est vous qui en déciderez quand vous le voulez, et en particulier quand vous êtes couvert par un réseau Wi-Fi. Voyez également si les paramètres de synchronisation, en particulier la façon de gérer les heures dites de pointe, vous concernent ou non. Et profitez-en pour donner un nom un peu plus personnel à votre compte.

Par défaut, les e-mails que vous recevez sur votre smartphone ne sont pas supprimés des serveurs de la messagerie. Et c'est très bien ainsi. De cette manière, vous pourrez les consulter plus tranquillement (et surtout charger vos pièces jointes) lorsque vous serez de nouveau devant votre ordinateur.

Si vous préférez Gmail, il va falloir encore un petit effort. En effet, celui-ci ne reconnaît pas spontanément les autres types de comptes :

6. **Ouvrez l'application Gmail depuis le dossier Google. Touchez le bouton de menu (les trois bandes en haut et à gauche de la page), puis le nom de votre compte Gmail par défaut.**
7. **Dans les options qui apparaissent, touchez la ligne Ajouter un compte.**
8. **Choisissez Personnel, puis Suivant.**
9. **Comme ci-dessus, vous allez devoir saisir l'adresse de messagerie voulue, puis votre mot de passe.**
10. **Si tout se passe comme prévu, vous allez pouvoir choisir vos options de synchronisation (évitez le téléchargement automatique des pièces jointes !) puis donner un nom au compte.**

Vous êtes paré pour gérer vos messages !

Lire votre courrier

Normalement, vous êtes prévenu de l'arrivée d'un nouveau message sur votre smartphone par une icône de notification. Elle affiche un *M* si le message arrive dans une boîte Gmail, ou une enveloppe si le message est destiné à Email. Faites glisser la barre des notifications vers le bas pour voir ce dont il s'agit. Touchez la ligne du message pour afficher votre boîte de réception, ou simplement le bouton Répondre si vous êtes pressé.

TRUC

Si vous ne voyez pas le bouton Répondre, faites légèrement glisser la notification du message vers le bas afin d'en développer le contenu (voir la Figure 6.5).

TRUC

La barre des notifications affiche également le nombre de messages qui vous attendent. Pour effacer une alerte (mais pas le message !), faites-la simplement glisser vers la droite de l'écran (vers la gauche, c'est bien aussi).

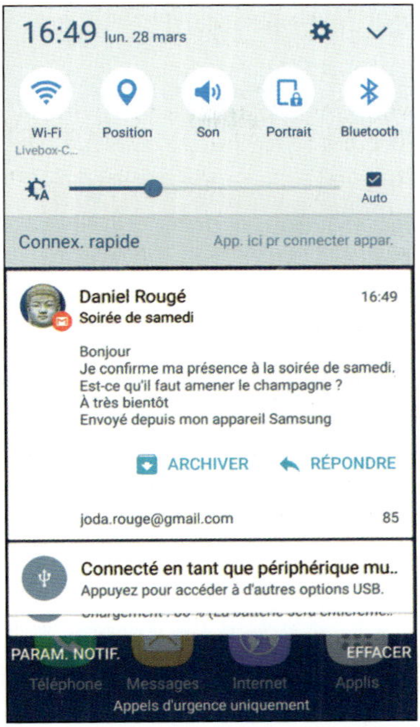

Figure 6.5 : Tout savoir ou presque d'un message sans ouvrir la messagerie.

La Figure 6.6 illustre la présentation offerte par la boîte de réception de Gmail. Bien entendu, le principe est le même pour Email.

Google appelle *libellés* ce que les programmes de messagerie appellent généralement *dossiers*. Pour en voir la liste, touchez le bouton de menu de Gmail, en haut et à gauche de l'écran (ou effleurez celui-ci horizontalement de gauche à droite).

Pour consulter un message, il vous suffit de toucher la barre correspondante. La Figure 6.7 illustre à son tour l'aspect que peut présenter un message à peu près quelconque (la présentation varie un peu selon que l'appareil est tenu verticalement ou horizontalement).

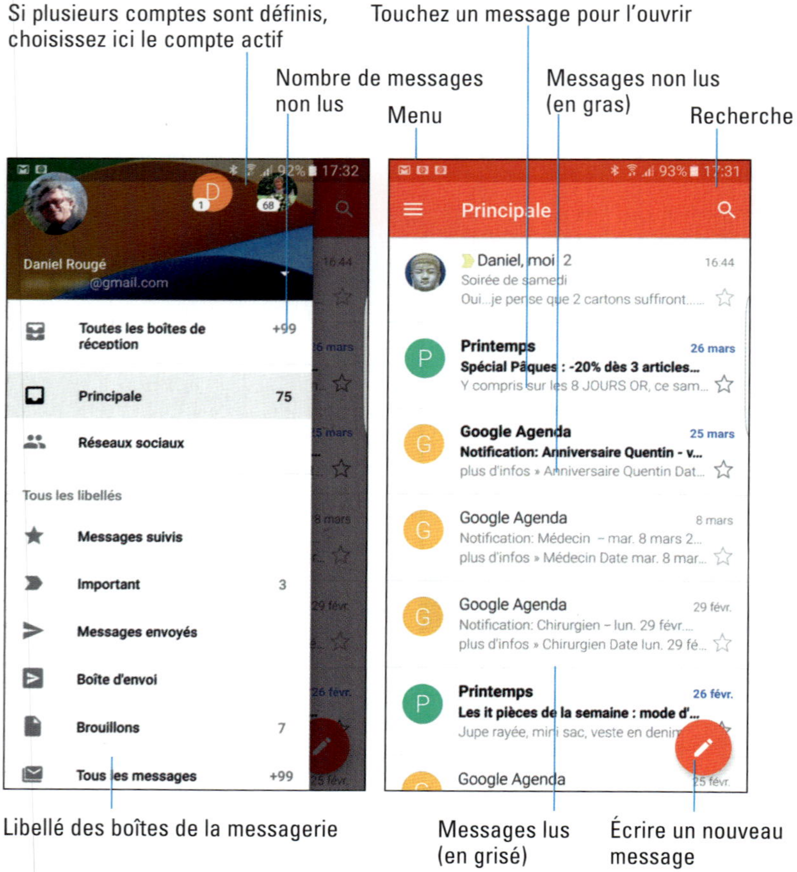

Figure 6.6 : La boîte de réception de Gmail.

- Pour faire défiler le contenu d'un message (ou la liste de tous les messages), effleurez l'écran tactile vers le bas ou vers le haut. En continuant, la liste des messages sera mise à jour.
- Si des pièces jointes sont attachées à un message, elles sont signalées par la présence d'un trombone. Vous

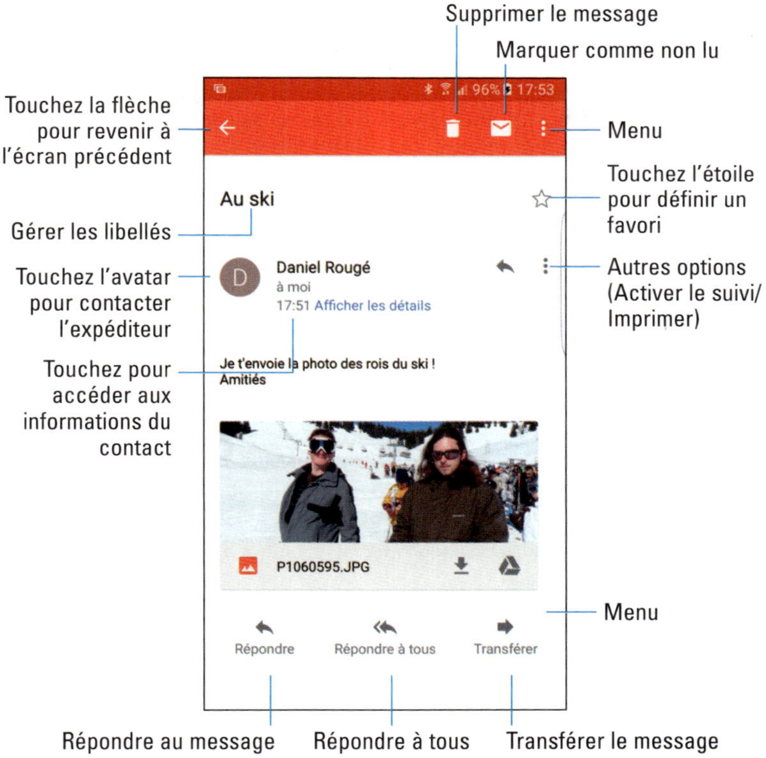

Figure 6.7 : Lire un message.

pouvez alors toucher le bouton correspondant pour les enregistrer puis ouvrir la pièce sur votre Galaxy S7.

ATTENTION

Pour pouvoir ouvrir une pièce jointe, il est nécessaire qu'une application capable de reconnaître le type de fichier transféré soit installée sur votre smartphone.

- Quand vous supprimez un message, vous ne faites que le transférer dans un libellé (ou dossier) appelé Corbeille.

- Dans Email, un appui long sur un message vous permet facilement de le supprimer, le déplacer, le marquer comme favori ou encore comme non lu. Dans Gmail, le principe est à peu près le même (touchez simplement l'avatar affiché à gauche d'un message), mais avec quelques options supplémentaires (comme activer le suivi ou encore signaler le message comme étant un spam ou du phishing).
- Méfiez-vous tout particulièrement du *phishing*, ou *hameçonnage*. Il s'agit de messages qui semblent provenir de votre banque ou encore du service des impôts, mais qui vous invitent à cliquer sur un lien où on vous demandera des informations très personnelles. Vous vous faites avoir ? Résultat : votre compte en banque est débité à une vitesse impressionnante. N'oubliez donc jamais qu'un service un tant soit peu sérieux ne vous demandera *jamais* d'informations personnelles, et qu'il les connaît déjà de toute manière.
- Il est plus facile de gérer finement ses messages, et notamment ses libellés/dossiers ou la corbeille, sur un ordinateur.

Répondre à un message ou le transférer

Pour répondre au message actuellement affiché, ou bien le transférer à un autre contact, servez-vous des boutons qui apparaissent à droite du nom de l'expéditeur (reportez-vous à la Figure 6.7) :

- **Répondre :** touchez la flèche coudée pour répondre au message. Une fenêtre de composition apparaît (voir la prochaine section). Le champ du destinataire y est automatiquement rempli. Il en est de même de l'objet, et le message d'origine est reproduit par défaut en citation (décochez dans Gmail la case qui indique Texte message précédent pour le retirer).
- **Répondre à tous :** touchez la double flèche pour écrire à *toutes* les personnes à qui était destiné le message, y compris celles qui sont placées en copie (champ Cc). N'utilisez cette option que si tout un chacun doit *vraiment*

recevoir votre réponse ! Sinon, vous allez vite être classé comme quelqu'un d'ennuyeux.

TRUC

Si vous ne voyez pas cette icône, touchez le bouton de menu (les trois points), à droite du message, et choisissez l'option Répondre à tous.

- **Transférer :** touchez la flèche droite pour transmettre une copie du message à quelqu'un d'autre.
- **Imprimer :** touchez le bouton de menu et choisissez cette commande. Elle nécessite bien sûr que votre Galaxy S7 soit capable de piloter une imprimante, ou plus exactement que votre imprimante soit reconnue et acceptée par votre smartphone. Voyez à ce sujet le Chapitre 15.

Composer un message

Comme sur votre ordinateur, un message électronique est composé de plusieurs parties (voir la Figure 6.8). Pour composer votre message, suivez ces étapes (toujours dans Gmail) :

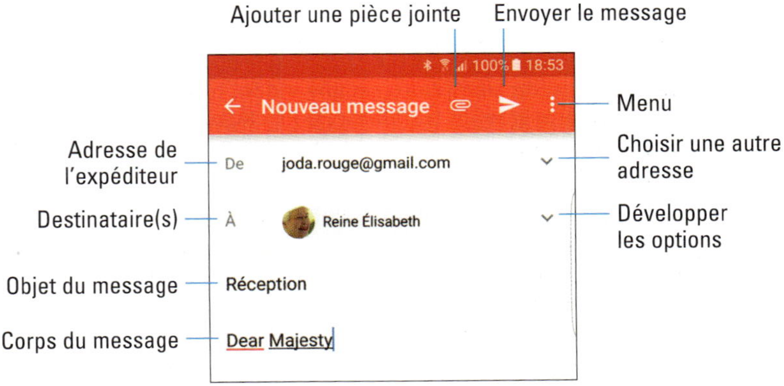

Figure 6.8 : Écrire un nouvel e-mail.

1. **Dans l'application Gmail, touchez le bouton Nouveau message (ou bien Répondre dans un message ouvert).**

2. **Dans la fenêtre de composition, touchez le cas échéant le nom de l'expéditeur par défaut si vous voulez choisir un autre compte.**
3. **Touchez le champ À et commencez à saisir l'adresse du destinataire.**

   TRUC

   Vous pouvez taper les premières lettres du nom d'un contact, puis choisir celui auquel vous voulez vous adresser dans la liste qui apparaît. Il est bien sûr possible de spécifier plusieurs destinataires.
4. **Tapez l'objet du message.**
5. **Saisissez ensuite le message lui-même.**
6. **Quand vous avez terminé, touchez le bouton Envoyer pour transmettre instantanément votre message.**

C'est tout !

- Pour annuler un message en cours d'écriture, touchez la flèche, en haut et à gauche de l'écran. Le message est alors placé dans le dossier Brouillons. Vous pourrez donc y revenir plus tard pour le terminer ou le supprimer.

  TRUC

  Si vous changez complètement d'avis, ouvrez le libellé Brouillons, faites un appui long sur le message à éliminer, puis sur l'icône de corbeille.
- Pour insérer une photo ou une vidéo, touchez le bouton qui représente un trombone, puis choisissez Joindre un fichier et sélectionnez l'une des options disponibles (voir la partie gauche de la Figure 6.9).

  TRUC

  Pour joindre un type de document quelconque, je vous suggère aussi de faire appel à une application comme Mes fichiers. Localisez le fichier voulu, faites un appui long dessus et touchez le bouton Partager (voir la partie droite de la Figure 6.9). Il ne vous reste plus qu'à choisir votre application de messagerie préférée (ou une autre solution de partage).
- Pour adresser une copie du message en copie visible ou invisible, touchez la flèche qui se trouve à droite du champ À.

- Reportez-vous au Chapitre 5 pour plus d'informations sur la gestion des contacts.

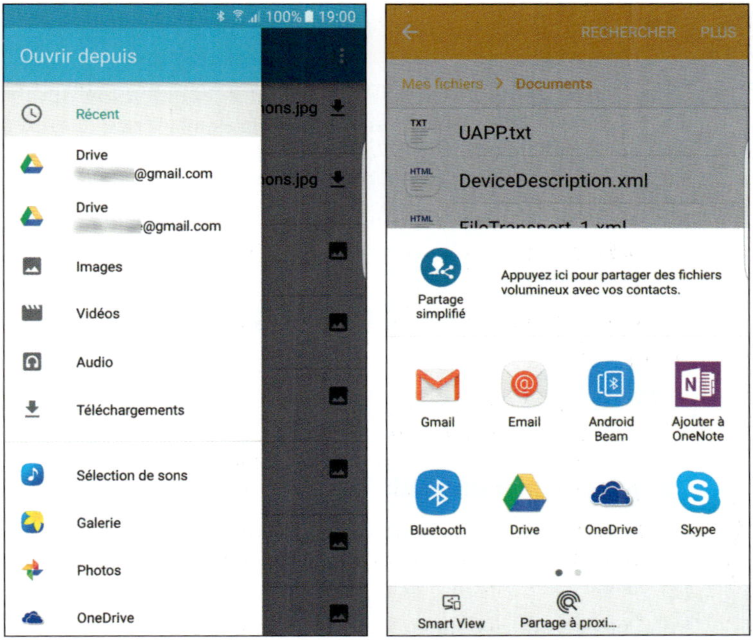

Figure 6.9 : Choisissez un élément à joindre à un message.

Envoyer un message à un contact

Une manière simple et facile de composer un nouveau message consiste à rechercher le contact voulu, puis à utiliser les informations qu'il contient. Suivez donc ces étapes :

1. **Ouvrez l'application Contacts.**

   Voyez le Chapitre 5 pour plus de détails.

2. **Localisez le contact auquel vous voulez envoyer un message électronique. Touchez son nom.**

3. **Dans la fiche du contact, touchez la ligne qui contient son adresse de messagerie.**

   TRUC

   Si la fiche du contact apparaît dans une fenêtre flottante, vous pouvez également toucher l'icône d'enveloppe qui apparaît sous l'image associée à cette personne.

4. **Touchez le bouton qui correspond à l'application que vous voulez utiliser pour votre correspondance (Gmail ou Email). Précisez si l'action doit être réalisée de cette manière une seule fois ou toujours.**

Il ne vous reste plus qu'à continuer exactement comme nous l'avons vu dans la section précédente.

Autres options pour la messagerie

Vous avez la possibilité de configurer diverses options pour la gestion de vos messages, mais il n'est pas forcément indispensable de modifier les réglages par défaut.

Paramètres généraux

Dans Gmail, touchez le bouton du menu, et sélectionnez Paramètres. Dans la page qui apparaît, choisissez Paramètres généraux.

Vous pouvez alors configurer à votre convenance les réglages proposés (voir la partie gauche de la Figure 6.10). En particulier, il semble utile d'activer dans Gmail l'option Confirmer avant suppression (pour pouvoir en décider manuellement).

L'application Email propose aussi plusieurs options depuis son menu des paramètres (voir la partie droite de la Figure 6.10).

TRUC

Les options de synchronisation peuvent également être configurées en sélectionnant un compte dans l'application Paramètres.

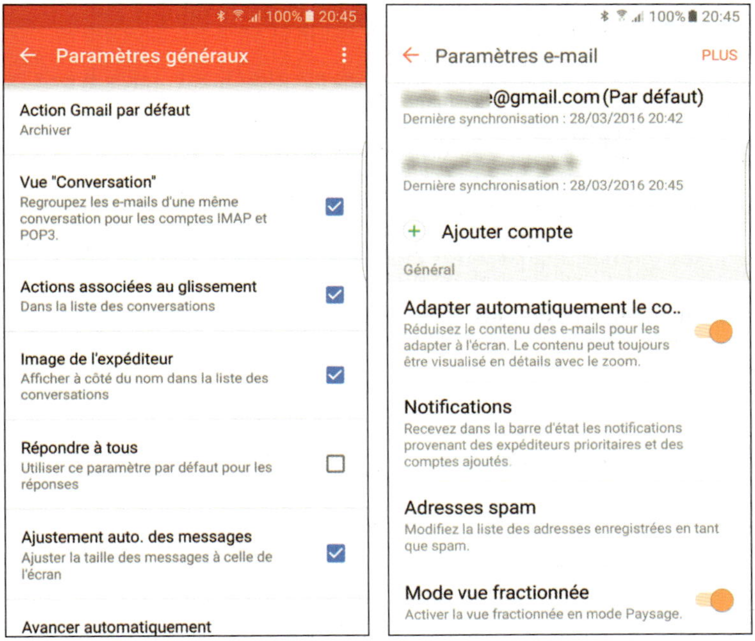

Figure 6.10 : Configurer les options des comptes de messagerie.

Créer une signature

Je vous conseille fortement de créer une signature personnalisée pour l'envoi de vos messages depuis votre Galaxy S7. C'est une façon de vous présenter et d'être facilement et rapidement identifiable. Pour créer (ou modifier) une signature dans Gmail, suivez ces étapes :

1. **Lancez l'application Gmail, puis touchez le bouton Menu et choisissez la commande Paramètres.**
2. **Touchez la ligne de votre compte Google. Dans la page des options de personnalisation de votre compte, touchez la ligne Signature.**

3. **Tapez le texte de votre signature électronique puis touchez le bouton OK.**

Le principe est le même dans l'application Email, mais avec bien plus d'options pour la mise en forme du texte, ou encore pour l'insertion d'une image, d'un logo, *etc*.

N'OUBLIEZ PAS

Dans tous les domaines, votre Galaxy S7 vous propose des hordes d'options qu'il est évidemment impossible de décrire en détail dans ce livre. Mais n'hésitez surtout pas à les rechercher, les parcourir et les tester. Si quelque chose ne vous convient pas, il vous suffira le plus souvent d'inverser un commutateur, de décocher une case ou encore de demander à rétablir les valeurs par défaut.

7

Sur la route du Web

Dans ce chapitre :

- Surfer sur le Web
- Gérer les favoris
- Ouvrir plusieurs pages Web
- Faire des recherches
- Gérer les téléchargements

L'une des utilisations aujourd'hui les plus demandées et les plus répandues des smartphones, tablettes et autres *phablettes*, c'est l'accès à Internet en général, et surtout au Web en particulier. Vous voulez retrouver tout de suite en ligne les sites ou les informations que vous recherchez. Vous voulez aussi pouvoir vous connecter, même si aucun point d'accès Wi-Fi public (ce qu'on appelle un *hotspot*) ou non (votre box Internet par exemple) n'est disponible. Edge, 3G+, 4G, mieux encore ? En fait, vous ne vous en souciez pas forcément, dès lors que les données arrivent assez vite sur votre téléphone. Sinon, vous pestez…

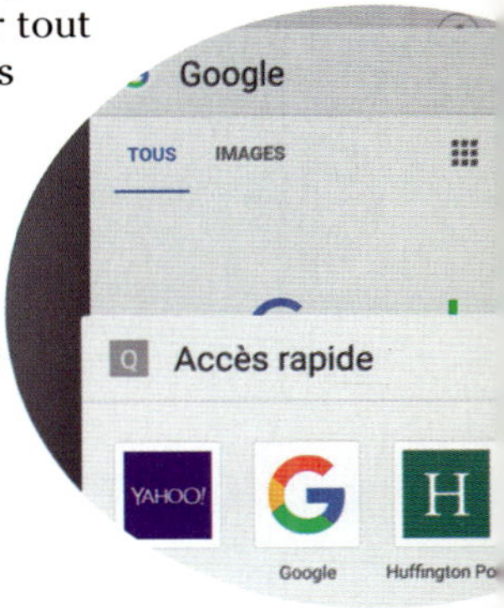

Votre confort de disciple itinérant du Web dépend d'un environnement technique existant ou non, bien sûr, mais aussi de votre formule d'abonnement auprès de votre prestataire de téléphonie. La consommation de données peut très vite grimper si vous surfez régulièrement sur le Web. Et votre facture avec. Le problème ne se pose pas tant que vous pouvez accéder au Wi-Fi. Dans le cas contraire, vous avez intérêt à surveiller de près vos factures…

Le navigateur fourni en standard avec votre Galaxy S7 ressemble finalement de près à celui dont vous vous servez sur votre ordinateur. Son interface est conçue sur le même moule : en gros, il y a des sortes d'onglets, des boutons Précédent/Suivant, une barre d'adresse, des favoris, et une plus large zone servant à afficher les pages. Vous ne devriez donc pas être trop dépaysé. C'est ce que nous allons voir de plus près dans ce chapitre.

En fait, il n'y a pas un, mais deux navigateurs Web installés sur votre smartphone Galaxy : celui qui s'appelle tout simplement Internet, et Chrome, le navigateur maison de Google. Nous n'allons pas ici passer les deux en revue. Ils présentent certes des différences, par exemple dans la gestion des pages et des favoris, mais ils ont aussi nombre de points communs (comme d'ailleurs tous les navigateurs). Partant du principe que l'application Internet est celle qui se trouve par défaut sur votre écran d'accueil, c'est à elle que nous allons nous intéresser ici. Je vous laisse donc le soin d'explorer Chrome, et de choisir ensuite le navigateur avec lequel vous vous sentirez le plus à l'aise.

Les applications Internet et Chrome ne sont pas les seules disponibles sous Android. Parcourez la boutique Play Store (décrite dans le Chapitre 8), et vous en trouverez d'autres, évidemment gratuites, chacune avec ses qualités et ses défauts, comme Dolphin, Firefox ou encore Opera.

Débuter la navigation

Pour ouvrir l'application Internet, il vous suffit de toucher son icône sur la page principale de l'écran d'accueil.

Si vous êtes hors de portée d'un réseau, ou bien encore si vous avez activé le mode Hors-ligne (ou Avion, si vous préférez), un message d'avertissement va vous prévenir que la connexion n'est pas disponible. Donc pas de Web et pas de recherche sur Internet. Désolé !

Vous *devriez* être en ligne ? Essayez ceci : faites glisser vers le bas la barre des notifications, et touchez deux fois le bouton Wi-Fi. Cela rétablira peut-être la connexion.

Ouvrir une page Web

Pour ouvrir une page Web, vous procédez exactement comme sur un ordinateur : vous touchez la barre d'adresse, et vous saisissez sur le clavier virtuel l'adresse du site que vous voulez visiter. Vous touchez le bouton Aller à du clavier, et vous êtes arrivé.

Comme pour toutes les saisies de texte, vous avez également la possibilité de dicter ce que vous voulez obtenir en touchant le symbole de micro, à droite du champ Rechercher.

Cela, c'est le principe général. Voyons quelques variations :

- Lorsque vous ouvrez le navigateur pour la première fois, vous allez vraisemblablement vous trouver devant une page qui contient quelques icônes de raccourcis prédéfinis. C'est l'accès rapide (à moins que vous n'ayez le plaisir de voir apparaître un site prédéfini par votre opérateur !). Et la barre d'adresse indique simplement *Rechercher ou entrer une URL* (voir la Figure 7.1). Autrement dit, aucune page d'accueil particulière ne s'affiche (voir plus loin).
- Il est aussi possible que vous obteniez la page d'accès au moteur de recherche Google, le cas échéant avec votre compte Gmail déjà connecté (voir la Figure 7.2). En théorie, c'est même à peu près comme cela que les choses *devraient* se passer. Et si vous touchez le bouton de menu, en haut et à gauche de la page, vous allez retrouver à peu près les mêmes options que si vous ouvriez la page Gmail de votre compte sur un ordinateur de bureau.

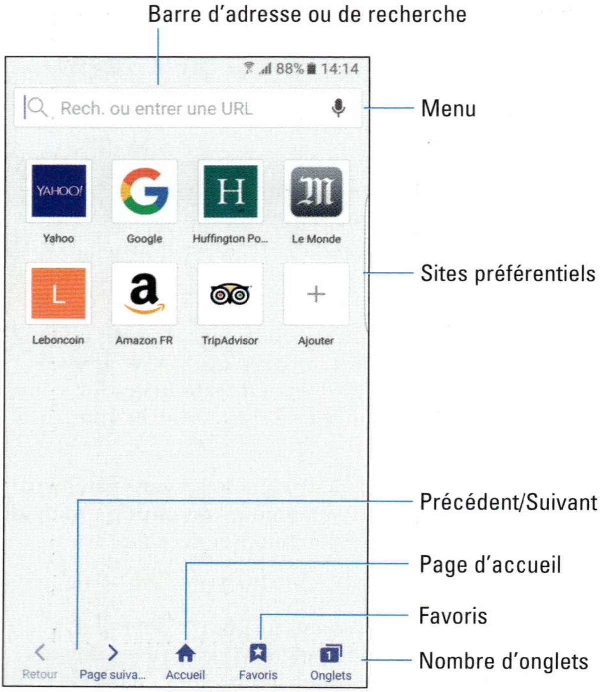

Figure 7.1 : Le navigateur Internet façon Samsung.

Le navigateur Internet affiche la page courante sur presque toute la hauteur de l'écran, masquant ainsi la barre d'adresse. Effectuez simplement un glissement vers le bas pour la retrouver (ou vers le haut pour la masquer à nouveau).

- Vous ne vous souvenez plus de l'adresse exacte d'un site, mais vous savez à peu près ce que vous recherchez ? Tapez quelque chose dans la barre d'adresse et laissez le moteur de recherche se débrouiller… Autre méthode possible : vous touchez le bouton du microphone, à droite de la barre d'adresse (effacez d'abord son contenu en touchant le champ puis la croix), et vous dictez votre recherche à voix haute. Le navigateur va vous faire une série de propositions cohérentes (si tout va bien).

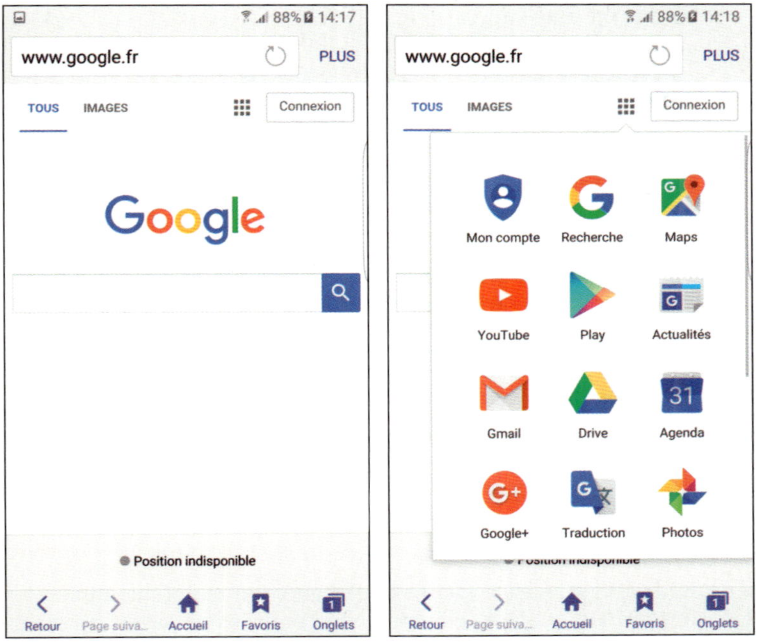

Figure 7.2 : Google n'est jamais loin.

NOTE TECHNIQUE

En fait, votre Galaxy S7 offre deux systèmes de recherche vocale : celui de Google, et la version maison de Samsung (S Voice). Nous y reviendrons rapidement plus loin dans ce chapitre.

N'OUBLIEZ PAS

Si vous voulez changer de moteur de recherche, touchez par exemple le bouton Accueil, puis le bouton Plus, en haut et à droite de l'écran. Choisissez alors Paramètres, puis Moteur recher. par défaut. Mais vous n'avez pas complètement le choix : c'est Google, Yahoo! ou Bing de Microsoft.

N'OUBLIEZ PAS

Pour effectuer des recherches sur le Web, ou bien encore portant sur le contenu de votre smartphone, vous pouvez aussi utiliser la barre Google présente par défaut sur l'écran d'accueil.

Mobile ou bureau ?

La particularité du Web, s'agissant des appareils mobiles, c'est que de nombreux sites ont deux, voire trois, versions de leurs pages Web, l'une classique, pour les ordinateurs, et la ou les autres destinées aux écrans plus petits de nos smartphones et de nos tablettes. En fait, c'est le site lui-même qui détecte votre matériel et se débrouille avec tout cela.

Si la page pour mobile ne vous plaît pas, touchez le bouton Plus et activez l'option Demander la version PC. Pour revenir en arrière, vous choisissez cette fois Demander la version mobile. C'est tout.

Il est possible qu'un site refuse de passer en mode d'affichage PC. Après tout, c'est lui qui décide !

Pour reconnaître un site Web en version mobile, il y a souvent (mais pas toujours) un petit truc : à la place du classique *www* placé au début de l'adresse, vous voyez un *m* ou encore le mot *mobile* (à moins que celui-ci ne soit renvoyé à la fin de l'adresse).

En fait, la plupart des sites importants ont maintenant une application spécifiquement conçue pour les appareils Android. Ils vous proposent alors de télécharger cette application lorsque vous ouvrez leur site Web. Ensuite, c'est vous qui voyez…

Quel que soit le mode d'affichage d'une page Web, ne vous étonnez pas si vous n'arrivez pas à lire une vidéo incorporée sur celle-ci. En effet, ces vidéos sont encore souvent enregistrées au format Flash d'Adobe, qui est *persona non grata* sur Android.

C'est trop petit pour bien lire ?

Les versions mobiles des sites Web sont conçues pour être réellement lisibles en s'adaptant à la largeur de l'écran et en jouant sur la hauteur pour afficher leur contenu. Il suffit donc d'effleurer celui-ci verticalement pour se déplacer dans la page.

Pour les versions classiques, c'est évidemment un peu plus délicat. Vous pouvez donc agrandir la vue presque à volonté de deux façons :

- En tapotant deux fois de suite sur l'écran (le même geste vous ramène à l'affichage par défaut).
- En utilisant deux doigts pour faire une gestuelle d'écartement (ou à l'inverse de pincement pour réduire le zoom).

Une autre solution consiste à orienter le smartphone en mode Paysage pour obtenir plus de surface en largeur.

TRUC

Un agrandissement assez fort est pratiquement indispensable pour accéder à la plupart des liens textuels. Sinon, tenter de toucher un lien sans se tromper est parfois presque impossible.

Ouvrir un lien

Qu'ils soient textuels ou graphiques, les liens sont l'essence même du Web. C'est en cliquant sur un lien dans votre navigateur, ou ici en le touchant, que vous accédez à un monde incroyablement riche de contenus (quoiqu'il existe hélas une quantité au moins aussi vaste de contenus extrêmement pauvres…).

Toucher le *bon* lien dans une page, nous venons de le voir, peut nécessiter une bonne vue, un bel agrandissement et une certaine dextérité. Mais en supposant que ces conditions soient réunies, vous disposez en fait de plusieurs possibilités. Pour les découvrir, faites un appui *long* sur un lien quelconque. Un menu va s'afficher. Comme le montre la Figure 7.3, les options qu'il vous propose dépendent de la nature du lien : texte à gauche, graphique à droite.

Ces options sont assez facilement compréhensibles. Vous pouvez par exemple copier une adresse URL (ou une adresse Web) pour la coller ensuite dans un message quelconque.

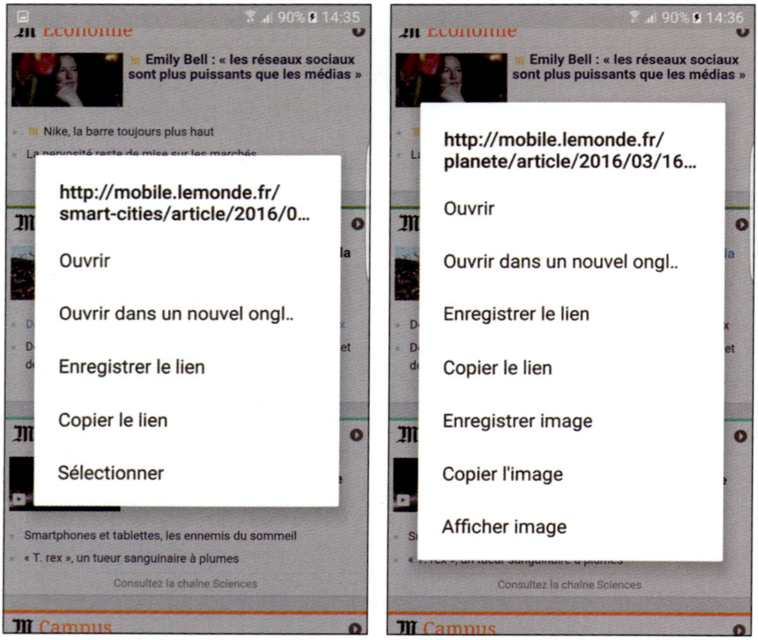

Figure 7.3 : Choisissez ce que vous voulez faire avec votre lien.

TRUC

Si vous touchez « approximativement » un lien, par exemple dans un menu, une petite fenêtre de zoom peut apparaître afin de vous aider à faire le bon choix.

N'OUBLIEZ PAS

La commande Ouvrir affiche le contenu du lien à la place de ce qui était déjà affiché. Vous obtenez exactement la même chose en touchant simplement le lien. Pour afficher le contenu dans une autre fenêtre, faites un appui long sur le lien et choisissez l'option Ouvrir dans un nouvel onglet.

Notez en particulier qu'un texte peut être copié dans le presse-papiers, qu'une image peut être affichée ou même enregistrée dans la Galerie, et qu'il est même possible d'enregistrer le contenu du lien pour le retrouver par la suite (voir en fin de chapitre la section « Gérer les téléchargements »).

Il n'y a pas que le navigateur Web qui propose des liens. De nombreuses applications se servent de ce procédé si pratique pour donner accès à de nouvelles informations. Si vous touchez par exemple un lien proposé quelque part dans Maps (voyez le Chapitre 12 à son sujet), il vous sera proposé d'ouvrir la page correspondante dans le navigateur Internet ou dans Chrome.

Nous reviendrons un peu plus loin sur la commande qui vous propose d'ouvrir la page dans un nouvel onglet. En revanche, nous laisserons de côté le copier/coller d'un morceau de texte quelconque. Sur un smartphone, ce serait vraisemblablement d'un intérêt limité.

Si vous avez besoin de communiquer une information, le plus simple est sans doute de la sélectionner comme nous venons de le voir, ou encore *via* un appui long (par exemple sur le contenu de la barre d'adresse, ou dans un texte que vous délimiterez en faisant glisser les curseurs) puis de choisir Partager dans les options qui apparaissent.

Définir la page d'accueil du navigateur

La page d'accueil, c'est celle qui est censée s'afficher par défaut lorsque vous ouvrez l'application Internet. Vous lisez bien « censée », car il faut, pour que cette page apparaisse, que l'application ait été totalement refermée (il ne suffit pas d'appuyer sur le bouton Accueil du smartphone !).

Sinon, voyons comment procéder :

1. **Entrez l'adresse Web du site dont vous voulez faire votre page d'accueil.**

   Attendez que la page soit entièrement chargée.

2. **Touchez le bouton Plus, en haut et à droite de l'écran, puis choisissez l'option Paramètres.**

3. **Dans l'écran qui s'affiche, touchez la ligne Page d'accueil.**

   Vous disposez de trois possibilités : Accès rapide (qui propose une série d'adresses que vous pouvez personnaliser à votre guise), Page en cours (celle qui est actuellement affichée), et Autre page Web (pour saisir vous-même une adresse Web).

4. **Touchez le choix qui vous convient, puis la touche Retour du smartphone.**

Internet, le menu

Nous avons déjà évoqué les options dont vous disposez quand vous touchez le bouton Plus (le menu) du navigateur. Revenons-y de plus près :

N'OUBLIEZ PAS

Ce qui suit ne concerne pas la page Accès rapide ou une page vierge.

- **Partager :** pour faire connaître tout l'intérêt de la page courante *via* un message, Facebook ou tout autre procédé qui vous sera proposé.
- **Enregistrer la page Web :** stocke le contenu de la page dans la mémoire de votre Galaxy S7.

  Pour retrouver vos pages enregistrées, touchez le bouton Favoris, en bas de la fenêtre du navigateur, puis effleurez l'écran vers la gauche pour afficher la liste Pages enregistrées.

  TRUC

  Dans la liste des pages enregistrées, faites un appui sur un des aperçus afin de supprimer l'enregistrement, ou encore de le partager via une des applications disponibles.
- **Ajouter aux favoris :** mémorise l'adresse du site courant dans les favoris, accessibles en touchant le bouton de même nom, en bas de l'écran.
- **Ajouter à l'accès rapide :** mémorise l'adresse du site courant dans la page Accès rapide.
- **Ajouter un raccourci sur l'écran d'accueil :** place sur l'écran d'accueil une icône qui vous permet d'accéder directement à la page Web courante.
- **Rechercher sur la page :** permet de saisir un mot ou une expression à localiser dans la page courante. Servez-vous

des petites flèches placées à droite du champ Rechercher pour passer d'une occurrence à une autre.

- **Affichage bureau :** comme nous l'avons vu plus haut, permute si possible entre la version mobile d'un site et sa version classique.

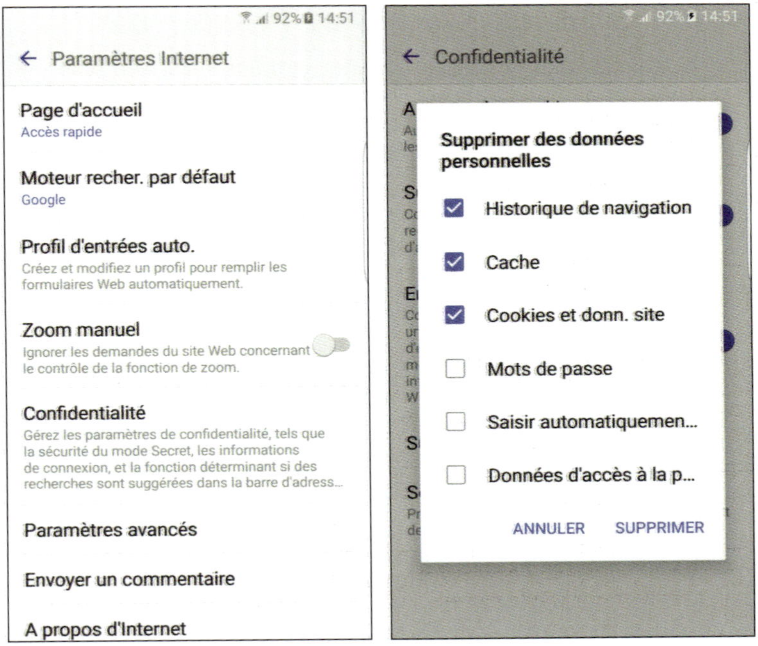

Figure 7.4 : Les paramètres du navigateur Internet.

- **Paramètres :** propose des options de configuration du navigateur (voir la partie gauche de la Figure 7.4). Nous avons déjà vu comment définir l'écran d'accueil. Intéressez-vous en particulier à la catégorie Confidentialité, ne serait-ce que pour effacer le cache des données ou l'historique de navigation, ou bien encore conserver ou non en mémoire vos mots de passe (voir la partie droite de la Figure 7.4). Regardez aussi du côté des autres paramètres avancés pour encore plus de sécurité et de confidentialité, et en particulier effacer les données enregistrées lors de la visite de sites Web. Pour le reste, évitez de trop en dire sur vous, et surtout de laisser traîner identifiants et mots de passe!

Jongler avec les favoris et l'historique

Si vous constatez que vous visitez certains sites Web plus souvent que d'autres, autant vous éviter du travail en enregistrant leur adresse sous la forme d'un raccourci, c'est-à-dire d'un favori, parfois appelé *marque-page*. Voyons comment procéder.

Créer un favori

Pour créer un nouveau favori à partir de la page courante, suivez ces étapes :

1. **Touchez le petit drapeau étoilé, en bas et vers la droite de l'écran, puis le bouton Ajouter, en haut et vers la droite de l'écran.**

   Vous obtenez un écran comparable à celui de la partie gauche de la Figure 7.5.

2. **Touchez éventuellement le nom du dossier proposé par défaut afin de choisir un autre emplacement que Favoris pour mémoriser l'adresse du lien.**

   TRUC

   Vous pouvez créer vos dossiers de favoris personnels en touchant le nom du dossier par défaut, puis le bouton Créer dans la page qui s'affiche. Cela vous permet d'organiser vos pages préférées d'une manière logique.

3. **Touchez le champ Titre et éditez-le pour définir un intitulé à votre convenance.**

4. **Si le champ Adresse Web est visible, corrigez éventuellement son contenu.**

   N'OUBLIEZ PAS

   Le champ Adresse est surtout utile quand vous demandez à modifier un favori, de manière à pouvoir le cas échéant ajuster une adresse qui aurait pu changer, ou même pour vous placer sur une page spécifique.

5. **Touchez le bouton Enregistrer quand vous avez terminé.**

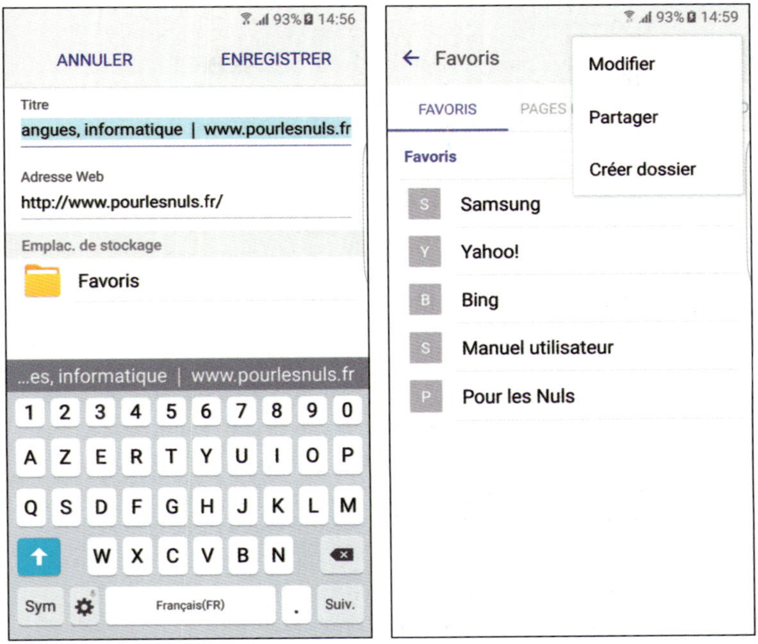

Figure 7.5 : Créer un favori.

Utiliser et gérer les favoris

Quand vous voulez ouvrir un de vos favoris, touchez le bouton représentant un drapeau étoilé, à droite de la barre d'outils qui apparaît en bas du navigateur.

TRUC

Si cette barre d'outils est masquée, effleurez légèrement l'écran vers le bas pour la faire réapparaître.

Vous voyez s'afficher les favoris déjà enregistrés. Ceux-ci sont associés à votre appareil, ou bien à votre ou vos comptes configurés sur votre Galaxy S7 (reportez-vous à la partie droite de la Figure 7.5).

Pour ouvrir la page Web définie dans un favori, rien de plus simple : vous touchez la vignette correspondante, et la page s'ouvre. Génial!

Si vous voulez changer un peu tout cela, procédez de la manière suivante :

1. **Touchez le bouton Plus et choisissez l'option voulue :**

   - **Modifier :** affiche une page vous permettant de sélectionner un ou plusieurs favoris et d'exécuter une certaine action (voir ci-après). Notez que vous pouvez aussi faire un appui long sur une vignette.
   - **Partager :** forcément, vous avez envie de communiquer à tous vos amis l'adresse de la géniale page Web que vous venez de découvrir…
   - **Créer dossier :** ajoute un nouveau sous-dossier pour mieux classer vos favoris.

2. **Si vous avez choisi Modifier, cochez une ou plusieurs lignes, puis choisissez l'option voulue : Supprimer, Modifier le favori ou Vers le dossier (pour déplacer le favori dans un dossier spécifique).**

   La suppression est immédiate et sans confirmation!

3. **Pour changer l'ordre des vignettes, faites un appui long sur la double pointe qui se trouve à droite de celle que vous voulez déplacer, et faites-la glisser vers un nouvel emplacement.**

Vous reconnaissez pour l'essentiel des options classiques. La plus importante est Modifier, qui permet de changer le titre donné à un favori, ou encore de corriger son adresse.

Historique de navigation

Le Navigateur mémorise tous les sites, ou les pages que vous visitez, et les place dans son *historique*. Pour l'ouvrir, touchez ce mot dans la page des favoris. L'historique est simplement classé par date.

- Pour ouvrir à nouveau une page, touchez la ligne correspondante.
- Pour enlever une ou plusieurs pages de l'historique, faites un appui long sur une ligne, cochez ensuite tout ce que vous voulez effacer, et touchez enfin le bouton Supprimer.

TRUC

Toucher la case qui se trouve à gauche d'un nom de jour sélectionne tout l'historique de la période correspondante.

- La page de sélection vous offre la possibilité de partager un ou plusieurs liens *via* une des applications disponibles.
- Pour nettoyer la liste, touchez le bouton Plus et choisissez la commande Effacer l'historique.

Travailler avec plusieurs onglets

Comme dans un navigateur Web de bureau, l'application Internet vous permet d'ouvrir en même temps plusieurs sites dans des onglets différents. Ces onglets ne sont pas visibles en haut de l'écran, mais ils sont bien présents.

Pour accéder au gestionnaire d'onglets, touchez le bouton qui affiche un chiffre (par défaut, c'est 1, puisqu'une seule fenêtre est ouverte), à droite de la barre d'outils, en bas de l'écran.

Les onglets, ou sessions, ouverts dans le navigateur apparaissent alors en réduction (voir la Figure 7.6).

- Pour ouvrir un des onglets, touchez son aperçu.
- Pour refermer un onglet, touchez le petit bouton en forme de croix affiché en haut et à droite de son aperçu. Vous pouvez aussi effleurer l'écran vers la droite jusqu'à ce que la vignette disparaisse.
- Pour revenir à un état vierge, touchez le bouton Plus, puis l'option Tout fermer.
- Pour ajouter un nouvel onglet, touchez le bouton Nouvel onglet, en bas de l'écran. La page d'accueil par défaut devrait alors apparaître. Saisissez l'adresse voulue pour ajouter le site Web correspondant à la pile des onglets.

- Le bouton Plus vous propose une option un peu singulière : Sécurité du mode secret (vous disposez aussi du bouton Activer secret). De quoi s'agit-il exactement ? De ce que l'on appelle aussi le mode incognito. Il permet de circuler discrètement (disons, d'une manière relativement discrète) sur le Web. Si vous activez cette option, les pages que vous allez visiter ensuite ne seront pas mémorisées dans votre historique, et aucun cookie ne sera enregistré sur votre smartphone.

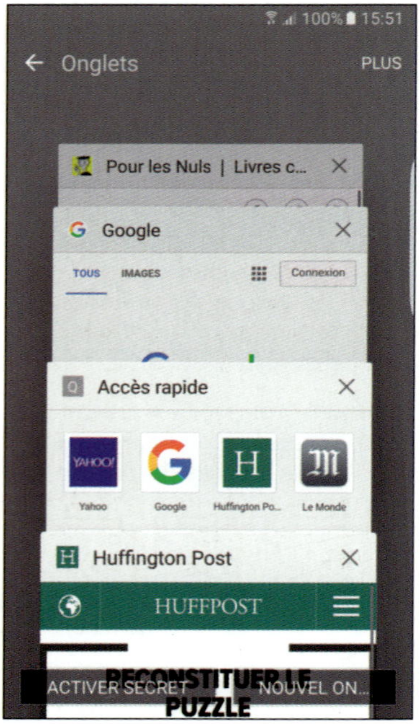

Figure 7.6 : Gérer plusieurs fenêtres dans l'application Internet.

Les cookies sont un procédé employé depuis de nombreuses années. Ils mémorisent certaines informations sur votre passage, et sont massivement inoffensifs. Généralement, ils s'autodétruisent au bout d'un certain temps, mais vous pouvez aussi faire le ménage vous-même depuis les paramètres (reportez-vous plus haut à la section « Internet, le menu »).

Comme nous l'avons déjà vu, vous disposez aussi d'autres moyens pour ajouter des fenêtres supplémentaires. En particulier, un appui long sur un lien affiche un menu proposant d'ouvrir la page dans un nouvel onglet.

Rechercher sur le Web (et même ailleurs)

Nous avons vu plus haut que vous pouviez vous servir de la barre d'adresse non seulement pour ouvrir un site Web, mais aussi pour effectuer une recherche écrite avec le clavier virtuel, ou bien vocalement. Nous avons aussi appris que vous pouviez choisir un moteur de recherche par défaut parmi les trois options disponibles.

Mais votre Galaxy S7 ne s'arrête pas là. La recherche y est un peu partout, qu'elle soit accessible avec un bouton en forme de loupe que vous retrouvez dans de nombreuses applications ou sur le clavier virtuel, ou *via* des applications et widgets dédiés.

Widget et application Google

Vous trouvez par défaut ce widget sur la page principale de votre écran d'accueil (son vrai nom, c'est Google Now, celui qui cherche à en savoir toujours plus sur vous). Il vous suffit alors de le toucher pour pouvoir saisir le critère de votre choix, ou de toucher l'icône de microphone pour l'énoncer vocalement.

En fait, vous pouvez aussi accéder Google Now en faisant un appui long sur le bouton Accueil. L'icône Google du groupe de même nom, c'est pareil.

Ma méthode préférée, c'est de dire à mon smartphone Galaxy S7 « OK Google ». Et, instantanément, le moteur de recherche Google surgit !

Google Now est censé apprendre à vous connaître de mieux en mieux au fil du temps, et donc vous proposer ce que vous êtes censé avoir envie de savoir. Plus vous posez de questions à Google Now, plus vous l'utilisez, et donc mieux il vous connaît, et plus il affiche de « cartes » correspondant à vos pratiques habituelles. Il peut s'agir de météo, de trajets, d'informations, *etc.* Mais les possibilités de personnalisation sont extrêmement limitées. Dans le monde de Google (comme des autres maîtres des communications), la simple curiosité n'est pas bien vue…

Que l'on apprécie ou pas la méthode, Google Now est là, et il est difficilement contournable. Il n'y a plus qu'à l'essayer en touchant le champ Google ou le bouton du micro. Supposons par exemple que vous ayez saisi ou dicté comme critère « Victor Hugo ». Vous allez voir s'afficher une page semblable à celle illustrée sur la partie gauche de la Figure 7.7. Par défaut, vous obtenez une série de réponses trouvées sur le Web.

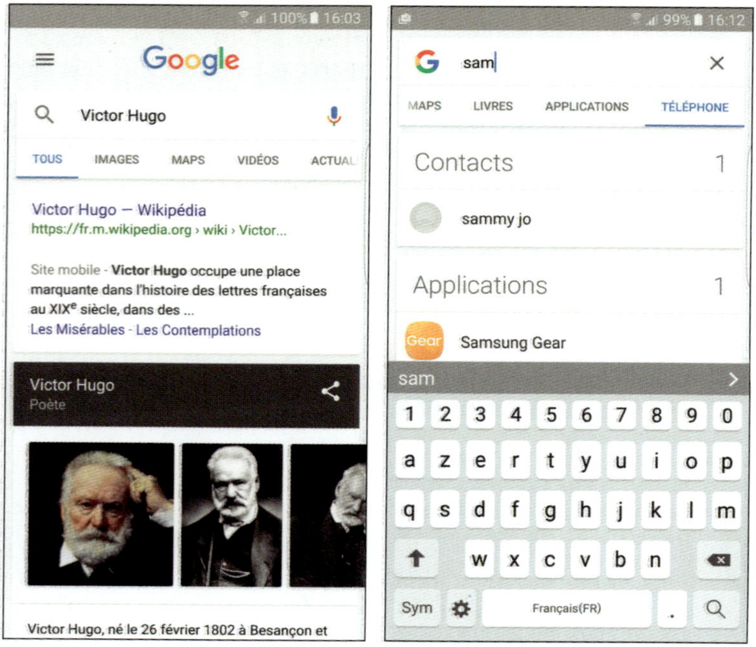

Figure 7.7 : Effectuer une recherche à l'aide de Google Now.

N'OUBLIEZ PAS

L'application mémorise vos précédentes recherches. Touchez le champ Rechercher pour obtenir de nouvelles suggestions.

Vous remarquez, en haut de l'écran, une série de boutons qui vous permettent d'effectuer différents types de recherches à partir d'un critère donné. Vous pourrez d'ailleurs noter certaines similitudes avec la page du moteur de recherche de Google telle qu'elle se présente dans le navigateur Internet. Touchez un des boutons pour orienter autrement votre recherche :

- **Tous :** c'est le mode de recherche par défaut.
- **Images :** pour trouver sur le Web des images supposées répondre aux mêmes critères.
- **Maps :** pour rechercher un lieu ou créer un itinéraire (Maps est étudié dans le Chapitre 12).
- **Vidéos :** c'est le même principe que pour les images, mais en plus dynamique. Bien entendu, YouTube est particulièrement mis à l'honneur.
- **Actualités :** pour ceux qui veulent s'informer (ou se désinformer, au choix).
- **Livres :** si je vous dis que les réponses sont essentiellement centrées sur l'immense bibliothèque numérisée par Google, serez-vous vraiment étonné ?
- **Applications :** *bis repetita placent...* Vous voilà dirigé vers Play Store (voir le Chapitre 8).
- **Téléphone :** pour rechercher des informations en local sur votre Galaxy S7, qu'il s'agisse de contacts, d'applications, et ainsi de suite (voir la partie droite de la Figure 7.7). Vous pouvez affiner les critères en choisissant Paramètres dans le menu (les trois barres, en haut et à gauche), puis Recherche sur le téléphone.

TRUC

Restons bons amis : les paramètres vous permettent de désactiver Google Now (option Afficher les cartes) depuis les paramètres Google pour ne conserver que le classique moteur de recherche Google. Il est également possible d'en demander encore plus en activant la fonction Google on Tap qui permet d'obtenir des informations à partir de ce qui est affiché à l'écran en faisant un appui long sur le bouton physique Accueil.

Recherche vocale, version Samsung

La recherche vocale version Samsung s'appelle S Voice. Vous la trouverez en touchant le bouton Applis.

Une fois passée la phase d'apprentissage, touchez le bouton du micro (ou dites « Salut Galaxy ») et parlez. Quand vous avez terminé, laissez passer quelques instants et le moteur de reconnaissance vocale va vous proposer soit de lancer un appel, de faire une recherche sur Internet, d'enregistrer un rendez-vous, et ainsi de suite.

Dicter vocalement nécessite un environnement plutôt calme, de parler distinctement et l'emploi de termes pas trop complexes.

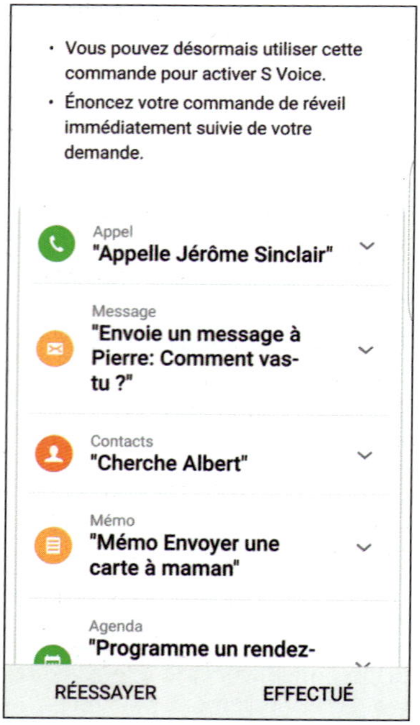

Figure 7.8 : S Voice reconnaît de nombreux mots-clés.

Le registre des commandes vocales supposées être reconnues par S Voice est impressionnant (voir la Figure 7.8). Parfois, le système fonctionne très bien. Et, d'autres fois, il est tout à fait énervant…

En fait, S Voice est parfois très surprenant de justesse, mais aimerez-vous être pris en flagrant délit de conversation privée avec votre smartphone ? Je crois que non. Mais cela n'interdit pas de s'amuser en privé avec des questions qui sortent de l'ordinaire.

N'OUBLIEZ PAS

N'oubliez pas de vérifier la configuration de la reconnaissance et de la synthèse vocale dans l'option Langue et saisie de vos paramètres. En particulier, vous pouvez installer un nouveau module linguistique sur votre Galaxy S7 en touchant le bouton Paramètres, sur la ligne Moteur de synthèse vocale Samsung (touchez d'abord la ligne Synthèse vocale). Choisissez alors Installer les données vocales. Sélectionnez la langue voulue, puis touchez le bouton Télécharger, à droite de l'écran.

Gérer les téléchargements

Votre Galaxy S7, Android et Google savent pratiquement tout sur ce que vous faites avec votre smartphone. Et en particulier ce que vous chargez depuis le Web ou à partir des messages que vous recevez.

Pour savoir ce qu'il en est, ouvrez l'application Mes fichiers (bouton Applis, puis dossier Samsung). Touchez alors bouton Historique des téléchargements. La liste de vos téléchargements vous est alors proposée.

- Pour accéder au contenu d'un téléchargement, touchez la ligne correspondante, puis sélectionnez l'application capable de l'ouvrir (si plusieurs sont installées).
- Pour effacer un téléchargement de la liste (mais pas de la mémoire du smartphone), faites un appui long sur la ligne correspondante, cochez-le puis touchez le bouton ou l'icône Supprimer.
- Pour nettoyer cette liste, choisissez l'option Effacer l'historique dans le Menu.

Troisième partie

Des applications dans tous leurs états

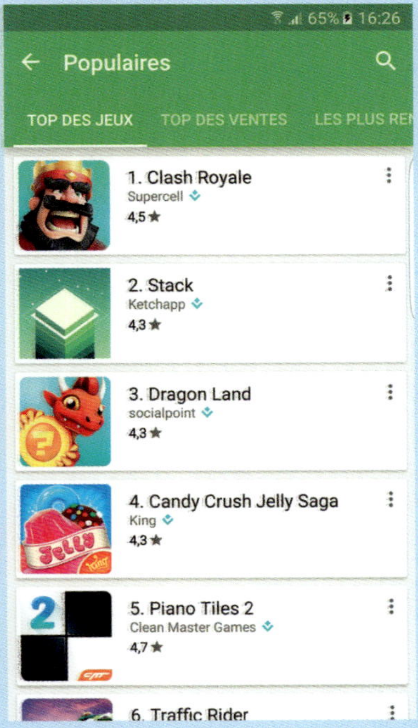

Dans cette partie…

Votre Galaxy S7, c'est d'abord un téléphone très sophistiqué. Mais c'est aussi bien plus que cela : un véritable ordinateur de poche, doté de fonctions puissantes, et avec lequel vous pouvez faire une kyrielle de choses : jouer, vous informer, partager, travailler, et ainsi de suite.

Dans cette partie, nous allons découvrir comment trouver et installer des applications, ces programmes qui justement étendent presque à l'infini les capacités de votre Galaxy S7 et qui en font un système extrêmement polyvalent. Nous verrons comment les gérer, et même comment s'en débarrasser lorsqu'on en a fini avec elles.

Nous découvrirons ensuite certaines des applications dont vous allez vraisemblablement vous servir le plus souvent : l'appareil photo, les lecteurs de musique et de vidéo, ou encore l'accès aux réseaux sociaux. Bref, ici, ce n'est que pour le plaisir…

8

Play Store, un mode d'applications

Dans ce chapitre :

- Utiliser l'application Play Store
- Rechercher des applications, des livres, et des films
- Télécharger une application gratuite
- Acheter une application
- Afficher les applications téléchargées
- Partager une application
- Mettre à jour une application
- Gérer les applications
- Utiliser Play Store sur un ordinateur

Votre Galaxy S7 dispose d'applications préinstallées aussi diverses qu'intéressantes. Sachez qu'il en existe encore beaucoup, beaucoup d'autres qui couvrent des domaines très variés comme la productivité, des outils, des jeux et j'en passe. Tous ces « petits » programmes (les *applis* ou les *apps*) sont proposés sur une centrale d'achat spécialisée dans les smartphones Android et qui porte le nom de Play Store. Bien entendu, cette plate-forme est la créature tentatrice que Google jette dans les bras de votre Galaxy S7 pour vous faire dépenser le plus d'argent possible…

Bienvenue dans le Store

Play Store est plus qu'une boutique en ligne proposant des applications pour Android. Vous y découvrirez aussi de la musique, des livres, et des vidéos (films ou encore séries télévisées).

- Visitez Play Store même si vous pensez n'avoir besoin de rien. Parcourez ses rayons du bout des doigts !
- Comme vous téléchargerez vraisemblablement vos articles directement sur votre smartphone, il est conseillé de vous connecter au Play Store en Wi-Fi.
- L'application Play Store est fréquemment mise à jour. La version que vous utiliserez risque d'être différente de celle présentée dans ce chapitre.

Visiter le Store

Des applications, des musiques, des livres, et des vidéos attendent d'être téléchargés sur votre Galaxy S7. Pour les découvrir, vous devez toucher l'icône Play Store présente sur l'écran d'accueil de votre smartphone, ou accessible depuis le panneau Applis.

Après avoir ouvert l'application, vous accédez à l'écran principal de Play Store, illustré sur la Figure 8.1. Vous y découvrez les principales catégories de produits (remarquez que les jeux sont proposés en priorité, même si ce sont des applications, en fait celles qui se vendent le plus). Faites défiler l'écran vers le bas pour accéder à d'autres recommandations, et servez-vous des boutons Plus pour approfondir la question.

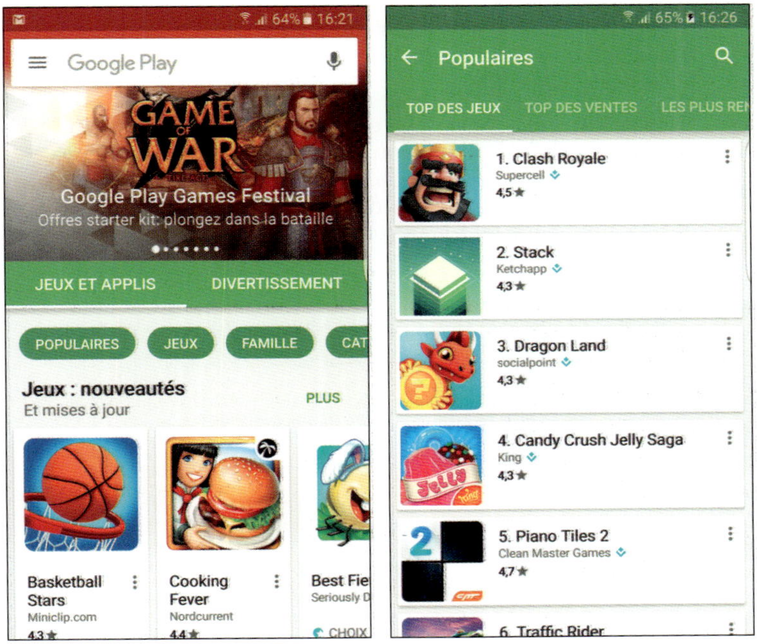

Figure 8.1 : Découvrir Play Store.

Choisissez une catégorie vers le haut de l'écran d'accueil pour en découvrir le contenu. Touchez, disons, au hasard, le bouton Jeux et Applis, puis Jeux, Populaires et Top des jeux. Là encore, vous découvrez en faisant défiler l'écran toute une série de propositions et de recommandations (voir la partie droite de la Figure 8.1). Faites glisser la barre de navigation, en haut de l'écran, pour découvrir les applications réputées être les mieux classées, à défaut parfois d'être les meilleures, dans leur domaine. Vous disposez de six options : Top des jeux (ou des applications), Top des ventes (qu'ils disent !), Les plus rentables (pour qui ?), Top des nouveaux articles les plus vendus (merci !), Top des nouvelles applications et Tendances (pourquoi pas ?).

Si vous avez choisi d'accéder directement aux jeux, vous trouvez d'abord trois catégories principales : Populaires, Catégories et Famille.

Si vous savez exactement ce que vous cherchez, il est plus rapide de taper l'objet de votre requête. Pour cela, touchez le bandeau affiché en haut de l'écran tactile. Tapez le nom d'une application, le titre d'un film ou d'un livre, ou une courte description. Ensuite, touchez la suggestion la plus appropriée faite par Play Store.

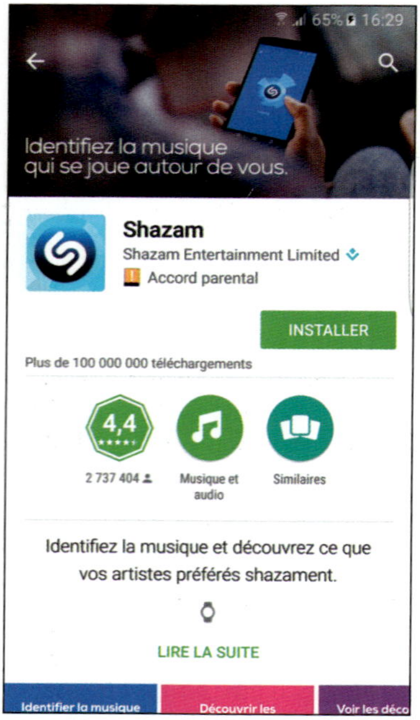

Figure 8.2 : Sur Play Store, les pages des applications sont toujours organisées de la même manière.

Pour obtenir davantage d'informations sur un élément, touchez-le ! Faites défiler le contenu de la page pour en découvrir une description, ses nouveautés, et pour lire les commentaires des utilisateurs (voir la Figure 8.2). Vous accédez également à des captures d'écran du programme, et souvent à une vidéo qui en explique les grands principes.

- Vous voyez une mention qui indique Pegi 3, ou encore Accord parental ? Il s'agit d'une norme européenne censée indiquer à partir de quel âge telle ou telle application, ou tel ou tel jeu, peut être accepté par les parents. Bon. On y croit ou pas, et on fait confiance à l'éditeur de l'application ou pas. Mais, après tout, c'est une tentative intéressante pour alerter tout un chacun sur les risques potentiels d'une application (ou d'un jeu).
- Les musiques, les livres et les vidéos que vous téléchargez depuis le Store sont consultables avec les applications Play Musique, Play Livres et Play Films. Reportez-vous au Chapitre 10.

Trouver des applications sur Play Store

Les utilisateurs de smartphones recherchent prioritairement de nouvelles applications pour leur téléphone. Il en existe des centaines et des centaines de milliers sur Play Store, dont un grand nombre sont gratuites.

- Les applications que vous téléchargez apparaissent dans le panneau Applis de votre smartphone.
- Toutes les applications proposées sur Play Store fonctionneront sur votre Galaxy S7. Du moins en principe. En fait, une application qui ne serait pas compatible avec votre appareil ne devrait même pas vous être proposée.
- Consultez les notes (étoiles) attribuées aux applications. Elles témoignent du niveau de satisfaction de leurs utilisateurs. Une application qui a reçu beaucoup d'étoiles est donc censée être d'excellente qualité. Vous pouvez également lire les commentaires laissés par les utilisateurs.

- Un autre indicateur de qualité est le nombre de téléchargements d'une application. Pour autant, une très bonne application peut être tellement spécialisée qu'elle a peu d'utilisateurs.
- Regardez également la date de sortie de la dernière version de l'application. Si elle est trop ancienne, c'est que son développeur l'a sans doute abandonnée. Prudence !
- TRUC : Vous pouvez également télécharger des widgets et des fonds d'écran pour l'écran d'accueil de votre téléphone. Lancez simplement une recherche sur ces termes. Vous pouvez aussi, dans la rubrique Catégories, choisir l'une des options Fond d'écran animé ou Widgets.

Télécharger une application gratuite

Une fois que vous avez localisé l'application qui vous intéresse, téléchargez-la en suivant ces quelques étapes :

1. **Si nécessaire, activez la fonctionnalité Wi-Fi de votre téléphone.**
2. **Ouvrez l'application Play Store.**
3. **Localisez l'application à télécharger en parcourant le contenu de Play Store ou bien en utilisant la fonction Rechercher de celui-ci.**
4. **Touchez le bouton Installer. Ce bouton se situe dans la partie supérieure droite de la fiche de l'application que vous souhaitez acquérir. Comme le programme choisi est gratuit, vous n'avez rien à payer.**
5. **Si une liste des autorisations dont a besoin l'application s'affiche, touchez le bouton Accepter pour démarrer le téléchargement.**
6. **Une flèche clignotante affiche la progression du téléchargement dans la barre des notifications.**
7. **Une fois l'installation terminée, appuyez sur le bouton Ouvrir.**

8. **Si vous utilisez votre téléphone pendant l'installation, vous trouverez le programme dans le panneau Applis de votre smartphone. Elle peut être placée à la suite de toutes les applications existantes, ou bien venir s'insérer dans l'ordre alphabétique de celles-ci. Vous devriez également la retrouver sur l'écran d'accueil du S7.**

Suite à l'installation d'une application, plusieurs petites choses peuvent intervenir. Bien souvent, vous devez accepter les conditions d'utilisation de l'application, voire créer un compte gratuit.

Une fois la configuration initiale réalisée, vous pouvez utiliser votre application.

Consultez la liste des services utilisés par une application pour voir si elle ne risque pas de perturber le fonctionnement de certains autres programmes de votre téléphone. Par exemple, une application d'alarme qui utilise la liste de vos contacts et le service SMS de votre téléphone est pour le moins suspicieux. Méfiez-vous de son comportement.

- Pour gérer finement les autorisations que vous accordez à une application, ouvrez les paramètres. Faites glisser l'écran de bas en haut pour localiser la ligne Applications. Touchez la ligne Gestionnaire d'applications, puis faites défiler l'écran pour retrouver l'appli voulue. Touchez son nom. Une page d'informations s'affiche (voir la partie gauche de la Figure 8.3). Touchez maintenant la ligne Autorisations, puis cochez ou décochez ce que vous tolérez (voir la partie droite de la Figure 8.3). Appuyez plusieurs fois sur le bouton Accueil pour sortir des paramètres (au passage, vous pouvez aussi configurer les notifications que l'application est susceptible de vous envoyer, par exemple lors d'une nouvelle publication ou d'une mise à jour).
- Vous pouvez placer sur l'écran d'accueil un raccourci vers votre application, comme cela est expliqué au Chapitre 2.

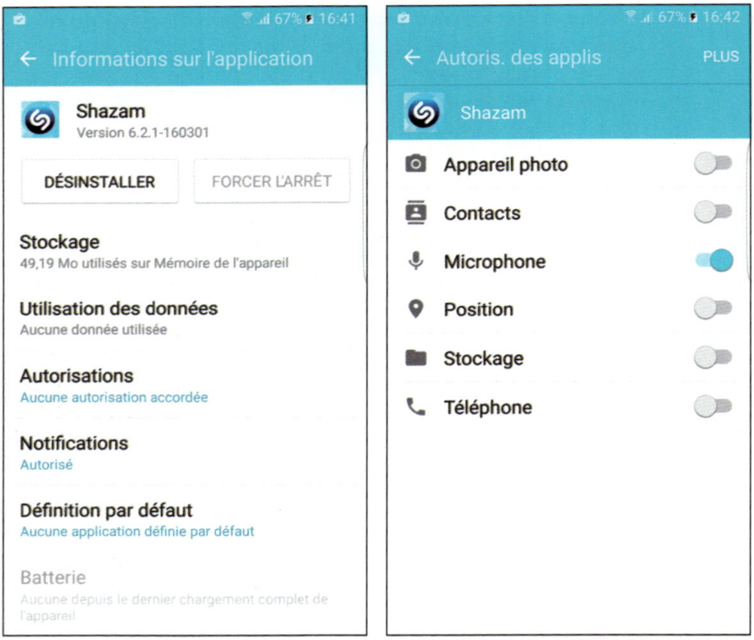

Figure 8.3 : Configurer les autorisations données à une application.

Acheter une application

Les applications les plus sophistiquées sont payantes. Les tarifs pratiqués sont sans commune mesure avec le prix des logiciels conçus pour les ordinateurs.

En fait, un bon nombre d'applications gratuites sont des versions limitées d'applications payantes, à moins qu'elles ne soient financées par des publicités plus ou moins envahissantes.

Pour vous familiariser avec la procédure de téléchargement des applications, commencez avec des programmes gratuits.

Une fois la technique acquise, tournez-vous, si nécessaire, vers des applications payantes :

1. **Si nécessaire, activez votre connexion Wi-Fi.**
2. **Touchez l'icône Play Store.**
3. **Naviguez parmi les applications ou bien lancez une recherche. Sélectionnez celle qui vous intéresse pour en afficher la description et lire les commentaires des utilisateurs. Consultez le prix du programme.**
4. **Touchez le bouton affichant le prix. Par exemple si l'application coûte 0,99 €, le bouton affiche cette somme au lieu de la mention Installer.**
5. **Touchez le bouton Continuer.**
6. **C'est le moment de sortir votre carte bancaire. Pour un premier achat, vous devrez « ajouter une carte » qui sera utilisée par Play Store pour débiter votre compte à chacun de vos achats. Touchez le bouton Continuer, puis Ajouter une carte de paiement.**
7. **Saisissez les informations de votre carte, et appuyez sur Enregistrer. La carte sera alors ajoutée et Play Store utilisera son numéro chaque fois que vous achèterez une application, de la musique, un jeu, un livre, ou un film.**

   Si vous avez un compte Paypal, vous pouvez aussi l'utiliser pour payer vos achats sur Play Store. De plus, certains opérateurs permettent d'ajouter directement vos achats à votre facture Internet.

8. **Touchez le bouton d'acceptation et d'achat.**
9. **Dès que le numéro de la carte est autorisé, l'application est téléchargée et installée.**

Vous venez de changer d'avis ? Tant qu'un achat n'est pas validé, vous pouvez toujours abandonner la procédure en appuyant plusieurs fois sur le bouton Retour du smartphone.

Vous trouverez l'application dans le panneau éponyme de votre Galaxy S7. Si vous êtes toujours dans Play Store et si vous êtes pressé de découvrir votre dernier petit bijou, touchez le bouton Ouvrir.

Google vous adressera un courriel de confirmation de la transaction. En fonction du type d'application que vous avez achetée, vous disposez souvent d'un temps de réflexion de 15 minutes à 24 heures pour renoncer à votre achat. Dans ce cas, vous êtes remboursé, et le programme est désinstallé de votre téléphone.

TRUC

Consultez également la section « Supprimer des applications », plus loin dans ce chapitre.

TRUC

Ne payez pas deux fois une application

Vous pouvez consulter la liste des applications téléchargées depuis Play Store en touchant la barre de menu, en haut et à gauche de l'écran. Touchez ensuite l'option Mes jeux et applications.

Faites défiler le contenu de cette liste pour voir les applications à mettre à jour, celles que vous avez déjà installées, et celles qui pourraient être en attente de téléchargement.

Gérer les applications

Play Store est à la fois le lieu d'achat et de gestion de vos applications. C'est dans cet espace que vous mettrez à jour des programmes, les organiserez, et les supprimerez.

Consulter les applications téléchargées

Comme tout utilisateur d'un smartphone qui se respecte, vous téléchargerez de nombreuses applications, ne serait-ce que pour les tester. Pour consulter les applications téléchargées, conformez-vous aux étapes suivantes :

1. **Lancez l'application Play Store.**

2. **Touchez le bouton Menu, en haut et à gauche, puis choisissez l'option Mes jeux et applications (voir la Figure 8.4 à gauche).**
3. **Faites défiler la liste des applications téléchargées. La partie droite de la Figure 8.4 illustre la structure de la page qui apparaît.**

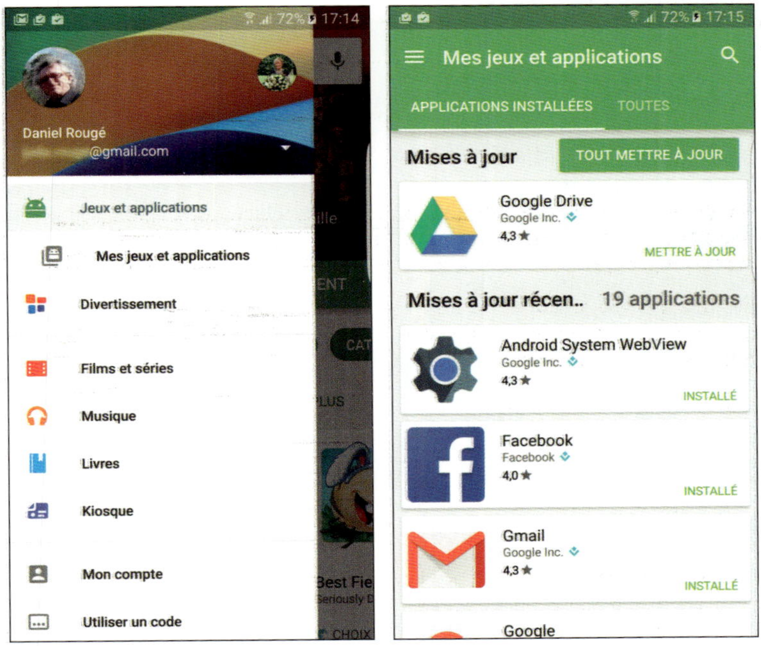

Figure 8.4 : Les applications téléchargées.

La liste répertorie toutes les applications téléchargées et installées sur votre smartphone. Certaines peuvent être indiquées comme bénéficiant d'une mise à jour.

Partager une application

Lorsque vous adorez une application, partagez-la avec vos amis ! Voici comment procéder :

1. **Affichez la liste de vos applications *via* la commande Mes jeux et applications.**
2. **Touchez l'application que vous souhaitez partager.**
3. **Faites défiler l'écran vers le bas, puis touchez l'icône Partager (voir la Figure 8.5).**

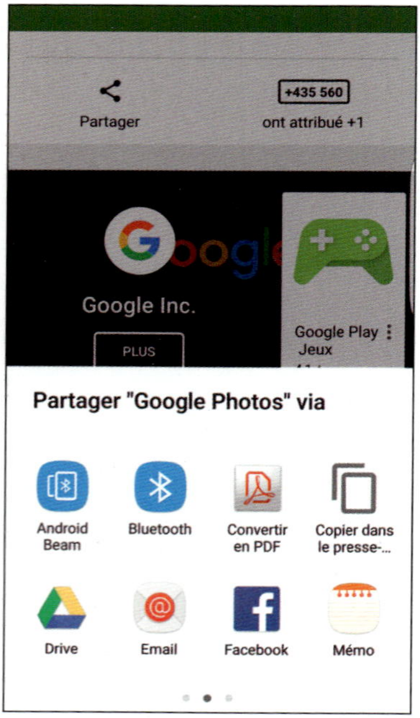

Figure 8.5 : Quand on aime, il faut savoir partager.

Le menu Partager apparaît.

4. **Choisissez une méthode de partage.**

   Par exemple, vous pourriez opter pour Gmail ou Messages afin de partager cette application *via* un message électronique ou téléphonique.

5. **Utilisez l'application ainsi choisie pour envoyer un lien vers le Play Store.**

La suite de la procédure dépend entièrement de la méthode de partage sélectionnée.

Le destinataire du partage touchera le lien directement sur son téléphone ou sur tout autre périphérique utilisant le système Android. Il sera alors connecté à Play Store. Il pourra y télécharger l'application et l'installer.

Les diverses méthodes de partage sont abordées tout au long de ce livre dans les chapitres correspondant aux éléments concernés.

Mettre à jour une application

Lorsque vous avez installé une application téléchargée depuis Play Store, le site envoie, mais pas toujours, une notification lorsqu'une mise à jour est disponible. Pour savoir ce qu'il en est, il suffit d'afficher la liste des applications téléchargées. Les programmes bénéficiant d'une mise à jour de leur version apparaissent dans la section Tout mettre à jour.

Vous pouvez personnaliser ce comportement en touchant le bouton frappé de trois points, en haut et à droite de la page d'une application. Cochez ou décochez alors la case Mise à jour auto selon ce que vous voulez faire.

Pour actualiser d'un seul coup vos applications, touchez simplement le bouton Tout mettre à jour. Acceptez les conditions d'utilisation, puis laissez le système se débrouiller.

Toute mise à jour ne signifie pas amélioration Pour des applications qui peuvent être sensibles, il est souvent préférable d'effectuer manuellement la mise à jour (ou de conserver la version actuelle). Pour cela, touchez simplement la ligne de l'application concernée. Lisez ce qui est dit sur les nouveautés, et consultez les derniers avis laissés par d'autres utilisateurs. Si vous y voyez des récriminations du genre : «Plus rien ne marche depuis la mise à jour!», passez votre chemin Si vous êtes en confiance, touchez le bouton Mettre à jour, puis éventuellement sur le bouton Accepter.

Pour effectuer les mises à jour automatiquement :

1. **Touchez le bouton Menu, en haut et à gauche de Play Store. Faites-le défiler, puis touchez l'option Paramètres.**
2. **Dans l'écran qui apparaît, touchez la ligne qui indique Mise à jour automatique des applis.**
3. **Oubliez la proposition du milieu, et optez pour un mode uniquement manuel, ou pour une actualisation uniquement en Wi-Fi (voir la Figure 8.6).**

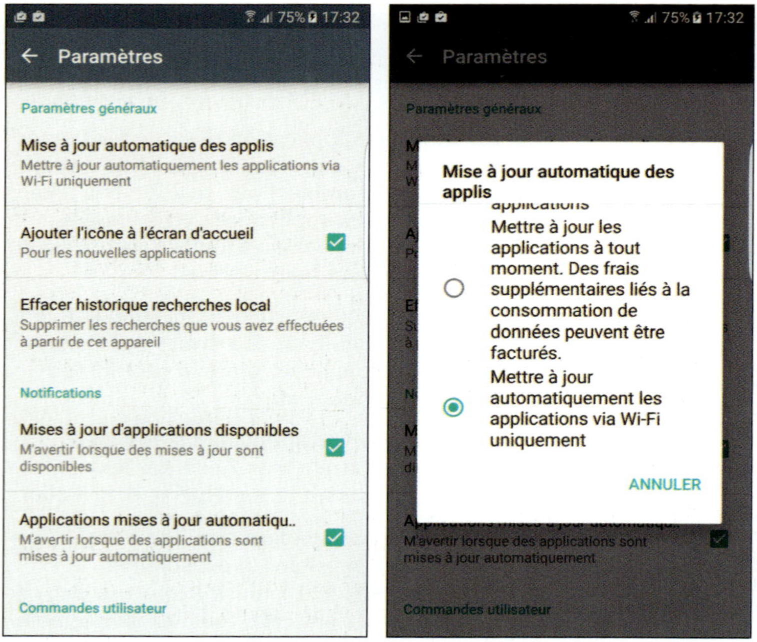

Figure 8.6 : Play Store et ses paramètres.

TRUC

La procédure de mise à jour induit un téléchargement et une installation de la nouvelle version de l'application.

La disponibilité des mises à jour peut également être affichée dans la barre des notifications sous la forme d'une icône. Touchez-la pour effectuer la mise à jour de vos applications selon la procédure décrite dans cette section.

Désinstaller des applications

Vous pouvez supprimer des applications devenues obsolètes. Pour cela, conformez-vous aux étapes suivantes :

1. **Démarrez l'application Play Store.**
2. **Touchez le bouton Menu, en haut et à gauche de l'écran, et choisissez l'option Mes jeux et applications.**
3. **Touchez l'application que vous souhaitez supprimer.**
4. **Touchez le bouton Désinstaller.**
5. **Confirmez la désinstallation en appuyant sur le bouton OK.**
6. **L'application est supprimée de votre Galaxy S7.**

Malgré sa suppression, il se peut qu'une application apparaisse toujours dans le volet Toutes de la page Mes applications. Dans ce cas, touchez simplement la croix qui se trouve en haut et à droite de son bandeau pour retirer cette référence périmée.

En fait, si vous avez déjà installé des applications sur un autre appareil *via* votre compte Google, elles sont mémorisées par celui-ci. Vous allez alors les retrouver dans la page Toutes, prêtes à être installées à nouveau ou bien jetées aux oubliettes.

Play Store rembourse les applications payantes que vous désinstallez dans les 15 minutes à 24 heures suivant leur achat.

Vous pouvez toujours réinstaller des applications payantes que vous avez désinstallées (dans la mesure où vous ne vous êtes pas fait rembourser). Vous ne serez pas débité une seconde fois.

Gérer les applications

Votre téléphone Android possède un espace technique où vous consultez et gérez toutes ses applications. Voici comment procéder :

1. **Affichez l'écran d'accueil, et touchez le bouton Applis.**
2. **Localisez l'icône Paramètres. Touchez-la, puis choisissez l'option Applications et enfin Gestionnaire d'applications.**
3. **En faisant défiler l'écran, vous pouvez voir notamment la liste des applications que vous avez téléchargées ainsi que celles qui ont été installées avec le système.**
4. **Touchez le nom d'une application.**
5. **Un écran d'informations apparaît (reportez-vous à la Figure 8.3 à gauche).**
6. **En fonction des applications et de leur fonctionnement actuel, un certain nombre de boutons vont ou non être disponibles :**
   - **Forcer l'arrêt :** touchez ce bouton lorsque vous souhaitez arrêter l'application coûte que coûte, par exemple si elle ne fonctionne pas correctement.
   - **Désinstaller :** touchez ce bouton pour supprimer l'application. Cette technique est une alternative à celle décrite dans la précédente section.
   - **Stockage :** touchez ce bouton pour visualiser l'occupation de la mémoire par l'application. Vous pouvez alors effacer les données qui sont mises en cache, voire celles qui sont mémorisées par l'application (mais vous perdrez alors par exemple votre compte d'utilisateur, ou encore les scores du jeu).

TRUC

Certaines applications vous offrent en plus un bouton Modifier pour les déplacer vers la carte Micro SD, ce qui vous fera gagner de la place dans la mémoire de l'appareil. Ce déplacement peut également être effectué en sens inverse.

TRUC

Personnellement, je préfère stocker les applications dans la mémoire interne du smartphone. Ainsi, elles y restent de manière permanente. De plus, les raccourcis des applications stockées en interne ne disparaissent pas à chaque fois que vous accédez à la carte Micro SD depuis un ordinateur.

- **Utilisation des données :** touchez ce bouton pour afficher un graphe montrant l'utilisation des données sur une certaine période. Cela peut être intéressant pour éviter un dépassement du quota de chargement permis par votre opérateur.
- **Autorisations :** touchez ce bouton pour choisir les éléments auxquels l'application peut accéder (comme l'appareil photo, la position, le stockage, *etc.*).
- **Notifications :** nous avons rencontré cette option un peu plus haut.
- **Définition par défaut :** certaines applications permettent d'enregistrer des paramètres qui seront appliqués automatiquement lors du démarrage du programme.
- **Batterie :** jetez un coup d'œil ici pour voir si une application n'est pas anormalement gourmande, et forcer éventuellement son arrêt.

Play Store, avec la souris aussi

Si vous trouvez l'écran de votre smartphone trop petit, il ne vous reste plus qu'à vous mettre devant l'écran de votre ordinateur pour choisir, installer et gérer vos applications :

1. **Ouvrez votre navigateur Web habituel et ouvrez la page d'accueil du site de Play Store (`play.google.com`).**
2. **Cliquez sur le bouton Connexion, et saisissez votre adresse Gmail ainsi que votre mot de passe.**

   Vous constatez immédiatement que le site fonctionne exactement sur le même modèle que l'application Play Store de votre smartphone (voir la Figure 8.7).
3. **Choisissez une catégorie et faites une recherche ou laissez-vous guider. Lorsque vous avez trouvé quelque chose qui vous intéresse (une application ou un jeu pour ce qui nous concerne ici), cliquez dessus pour ouvrir la page correspondante.**

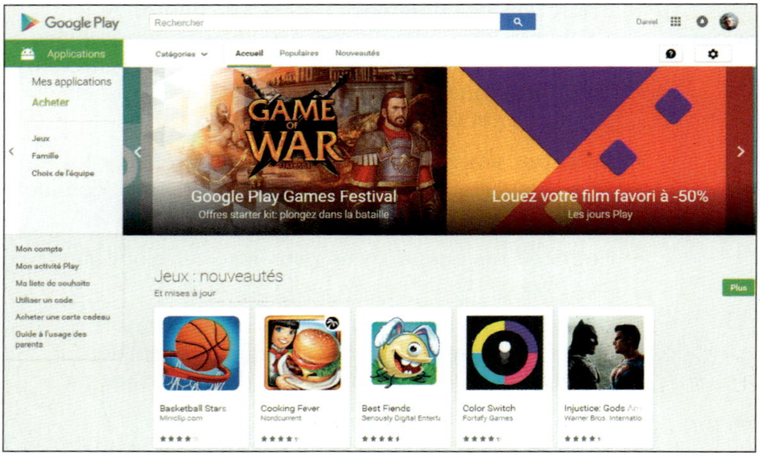

Figure 8.7 : Play Store, c'est aussi sur votre ordinateur.

4. **Suivez la procédure d'installation : elle se présente exactement comme sur votre smartphone.**

   N'OUBLIEZ PAS

   En fait, il y a quelques différences. En effet, il est parfaitement possible que vous soyez l'heureux possesseur de plusieurs appareils sous Android (smartphone et tablette, par exemple). Dans ce cas, vous pourrez vérifier la compatibilité de l'application avec vos divers outils communicants, puis choisir le dispositif de destination au moment de l'installation (par exemple, certaines applications sont conçues exclusivement pour les tablettes et refuseront de s'installer sur un smartphone, ou l'inverse).

   TRUC

   Vous remarquerez que l'option Mes applications est également présente ici.

5. **Quand vous avez terminé, il ne vous reste plus qu'à vous déconnecter et à vous précipiter sur votre smartphone pour profiter de vos nouvelles applications…**

9

Photographier, filmer… et partager !

Dans ce chapitre :

- Photographier et filmer avec votre Galaxy S7
- Partager vos photos et vos vidéos
- Organiser vos photos et vos vidéos avec la Galerie
- Retoucher et annoter vos photos

Statistiquement, plus de 60 % de l'utilisation des smartphones dans le monde concerne autre chose que la téléphonie et les communications. Et, en particulier, la photographie comme la vidéo sont parmi les activités favorites des possesseurs de ces superbes appareils, au premier rang desquels se situe évidemment votre Galaxy S7.

Avec son capteur de 12 mégapixels, et de 5 mégapixels pour son objectif frontal, vous avez sous les doigts une qualité d'image tout à fait splendide, ce que met parfaitement en valeur son écran Super AMOLED QHD de 5,1 ou 5,5 pouces de diagonale avec une résolution en très haute définition de 2560 x 1440 pixels.

Samsung a décidé de cesser la course (stupide) aux mégapixels pour se concentrer sur la qualité et l'efficacité. Grâce à la technologie Dual Pixels, votre Galaxy S7 est capable de réagir très rapidement, et de donner de meilleurs résultats dans des conditions de basse luminosité.

Pour la photo comme pour la vidéo, le Galaxy S7 est donc un appareil très haut de gamme, dans ce domaine comme d'ailleurs dans les autres. Alors, n'hésitez plus, souriez : vous êtes photographié et filmé !

Photo, s'il vous plaît !

Pour prendre un cliché, il vous suffit d'ouvrir l'application Appareil photo. Soit elle est déjà présente sur votre écran d'accueil, soit vous la trouverez facilement en ouvrant l'icône Applis. Touchez son icône, et c'est parti pour la photographie !

Par défaut, vous pouvez aussi accéder directement à l'appareil photo depuis l'écran de verrouillage, ou encore en appuyant deux fois de suite sur le bouton Accueil.

Une fois l'appareil photo ouvert, votre écran Super AMOLED QHD devient votre visée et il vous suffit de toucher le bouton situé au milieu et à droite (voire à gauche, en bas ou bien en haut selon l'orientation de votre appareil) pour prendre un cliché. Vous disposez en même temps sur les côtés d'une importante gamme de réglages (voir la Figure 9.1).

Par défaut, la prise de vue est au format 4:3 (12 MP). C'est pourquoi l'image n'occupe qu'une partie de l'écran. Les bandeaux de commande sont alors parfaitement visibles. Si vous choisissez un format 16:9e, l'image visée prendra tout l'écran et les commandes apparaîtront alors en superposition.

Pour prendre la photo, touchez le gros bouton rond qui affiche en son centre un appareil photo. La photo est enregistrée au format JPEG sur la mémoire interne de votre smartphone.

Figure 9.1 : L'application Appareil photo.

N'OUBLIEZ PAS

Le dossier dans lequel sont placées les photos est appelé DCIM, exactement comme avec un appareil photo numérique standard.

Une fois que vous avez pris un cliché, il est également disponible dans l'application Galerie (ou encore Photos). Nous y reviendrons plus loin dans ce chapitre.

Partager des photos (Acte 1)

Avant même de se soucier des réglages de vos prises de vue, voyons comment vous pouvez les communiquer à d'autres. Vous venez donc de prendre une photo que le monde entier (disons plus simplement vos proches) doit *absolument* voir.

Suivez ces étapes :

1. **Votre dernière photo est montrée dans une petite vignette située sur le bord gauche de l'écran. Touchez-la.**
2. **L'application Galerie s'ouvre. Elle affiche non seulement votre dernière photo, mais aussi toutes celles que vous avez déjà prises.**

   Pour afficher une autre photo, faites glisser le doigt sur l'écran. Pour agrandir une photo, tapez deux fois de suite sur l'écran, puis effleurez-le dans la direction voulue pour vous déplacer sur l'image. Touchez l'écran à nouveau deux fois de suite pour revenir à l'affichage initial. Le geste pincer/écarter permet également de zoomer ou de réduire la taille de l'image.

   Pour afficher une photo sur la totalité de l'écran, basculez le Galaxy S7 en mode Paysage (horizontalement). Si nécessaire, ouvrez la barre des notifications et vérifiez que l'option Rotation écran est bien activée.

   La barre d'outils, en bas de l'écran, propose quatre types d'actions : ajuster automatiquement la photo, la partager, la retoucher ou encore la supprimer. D'autres options sont disponibles en touchant le bouton Plus, en haut et à droite de l'écran. Nous y reviendrons plus loin.

   En touchant le bouton Album, en haut et vers la droite de l'écran, vous accédez au dossier de l'appareil photo. Il s'agit en fait d'un sous-dossier de DCIM appelé Camera. Remarquez en passant que vous pouvez sélectionner des photos favorites en allumant la petite étoile.

3. **Touchez le bouton Partager. Faites défiler la liste des modes de partage pour localiser celui que vous voulez utiliser.**
4. **Choisissez le mode de partage voulu, puis suivez les instructions correspondantes.**

Selon le nombre et le type des applications installées, les choix qui vous sont proposés risquent d'être assez nombreux. Effleurez l'écran horizontalement pour voir toutes les possibilités. Voyons donc les principales options de partage dont vous disposez (elles valent pour les photos comme bien d'autres types de fichiers ou de messages) :

- **Wi-Fi direct, Bluetooth et Android Beam :** pour partager la photo avec un appareil situé à proximité, et qui est reconnu comme étant synchronisé directement en Wi-Fi ou bien en Bluetooth. Nous y reviendrons au Chapitre 15.
- **Messages et e-mail :** permet de joindre la photo à un SMS ou à un message (Gmail ou autre). Les photos étant de taille importante, une compression sera automatiquement effectuée pour les SMS. Pour le reste, vous vous porterez mieux si vous copiez vos photos sur un ordinateur ou sur un espace de stockage Internet avant de les envoyer. Et il vaut mieux être connecté en Wi-Fi.
- **Réseaux sociaux :** si vous en avez envie, postez directement vos clichés sur votre réseau social préféré, qu'il s'agisse de Facebook, Google+, Twitter ou encore Instagram.
- **Nuage Internet :** vous avez également la possibilité de synchroniser vos photos avec un compte ouvert sur un support de stockage Web tel que Google Drive, OneDrive, Dropbox et autres.

N'OUBLIEZ PAS

Qu'il s'agisse de messagerie, de réseau social ou de nuage Internet, vous devez bien entendu avoir ouvert et validé un compte d'utilisateur. Et comme tout cela est gratuit, vous ne risquez pas de manquer de choix dans ce domaine.

- **Imprimer :** le bouton Imprimer, en bas et à droite de l'écran, donne accès à de nouvelles options d'enregistrement ou d'impression de vos photos. Pour tout savoir à ce sujet, voyez le Chapitre 15.
- **Autres applications :** le nombre et le type des applications capables de prendre en charge vos photos, par exemple pour les transférer, les stocker ou les retoucher, dépend de ce que vous avez installé sur votre Galaxy S7.
- **Projeter :** les boutons Smart View et Partage à proximité vous permettent de transmettre vos photos vers un appareil compatible : téléviseur, ampli *Home Cinéma*, projecteur, *etc.*

Appareil photo, petit mode d'emploi

Finalement, le Galaxy S7, c'est comme un APN (appareil photo numérique), mais avec un objectif beaucoup plus petit que sur un appareil spécialisé, et même en fait avec deux objectifs (vous avez déjà vu un APN avec deux objectifs, vous ?). Il offre des quantités de réglages plus que suffisants pour notre bonheur à tous. Voyons donc cela de plus près.

L'ouverture des deux objectifs, avant et arrière, est de 1,7, ce qui permet de photographier et de filmer dans des conditions de basse luminosité.

Cibler le sujet principal

Lorsque vous visez avec l'appareil photo, la mise au point est automatiquement déterminée au centre de l'écran (ou plus exactement de l'objectif). Celle-ci sert en particulier à calculer la profondeur de champ, autrement dit la zone de netteté, en deçà et au-delà de laquelle l'image est plus ou moins floue.

Si vous voulez décentrer la mise au point, il vous suffit de toucher l'écran pour désigner le sujet que vous voulez mettre en valeur, puis de déclencher.

Une autre méthode consiste à viser un sujet, puis à toucher l'écran pour redéfinir le point de visée et maintenir le doigt appuyé. Un cercle bleu va s'afficher. Votre mise au point est maintenant verrouillée. Vous pouvez alors vous déplacer pour prendre le cliché, ce qui permet de créer des effets de flou personnalisés voire artistiques !

Effectuer une mise au point sélective

Une autre manière de jouer sur la profondeur de champ consiste à faire appel à la fonction de mise au point sélective. Pour cela, vous devez viser un sujet dans lequel certains éléments se trouvent à l'avant-plan (idéalement à moins de 50 cm de vous), et d'autres beaucoup plus loin.

Touchez le bouton Mode, puis le bouton Mise au point sélective. Ciblez, puis touchez l'élément sur lequel vous voulez faire la mise au point. Il ne vous reste plus qu'à déclencher. Affichez maintenant votre prise de vue. Vous pouvez constater qu'une petite icône apparaît au centre de l'image. Touchez-la. Votre Galaxy S7 vous permet alors de choisir un plan de netteté pour la mise au point (voir la Figure 9.2).

Figure 9.2 : Mettre au point, mais de manière sélective.

- Vous disposez de trois options pour la mise au point : proche (c'est le sujet au premier plan qui est net), loin (c'est le fond qui reste net) et panorama (tout le monde est net).
- Comment ce miracle est-il possible ? Tout simplement, votre Galaxy S7 ne fait qu'enregistrer plusieurs photos en même temps, et vous choisissez celle qui vous convient le mieux.

Choisir un mode de capture

Le bouton Mode propose divers réglages qui définissent la manière dont vos photos sont prises. Par défaut, un appui sur le déclencheur se traduit par l'enregistrement d'un cliché unique avec des réglages définis automatiquement. Pour changer de valeur, touchez le bouton Mode et sélectionnez un nouveau style (voir la partie gauche de la Figure 9.3) :

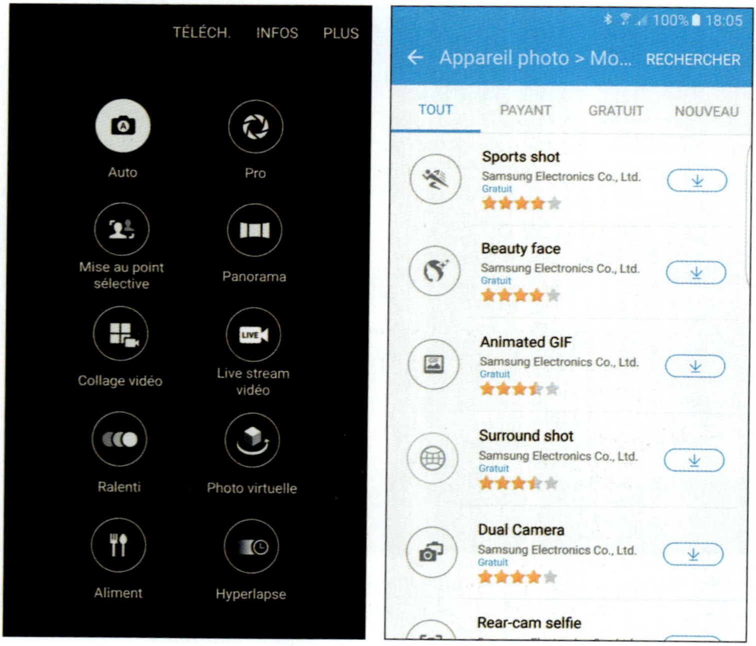

Figure 9.3 : Choisir un mode de capture ou en télécharger d'autres.

TRUC

Vous pouvez modifier l'ordre des modes de capture en faisant un appui long sur une des icônes et en la faisant glisser vers un nouvel emplacement. Le bouton Plus permet aussi de placer des raccourcis vers vos modes préférés sur l'écran d'accueil.

N'OUBLIEZ PAS

Certains des modes activent automatiquement le format 16:9e.

- **Auto :** c'est le mode par défaut. Vous prenez une seule photo en appliquant tous les réglages courants (voir plus loin).
- **Pro :** le Galaxy S7 dispose de multiples réglages. Pour vous simplifier l'existence, il se place de lui-même en mode Auto. En fait, l'immense majorité des utilisateurs s'en contente la plupart du temps… Pour les autres, le mode Pro offre une gamme étendue de réglages. Nous allons y revenir un peu plus loin.
- **Mise en point sélective :** c'est le mode qui est décrit dans la section précédente.
- **Panorama :** crée un panorama d'un simple appui sur le bouton de déclenchement. Vous visez une première extrémité du champ à capturer et vous touchez le déclencheur. Vous vous tournez ensuite lentement, et si possible parfaitement à l'horizontale (ou à la verticale). Le cadrage est signalé par un rectangle blanc épais. Chaque fois qu'une transition est détectée, une nouvelle photo est prise. Quand vous avez terminé, touchez à nouveau le déclencheur. L'application va « coller » toutes vos prises de vue pour ne plus en former qu'une seule. Le résultat est généralement convaincant.

  Un petit bouton affiché en haut de l'écran lorsque ce mode est activé vous permet de choisir entre image fixe et enregistrement vidéo.
- **Collage vidéo :** vous permet d'enregistrer quatre courtes séquences vidéo d'une durée maximale de six secondes. Il est ensuite possible d'ajouter un fond sonore prédéfini ou personnalisé ainsi que d'ajouter une marque de datation.
- **Live Stream vidéo :** filmez et diffusez immédiatement la vidéo sur votre chaîne YouTube !
- **Ralenti :** accélère la prise de vue des vidéos. Autrement dit, la visualisation se fera au ralenti sur tout ou partie du film. Nous y reviendrons dans la seconde partie de ce chapitre consacrée à la vidéo.

- **Photo virtuelle :** visez un objet (ou une personne), puis tournez autour lentement. Lorsque vous regardez ensuite le résultat, il se présente comme un petit film d'animation.
- **Aliment :** pour mettre un plat (ou tout objet à votre convenance) en valeur en l'entourant d'une zone plus sombre.
- **Hyperlapse :** filme un sujet en mouvement, puis ne retient qu'un nom limité d'image pour produire une vidéo en accéléré. Il est dommage que l'accéléré ne soit pas paramétrable (ce qui est possible dans d'autres applications).
- **Télécharger :** ce bouton vous permet d'installer quelques modes de prise de vue supplémentaires (et gratuits) sur le site marchand de Samsung. Les deux modes les plus intéressants sont les suivants :
  - **Surround shot :** c'est l'équivalent du fameux Photo Sphere de Google… Vous commencez par cadrer un premier cliché. Une fois l'analyse terminée, il ne vous reste plus qu'à tourner sur vous-même dans tous les sens de manière à aligner le viseur central avec les points blancs qui apparaissent. Tout le monde devient bleu, et un nouveau cliché est ajouté (voir la Figure 9.4). Surveillez en même temps la sphère affichée en bas et à gauche de l'écran. Une fois celle-ci remplie (au moins partiellement), votre smartphone va prendre un certain temps pour calculer le rendu final. Il ne vous reste plus qu'à ouvrir cette photo très particulière dans la galerie, puis à toucher le symbole de globe pour lancer un lecteur grâce auquel vous ferez défiler automatiquement ou manuellement votre panorama sphérique. Le résultat est spectaculaire, à condition toutefois d'accepter les défauts de raccord entre images.

TRUC

Vous pouvez aussi voyager dans votre panorama en faisant tourner le Galaxy S7.

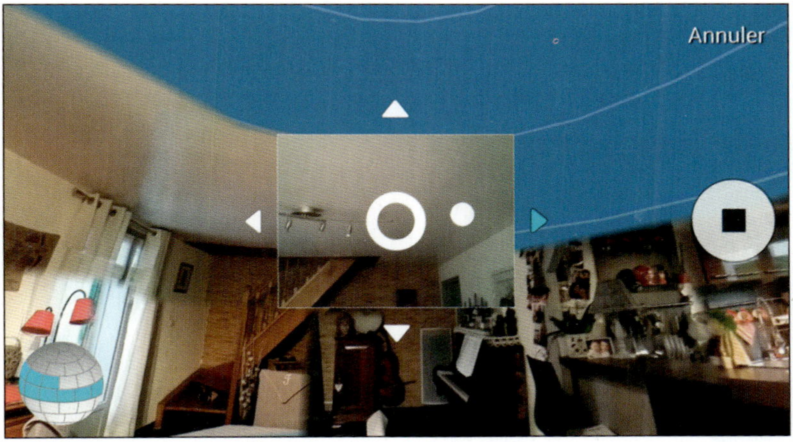

Figure 9.4 : Prendre une photo sphérique.

ATTENTION

La lecture d'un panoramique sur 360° (qui produit simplement un fichier JPEG classique) utilise une fonctionnalité spécifique de la Galerie. N'espérez donc pas en profiter en dehors de celle-ci !

- **Dual Camera :** pour le don de double vue, voyez un peu plus loin.

TRUC

Vous voulez faire preuve de discrétion ? Vous n'aimez pas le bruit du déclencheur ? Aucun problème : il vous suffit de passer en mode Silencieux ou Vibreur.

TRUC

Le mode Rafale est actif par défaut. Il suffit de laisser le doigt appuyé sur le bouton du déclencheur ou du bouton de volume, et vous pourrez prendre jusqu'à cent clichés d'affilée en un temps record ! « T'as vu la Formule 1 comment je l'ai eue nette ! ».

TRUC

Si vous voulez prendre une photographie avec le capteur avant, vous disposerez de moins d'options. Normal : vous êtes déjà très beau ou très belle, et il n'y a aucune raison d'en rajouter pour réaliser un superbe autoportrait. Pardon, *selfie*. En particulier, le bouton Mode propose une option spécifique : Selfie panorama (pour capturer plus de visages).

En touchant le petit bouton qui se trouve en bas et à droite de l'écran, vous activez plusieurs options qu'il est possible de configurer pour transformer un banal autoportrait en photo de mode (voir la Figure 9.5).

Figure 9.5 : Selfie, mais en mode beauté.

Ton riche (HDR) en temps réel

Cette technique (le *High Dynamic Range*) consiste à prendre une série de clichés d'un même sujet avec des expositions différentes. Un logiciel spécialisé permet ensuite de composer l'image finale en utilisant tous ces clichés pour obtenir une plage de couleurs très étendue afin de récupérer le maximum de détails dans les hautes comme dans les basses lumières.

Ici, c'est un peu un gadget, et en tout cas à prendre avec quelques pincettes. Pour faire bref, le bouton HDR de l'appareil photo peut donner effectivement des résultats convaincants si votre prise de vue comporte de forts contrastes, autrement dit des amplitudes élevées entre hautes et basses lumières. Sinon, le résultat est beaucoup moins évident, voire même dégradé, car cette fonction se traduit par un lissage assez important de l'image.

Effets spéciaux

Dans la liste des paramètres, le bouton Effets vous propose diverses manipulations pour donner un cachet particulier à vos clichés (voir la Figure 9.6). Touchez ce bouton, choisissez l'effet voulu et déclenchez.

Figure 9.6 : Choisissez un effet spécial.

N'OUBLIEZ PAS

Comme pour les modes, un bouton Télécharger permet d'installer de nouveaux effets spéciaux depuis la boutique de Samsung. Certains effets sont gratuits, d'autres payants. À vous de voir ce qui est susceptible de vous intéresser.

TRUC

D'autres effets sont à portée de doigt en affichant un cliché et en touchant le bouton Modifier. Certains sont intéressants, par exemple pour améliorer un portrait en gros plan. Pour le reste, fiez-vous à votre instinct…

Un don de double vue

Grâce au mode Dual Camera (à télécharger), il est possible d'activer en même temps les deux objectifs du Galaxy S7 de manière à superposer prises de vue arrière et frontale. Une façon de « signer » ses photos, surtout celles qui ont vocation à être partagées (voir la Figure 9.7).

Figure 9.7 : Coucou, c'est moi qui t'envoie la photo !

C'est très facile à faire :

1. **Touchez le bouton Modes de l'appareil photo, puis choisissez Dual Camera.**

2. **Touchez le bouton marqué d'un appareil photo, et choisissez le style de la vignette dans laquelle apparaît ce que voit la caméra frontale.**

3. **Cadrez la vignette sur vous.**

   Vous pouvez la toucher pour la faire glisser, ou encore la redimensionner à l'aide des quatre poignées blanches situées dans les coins du cadre.

4. **Déclenchez.**

5. **Revenez au choix du mode et réactivez l'option Auto (ou une autre).**

Utiliser le flash

Le flash du Galaxy S7 est indispensable si les conditions d'éclairement sont faibles, et à condition que le sujet principal ne soit pas trop éloigné. Le bouton correspondant propose trois options (touchez l'espèce d'éclair dans la barre des outils pour y accéder) :

- **Désactivé :** le flash est, comment dire… désactivé.
- **Activé :** le flash se déclenchera systématiquement, quelles que soient les conditions de prise de vue, ce qui peut être intéressant pour mettre en valeur un premier plan.
- **Auto :** vous laissez l'appareil décider lui-même s'il y a ou non besoin d'illuminer la scène. C'est généralement le bon choix à faire.

Le flash consomme beaucoup d'énergie. Évitez de l'utiliser à tout bout de champ, sinon votre batterie risque de vous lâcher juste avant le meilleur moment de la soirée !

Paramètres

Le premier paramètre à choisir, c'est bien entendu la résolution des images. Par défaut, les photos sont prises au format 4:3, dans une définition de 4032 x 3024 pixels. Même si plusieurs autres choix vous sont proposés, un seul devrait retenir votre choix, le 16:9e dans une définition de 4032 x 2268 pixels. Bien entendu, c'est une excellente option si vous voulez regarder vos photos sur votre téléviseur (et pensez alors à prendre vos clichés en format long, autrement dit paysage). Vous vous direz merci.

Le bouton Paramètres (la roue dentée) propose une série de réglages dont le contenu varie d'ailleurs très peu selon que vous utilisez l'objectif arrière ou l'objectif frontal (voir la Figure 9.8).

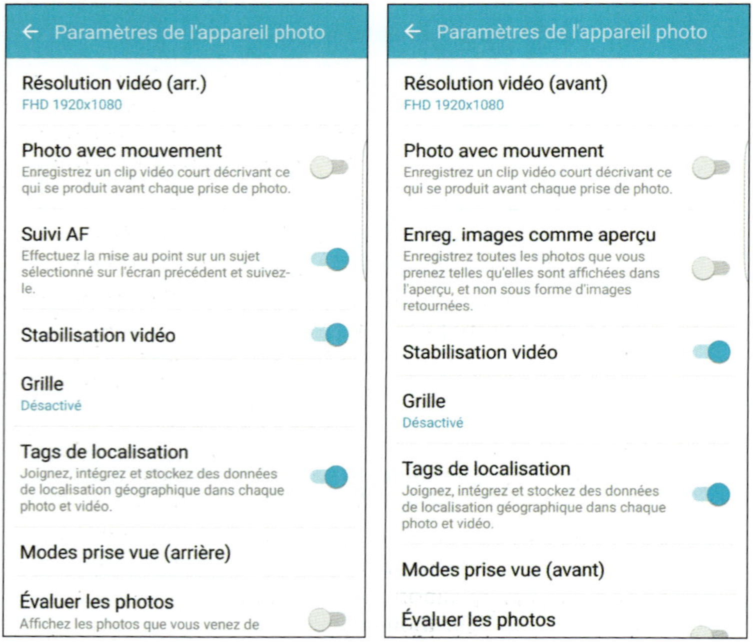

Figure 9.8 : Les paramètres de l'appareil photo.

Même si vous n'allez peut-être passer que très peu de temps dans ces réglages, voyons rapidement les principaux :

- **Résolution vidéo :** par défaut, votre Galaxy S7 filme en Full HD (1920 x 1080 pixels). Et c'est très bien ainsi. Ne changez cette résolution que si vous avez besoin de vous limiter, par exemple pour poster un clip sur le Web, ou au contraire élargir votre vision jusqu'à l'UHD si vous disposez d'un téléviseur 4K capable de relire vos films…

- **Photo avec mouvement :** enregistrer un court clip vidéo avant de prendre la photo. Dans la Galerie, l'image est associée à un petit bouton qui vous permet de visualiser le clip.
- **Suivi AF :** pour suivre un sujet en mouvement.
- **Stabilisation vidéo :** c'est une fonction classique des appareils photo modernes, mais ici réellement efficace. Elle atténue l'effet des mouvements du bras lorsque l'on filme. Mais elle est inapplicable dans les plus hautes résolutions vidéo, ce qui est un peu dommage quand on essaie de profiter du meilleur de ce que le Galaxy S7 a à offrir.
- **Grille :** affiche un quadrillage qui permet de cadrer un sujet selon la fameuse règle des peintres classiques.
- **Tags de localisation :** marque les fichiers d'image en fonction de votre position géographique au moment de la prise de vue. Bien entendu, la localisation doit être activée sur le Galaxy S7 pour que ce paramètre soit opérationnel.
- **Modes de prise de vue :** c'est pour commander l'appareil photo à la voix. Le mode Selfie (capteur avant) offre d'autres possibilités, comme la capture par appui sur l'écran, en passant la main au-dessus de l'appareil, ou encore en mettant un doigt sur le capteur cardiaque.
- **Évaluer les photos :** c'est pour ouvrir la Galerie après chaque prise de vue.
- **Lancement rapide :** active ou désactive l'ouverture de l'appareil photographique par un double appui sur le bouton Accueil.
- **Enreg. dans fichier RAW :** les fichiers RAW (bruts) sont le pain béni des professionnels. Ils nécessitent ensuite un traitement dans un logiciel spécialisé sur ordinateur. C'est donc juste trop compliqué pour nous.

- **Emplacement de stockage :** vous avez le choix entre la mémoire interne du smartphone et la carte SD. Je vous conseille d'utiliser cette dernière, dont vous ferez régulièrement une sauvegarde sur votre ordinateur. On n'est jamais trop prudent!
- **Touches de volume :** définit le rôle de ces touches pour qu'elles servent de déclencheur photo ou vidéo, ou encore de facteur de zoom.

Le mode Pro

Comme à peu près tout le monde, vous vous contentez des réglages par défaut de votre Galaxy S7. Et ils vous conviennent. Mais si vous vous sentez l'âme d'un pro (pourquoi alors lisez-vous ce livre?), vous allez activer le mode portant ce nom. Juste pour voir de quoi il retourne.

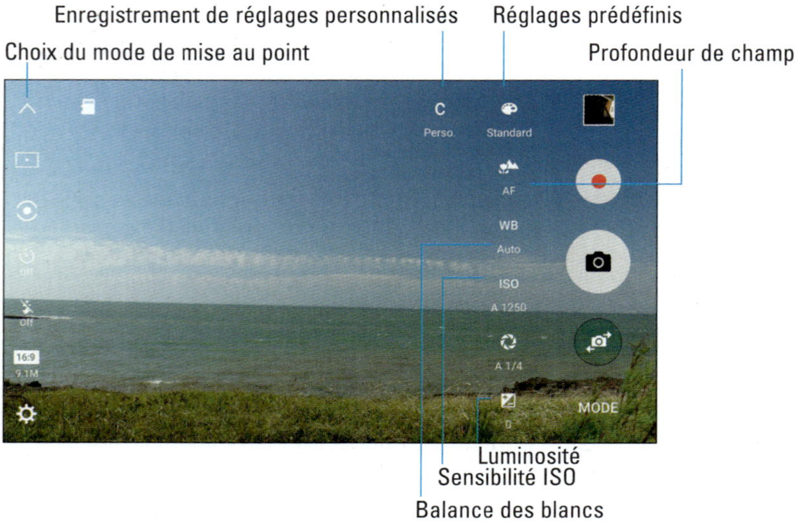

Figure 9.9 : Les réglages du mode Pro.

Quand vous activez le mode Pro, l'interface de l'appareil photo change. Comme l'illustre la Figure 9.9, vous disposez alors de réglages bien plus nombreux :

- **Type de mesure :** choisit la méthode utilisée pour la mise au point (pondérée, spot ou matricielle).
- **Réglages prédéfinis :** permet de sélectionner un ensemble de réglages prédéfinis ou personnalisés. Lorsqu'un ensemble de valeurs vous semble correspondre à vos besoins, vous pouvez l'enregistrer en touchant le bouton Perso. Chaque groupe de réglages peut être reconfiguré en touchant le bouton qui représente un crayon. Faites alors glisser un des paramètres pour ajuster la valeur correspondante.
- **Autofocus :** fait varier manuellement la distance de mise au point entre une position macro (la petite fleur) et l'infini (la montagne).
- **WB auto :** règle la balance des blancs. Vous disposez de six modes : Auto (le Galaxy S7 se débrouille tout seul), Soleil (dehors par beau temps), Nuages (dehors par temps couvert), Incandescent (en intérieur, avec un éclairage classique), Fluorescent (en intérieur, avec un éclairage de type froid) et K (vous réglez vous-même la température de couleur de 2300 à 10000 degrés Kelvin).
- **ISO :** détermine la sensibilité de la prise de vue, entre 50 et 800 ISO.

  TRUC

  Quand les conditions d'éclairement sont bonnes, il est préférable de régler la valeur ISO à 100 plutôt que de la laisser sur la valeur Auto. Si les conditions d'éclairement sont faibles, augmentez la sensibilité ISO. Mais attendez-vous alors à multiplier le grain de l'image dans des proportions importantes.
- **Vitesse :** la vitesse d'obturation peut être réglée de 1/24000 s (!) à 8 secondes.
- **Luminosité :** augmente ou réduit la sensibilité à l'éclairement. Une valeur négative assombrit l'image. Une valeur positive l'éclaircit. C'est un réglage à manier avec précaution.

N'OUBLIEZ PAS

Vous pouvez faire un zoom avant (jusqu'à 8 fois) ou arrière avec le geste classique écarter/pincer. Mais les zooms numériques trop poussés ne sont pratiquement jamais de bonne qualité (n'oubliez pas en même temps d'activer le stabilisateur). Il vaut mieux faire un cadrage un peu large puis rogner les bords de la photo. Tant pis si elle est un peu plus petite à l'arrivée (mais avec la résolution native de l'appareil, il y a de la marge !).

Macros

L'autofocus de l'objectif du Galaxy S7 est performant, y compris pour faire des prises de vue nettes d'un sujet en vous plaçant à quelques petits centimètres de celui-ci (voir la Figure 9.10). Il n'y a donc pas besoin d'une option de mode Macro spécifique.

Figure 9.10 : Prise de vue rapprochée.

N'OUBLIEZ PAS

Vous pouvez ajuster manuellement la distance de mise au point en activant le mode Pro.

Souriez, vous êtes filmé !

Votre Galaxy S7 est non seulement un appareil photo, mais aussi une caméra. Il vous suffit, pour devenir vidéaste, de configurer la résolution de prise de vue dans les paramètres, voire de vous limiter volontairement, par exemple si vous voulez joindre votre petit film à un message (voir la Figure 9.11).

Figure 9.11 : Filmer avec le Galaxy S7.

Touchez le gros bouton central, et c'est parti !

Silence, on filme

Quand vous voulez marquer un temps d'arrêt, touchez le bouton barré de deux traits pour mettre en pause. Pour reprendre, touchez le bouton marqué d'un carré. Pour arrêter de filmer, touchez le bouton frappé d'un carré. Si vous voulez prendre un cliché tout en continuant de filmer, touchez l'icône de l'appareil photo. C'est aussi simple que cela.

Vous pouvez zoomer tout en filmant en effectuant un geste écarter/pincer. Bien entendu, vous devez le faire en douceur pour que le résultat soit acceptable.

N'oubliez pas que les vidéos sont assez gourmandes. Et par conséquent, n'oubliez pas non plus de les transférer de temps à autre sur votre ordinateur ou sur un nuage Internet pour récupérer de la place en mémoire.

Le Galaxy S7 est un excellent appareil. Sur le plan de la photo et de la vidéo, c'est évident (d'autant que, par défaut, celle-ci est configurée en Full HD, c'est-à-dire 1920 x 1080 pixels, ce qui est tout simplement remarquable). Mais n'attendez tout de même pas des miracles pour l'enregistrement du son. Celui-ci ne peut évidemment pas être comparé avec un matériel dédié, possédant notamment un micro directionnel.

D'accord, le Galaxy S7 est aussi capable de filmer en mode UHD, c'est-à-dire Ultra Haute Définition, souvent appelé (par erreur) 4K. Soit 3840 x 2160 pixels au format 16:9e. Si vous avez la chance de posséder un téléviseur UHD, c'est le moment d'en profiter. Sinon, ce n'est peut-être pas la peine de vous faire du mal, et surtout de saturer très vite votre mémoire (comptez environ 350 Mo la minute d'enregistrement).

Dans les modes UHD, QHD et Full HD rapide (60 images par seconde pour de beaux ralentis), le stabilisateur vidéo est désactivé, de même que les clichés instantanés. Comme vous ne pouvez pas fixer le Galaxy S7 sur un pied, vous devrez faire très attention aux risques de bougé.

Dans les paramètres de l'appareil photo, l'option Suivi AF vous permet de faire la mise au point sur un certain sujet, puis de le suivre sans perdre cette mise au point.

Les vidéos sont enregistrées au format MP4, ce qui veut dire qu'elles sont lisibles sur à peu près n'importe quel appareil moderne.

Une vidéo qui vient d'être enregistrée est immédiatement visible en touchant l'image d'aperçu, sur le bord de l'écran. Vous pouvez donc la partager (si possible) ou l'envoyer en tant que pièce jointe, y compris dans un SMS. Dans ce cas, il vaut mieux sélectionner dans les paramètres d'enregistrement la résolution la plus basse possible.

TRUC

Lorsque vous visionnez une vidéo que vous venez de filmer, vous avez la possibilité de l'afficher en mode plein écran (en touchant le bouton affiché en bas et à gauche de l'écran) ou dans une fenêtre venant se superposer aux autres applications (en touchant le bouton affiché en bas et à droite de l'écran).

Configurer la vidéo

Vous avez beaucoup moins de choix que pour les photos, ce qui est après tout normal. Voyons donc rapidement cette question :

- **Choix de la caméra :** comme pour les photos, vous pouvez basculer entre l'objectif arrière et l'objectif frontal (le mode Autoportrait). « Je m'aime, toi non plus ».
- **Flash :** en mode Vidéo, le flash devient comme une lampe torche. C'est pratique, mais bien sûr extrêmement gourmand en énergie.
- **Mode d'enregistrement :** vous disposez surtout du mode Standard (Full HD par défaut, rappelons-le), mais vous pouvez aller de l'UHD au mode VGA (avec une résolution réduite au format 640 x 480 pixels) en passant par diverses résolutions. Sinon, il est aussi possible de filmer au ralenti ou en accéléré, pour le fun.

  ATTENTION

  Le mode UHD n'est pas disponible pour l'objectif frontal. Ce qui est logique, sa résolution étant limitée à 5 MP.

- **Effets spéciaux :** c'est exactement la même chose que pour les photographies, sauf en mode UHD.
- **Mode Pro :** vous pouvez activer le mode Pro et effectuer les réglages voulus avant de filmer, voire tout en filmant.

  N'OUBLIEZ PAS

  Le paramètre Balance des blancs détermine le rendu et l'équilibre des couleurs. Un réglage adapté peut faire toute la différence. Pour filmer par exemple en intérieur, choisissez Incandescent ou Fluorescent selon la nature de l'éclairage. Sinon, vos blancs risquent fort de prendre une tournure rouge/orangée très peu agréable.

Une galerie photos et vidéos

Photos, vidéos… C'est magnifique. Et après ? C'est votre affaire et celle de l'application Galerie. En fait, deux applications vous sont proposées : Galerie et Photos. La première est faite maison par Samsung, et la seconde est celle que Google veut promouvoir pour vous attacher solidement à ses espaces de stockage Internet. Dans ce qui suit, nous laisserons Photos de côté.

L'application Galerie, votre défilé de mode

Nous avons vu que, si vous demandez à visualiser une photo ou une vidéo que vous venez de prendre, vous accédez en fait à l'application Galerie. C'est le centre de stockage de votre Galaxy S7. Vous pouvez bien entendu y accéder directement depuis l'écran d'accueil ou la page Applis pour visualiser vos clichés, les partager sur Facebook, Google+ ou autre, les copier vers votre ordinateur (par exemple pour imprimer facilement vos photos) ou vers un nuage Internet quelconque, les afficher sur l'écran de votre téléviseur, et ainsi de suite.

ATTENTION

Accéder à l'application Galerie depuis votre appareil photo et depuis l'écran d'accueil ne donne pas le même résultat. Dans un cas, vous voyez uniquement les photos et les vidéos prises avec l'appareil. Dans l'autre, vous accédez à toutes les images disponibles sur ou *via* votre Galaxy S7. Et cela peut faire une énorme différence.

Lorsque vous ouvrez l'application Galerie, elle vous propose par défaut un classement par date de prise de vue. Mais vous pouvez toucher le bouton qui se trouve en haut et à gauche de l'écran pour choisir une autre présentation : Albums, disons pour simplifier des dossiers prédéfinis ou que vous créez depuis le bouton Plus, Événements (à définir manuellement), ou encore Catégories, celles-ci n'étant pas modifiables (voir la Figure 9.12).

TRUC

Vous pouvez agrandir ou rétrécir la taille des vignettes d'aperçu grâce à la gestuelle écarter/pincer.

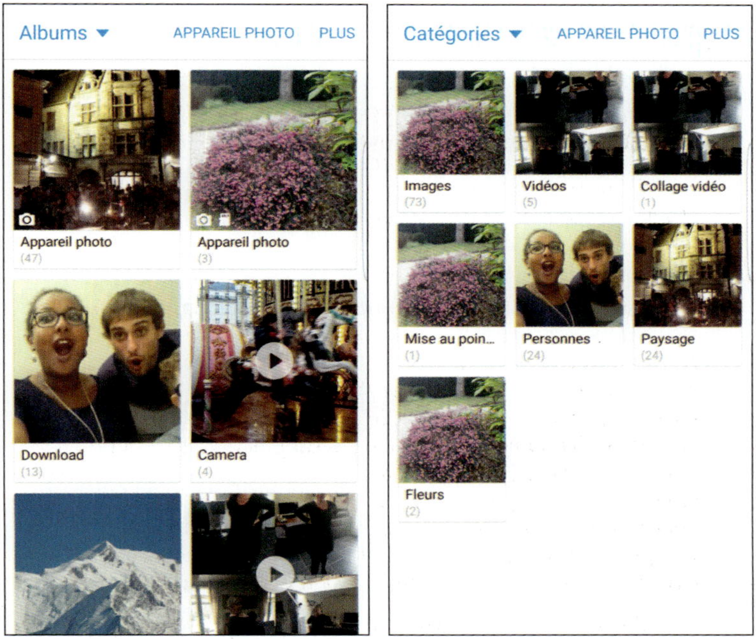

Figure 9.12 : L'application Galerie.

Les photos et vidéos sont stockées par défaut dans un sous-dossier appelé Camera. Il se trouve sous le classique dossier DCIM (dans la mémoire interne et/ou sur la carte Micro SD). Les images sont au format JPEG et les vidéos au format MP4.

Si vous voulez visualiser des photos stockées sur un nuage Internet, ouvrez l'application correspondante pour les retrouver. Sur le versant Google, Photos vous donne naturellement accès au contenu enregistré sur Drive.

Afficher des photos ou des vidéos dans Galerie

Suivez ces étapes :

1. **Touchez par exemple la vignette qui correspond à l'album que vous voulez regarder (si nécessaire, effleurez l'écran pour faire glisser les vignettes vers le haut ou vers le bas, ou bien vers la gauche ou vers la droite).**

   Le contenu de l'album s'affiche.

   Le mode Date affiche toutes les photos dans un ordre chronologique. Il vous suffit donc de faire défiler la page pour retrouver ce que vous voulez afficher.

   Si vous avez une importante collection de photos, retrouver un certain cliché peut être difficile. Dans ce cas, touchez le bouton Plus puis l'option Rechercher. Vous pouvez alors saisir un critère de date, de catégorie, d'événement ou de localisation (encore faut-il que celle-ci soit activée).

2. **Touchez la vignette de la photo (ou de la vidéo) que vous voulez regarder.**

   Les vidéos disposent d'un bouton de lecture qui lance par défaut l'application maison Lecteur vidéo.

3. **Orientez l'écran dans le sens qui convient le mieux.**

   N'oubliez pas si nécessaire d'activer la rotation automatique dans la barre des notifications.

4. **Faites défiler les photos en effleurant l'écran vers la gauche ou vers la droite.**

5. **Agrandissez ou réduisez la taille de l'image affichée avec deux doigts, selon le classique mouvement pincer/écarter. Pour accéder au reste de l'image lors d'un zoom, effleurez l'écran dans toutes les directions.**

   Vous pouvez aussi tapoter deux fois sur l'écran pour effectuer un agrandissement de l'image, ou inversement revenir à l'image initiale.

TRUC

Pour revenir à la galerie, appuyez une ou deux fois sur la touche Retour du smartphone.

C'est tout simple !

Gérer les albums

Nous avons vu un peu plus haut que l'application Galerie propose quelques albums par défaut (ce sont en fait des dossiers du Galaxy S7), et qu'il est aussi possible de choisir une présentation par date ou selon un certain filtrage.

Mais, dans ce mode de présentation, vous pouvez aussi gérer vos propres albums. Pour cela :

1. **Dans la vue Albums, touchez le bouton Plus, puis Créer un album.**
2. **Choisissez un emplacement, donnez un nom à votre nouvel album, puis touchez le bouton Créer.**
3. **Sélectionnez maintenant les photos que vous voulez ajouter à votre album. Pour cela, touchez les vignettes voulues pour les cocher, ou les décocher en cas d'erreur (voir la Figure 9.13).**
4. **Quand vous êtes satisfait de vos choix, touchez simplement le bouton Terminé.**
5. **L'application Galerie va vous demander si vous voulez copier ou déplacer les éléments sélectionnés. Touchez le bouton correspondant à ce que vous voulez faire.**

ATTENTION

Une copie duplique les photos, et donc consomme une certaine quantité de place en mémoire. Attention à la saturation !

Votre nouvel album apparaît dans la liste. En réalité, vous venez tout simplement de créer un dossier supplémentaire sous DCIM.

TRUC

Pour supprimer un album personnalisé, touchez le bouton Plus, puis Modifier. Cochez le ou les albums à effacer, puis touchez le bouton Supprimer. Confirmer l'opération.

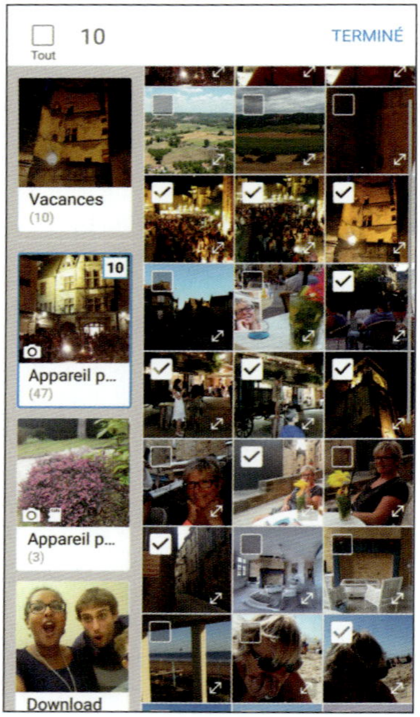

Figure 9.13 : Remplir un nouvel album.

Cet assassinat collectif peut être violent. Faites preuve de la plus grande prudence. Le mieux est sans doute de gérer le contenu de vos albums à partir de votre ordinateur.

Vous pouvez aussi vous amuser avec les options proposées par le bouton Plus afin de faire un collage à partir d'une série de photos, ou encore d'enchaîner celles-ci pour réaliser une petite animation.

La fonction Collage, plutôt amusante, permet de réaliser un montage de plusieurs photos (jusqu'à six) en choisissant une disposition, un effet de bordure et d'arrière-plan. Pour changer, recadrer ou appliquer un effet à une photo individuelle, touchez la vignette correspondante (voir la Figure 9.14). Vous pouvez aussi changer la place des images en les faisant glisser vers un autre emplacement.

Figure 9.14 : Créer un photomontage.

Travailler avec les images

Vous savez comment afficher, partager ou encore supprimer des photos en général. Lorsqu'une photo particulière est affichée, le bouton Plus vous donne accès à des fonctions supplémentaires :

- **Rotation :** fait pivoter la photo dans le sens indiqué.
- **Détails :** affiche des informations sur la photo ou la vidéo actuellement sélectionnée.
- **Diaporama :** affiche en séquence les images de l'album courant. Le bouton Param. Diaporama vous donne accès à quelques options : le choix d'un effet de transition (Circulation, c'est-à-dire enchaînement en séquence),

Fondu, Zoom avant et Mélange aléatoire, ainsi que le délai d'affichage entre deux images (une, trois ou cinq secondes).

Pour arrêter le diaporama, il suffit de toucher l'écran.

- **Définir pour contact :** les contacts sont étudiés dans le Chapitre 5.
- **Définir en fond d'écran :** pour en savoir plus sur les fonds d'écran, reportez-vous au Chapitre 14.

Lorsque vous affichez une photo, quatre boutons sont présents en bas de l'écran. Nous allons revenir sur le bouton Modifier dans la prochaine section. Notez simplement que l'ajustement automatique mérite d'être essayé, en particulier dans le cas d'images qui ont besoin d'être « réchauffées ».

Retoucher les photographies

Lorsque vous affichez une photo, le bouton Modifier vous donne accès aux fonctions de retouche de la galerie. Passons-les rapidement en revue :

Pour juger de l'impact d'un réglage, faites un appui long sur l'écran pour voir votre photo « avant/après ».

- **Ajustement :** pour faire pivoter, rogner ou redimensionner l'image (voir la Figure 9.15). Il est possible de jouer sur le cadrage en faisant glisser les coins du quadrillage, ou en choisissant un format prédéfini. Touchez le bouton Appliquer (ou Annuler) pour terminer.
  - **Ton :** pour ajuster la luminosité, le contraste, la saturation, la teinte ou encore la température de couleur. Effleurez l'écran vers la gauche ou vers la droite pour une modification rapide, ou bien vers le haut ou vers le bas pour un changement plus fin des valeurs.
  - **Effet :** propose une série de 22 effets spéciaux, au demeurant très classiques. Le dosage s'effectue simplement en faisant glisser un curseur. Vous pouvez aussi passer d'un effet à un autre en effleurant l'écran vers la gauche ou vers la droite. Si vous tirez la liste

des effets vers la droite, vous trouverez un bouton Gestionnaire d'effets qui vous permet de désactiver les modes dont vous ne vous servez pas. Voyez aussi ce que vous propose le bouton de téléchargement.

Figure 9.15 : Ajuster une photographie.

- **Portrait :** permet d'appliquer quelques effets spéciaux à une photographie dans laquelle un ou plusieurs visages sont détectés (voir la Figure 9.16). Là encore, vous choisissez l'outil, puis vous effleurez l'écran pour amplifier ou atténuer l'effet.

ATTENTION

Les effets de portrait sont cumulatifs. Autrement dit, si vous amincissez par exemple un visage, puis que vous choisissez de l'éclairer et que vous revenez à l'amincissement, vous allez amplifier celui-ci, ce qui peut conduire à des résultats assez étranges…

- **Dessin :** ce mode est plutôt destiné au travail avec un stylet qu'avec le doigt, et par conséquent pas très adapté au Galaxy S7…
- **Ajouter image :** c'est pour faire un peu de photo montage, sans prétention.

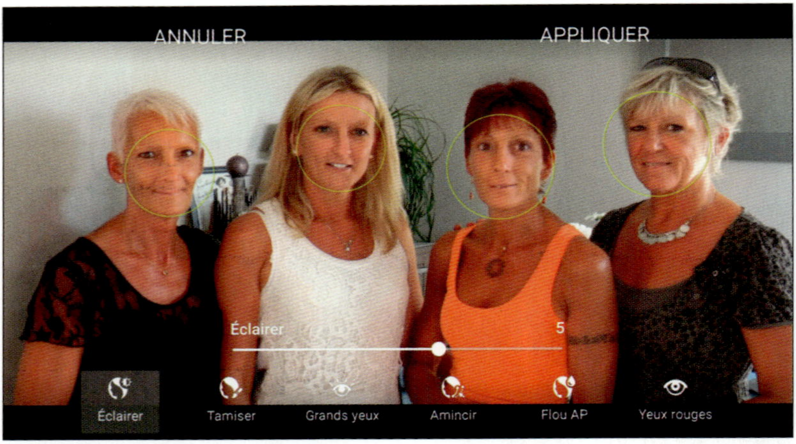

Figure 9.16 : L'effet Portrait.

Amusez-vous avec les options de retouche de la Galerie. Mais comme il existe de bien meilleures applications de retouche tout autant gratuites sur Play Store, voyez plutôt à ce sujet le Chapitre 8.

Éditer les vidéos

Les vidéos elles aussi peuvent être éditées, du moins dans certaines limites (voir la Figure 9.17).

Vous disposez des fonctions suivantes :

- **Rogner :** c'est pour raccourcir une vidéo. Faites glisser le curseur temporel pour ajuster la longueur du film (reportez-vous à la Figure 9.17). Touchez ensuite le bouton Exporter pour enregistrer la vidéo dans un nouveau fichier.
- **Effet :** appliquez un des effets disponibles, comme pour les photographies.
- **Audio :** ajuster le niveau sonore de l'enregistrement, et/ou ajouter un fond musical dont vous pouvez régler le volume.

- **Éditeur de vidéos :** c'est pour télécharger une application supplémentaire plus évoluée.

Si ces outils vous suffisent, par exemple pour envoyer immédiatement une courte vidéo, tant mieux. Sinon, il est évidemment préférable d'avoir à disposition une application un peu plus sophistiquée sur son ordinateur…

Figure 9.17 : Éditer une vidéo.

Partager des photos et des vidéos (Acte 2)

Nous avons vu au début de ce chapitre divers moyens de partager des photos (et bien sûr aussi des vidéos). Revenons maintenant sur le sujet, mais d'une autre manière. En effet, votre Galaxy S7 est aussi capable de faire office de serveur multimédia (sans doute pas le meilleur qui soit, mais autant savoir comment procéder).

Suivez ces étapes :

1. **Allumez votre téléviseur connecté (ou tout autre dispositif reconnaissable).**
2. **Ouvrez la barre des notifications, puis touchez le bouton Connexion rapide.**
3. **Une fois votre appareil reconnu, touchez la ligne correspondante, puis choisissez l'une des options proposées.**

La fonction Connexion rapide autorise bien d'autres échanges, par exemple avec un ordinateur, une tablette ou un autre smartphone. La condition *sine qua non* est que l'autre dispositif soit accessible en Wi-Fi ou en Wi-Fi Direct.

L'opération peut ne pas être fructueuse (ou simplement performante) selon l'appareil et l'application utilisés. Et y compris, entre certains modèles Samsung…

Voyez aussi le Chapitre 15 pour plus d'informations à ce sujet.

10

Quand la musique est bonne (et le reste aussi)

Dans ce chapitre :

- Votre Galaxy S7 et le multimédia
- Écouter une chanson
- Copier de la musique depuis son ordinateur
- Acheter de la musique
- Organiser sa musique en listes de lecture
- Acheter, charger et regarder des vidéos
- Acheter, charger et lire des livres

Votre Galaxy S7 peut faire de la musique. Attention, je ne parle pas ici de la note qu'émet un téléphone fixe quand vous le décrochez, et cela juste avant de composer un numéro. Je ne parle pas non plus des sonneries diverses et variées qui firent leur apparition à la fin des années 1970. Non! Je parle d'un téléphone qui, aujourd'hui, fait office de lecteur MP3, d'écran vidéo, de liseuse ou encore de radio en ligne. Non seulement votre smartphone est capable de diffuser tout cela, mais il met en plus à votre disposition des fonctions de gestion de vos bibliothèques.

Pour autant, profiter au maximum de toutes ces merveilleuses choses audio et vidéo peut nécessiter un peu d'investissement dans du matériel supplémentaire. C'est par là que nous allons commencer.

Le Galaxy S7 et les équipements pour le multimédia

Écouter, voir… En fait, vous avez déjà tout ce qu'il faut : des haut-parleurs, un écran Full HD, et même des écouteurs fournis dans la boîte.

Mais vous pouvez parfaitement avoir envie d'aller plus loin et de vous équiper d'accessoires encore plus sophistiqués. Voyons donc cela de plus près.

Choisir des écouteurs ou un casque

Il existe deux types d'écouteurs ou de casques audio : avec un fil, ou sans fil. Les premiers se branchent tout seuls. Les seconds doivent être connectés, *appariés*, mais sont aussi alimentés par une batterie et doivent donc être rechargés. Et, bien sûr, les prix ne sont pas les mêmes.

Avec un fil à la patte

Sur la tranche inférieure du Galaxy S7, vous trouvez sur la gauche une petite ouverture ronde. C'est le jack audio dans lequel vous pouvez insérer (à fond) des écouteurs ou un casque.

Une fois les écouteurs en place, tout le son passe automatiquement et par défaut par eux. Vos voisins dans le métro ou dans le bus vous diront merci !

TRUC

Voyez si votre budget vous permet d'investir dans un casque plus haut de gamme. Après tout, la qualité de restitution sonore du Galaxy S7 est vraiment bonne, puisqu'il est capable de diffuser de la musique enregistrée en haute définition !

Personnellement, je déteste les petits écouteurs fournis avec les téléphones. Je les trouve désagréables à porter, peu stables et salissants. Un casque léger et discret me semble donc être un bon investissement, et on en trouve de bonne qualité à des prix très raisonnables. De surcroît, c'est très tendance.

Vous ne voulez ni l'un ni l'autre ? Regardez alors du côté des systèmes qui disposent d'un support venant reposer sur le cou, pour soulager les oreilles, ou qui viennent se pincer sur celles-ci.

Ces écouteurs (ou ce casque) peuvent également faire office de kit piéton. Mais vous aurez tout de même besoin du micro de votre téléphone pour parler, et c'est également une configuration totalement inadaptée pour la voiture (et de plus illégale et dangereuse).

Sans fil à la patte

Si vous n'aimez pas les fils, vous allez chercher du côté des casques Bluetooth. La plupart des modèles n'ont qu'une oreillette, avec ou sans micro incorporé, et sont destinés à ceux qui téléphonent beaucoup et partout. Pour la musique, il faut bien sûr s'intéresser aux modèles stéréo.

L'association entre un casque Bluetooth et votre Galaxy S7 est très simple : vous mettez en marche, les deux appareils se détectent, vous acceptez la prise en charge du casque sur le téléphone, et c'est parti.

N'oubliez pas qu'un casque Bluetooth, c'est un équipement de plus à recharger !

Se brancher sur une chaîne Hi-Fi ou des enceintes

Comme la qualité audio du Galaxy S7 est assez proche de celle d'un lecteur de CD, vous pouvez aussi envisager de le brancher sur votre chaîne Hi-Fi, votre système de *Home Cinema* ou encore sur des enceintes indépendantes.

Avec un fil à la patte

Comme pour les écouteurs, la méthode la plus courante consiste à disposer d'un câble ayant d'un côté une fiche à insérer dans la prise jack du téléphone, et de l'autre deux fiches de type cinch pour les canaux audio à brancher sur le dispositif de lecture.

ATTENTION

Si le câble possède une troisième fiche jaune, sachez que celle-ci est réservée aux signaux vidéo. Oubliez-la.

Une fois le branchement effectué, vous pouvez lancer la musique sur votre smartphone. Le son sera automatiquement transmis à votre chaîne.

Sans fil à la patte

C'est exactement le même principe que pour un casque audio, sauf que vous devez cette fois faire l'acquisition d'enceintes Bluetooth.

TRUC

Choisissez de préférence des enceintes facilement transportables, ce qui permet de poser le smartphone quelque part, et de se déplacer dans une autre pièce tout en continuant d'écouter la musique (ou la radio). Mais il ne faut pas oublier que la portée du Bluetooth est relativement limitée.

Se brancher sur la télé ?

C'est possible, car le Galaxy S7 est compatible avec la norme dite MHL (c'est pourquoi le petit connecteur USB fourni avec l'appareil permet par exemple de lire une clé USB). Il vous suffit d'acheter un câble MHL (doté d'un côté d'une sortie micro USB et de l'autre d'une prise HDMI) pour profiter du spectacle sur grand écran.

Vous êtes également en réseau et votre box est pleinement opérationnelle. Les contenus de votre smartphone sont donc accessibles à distance grâce au Wi-Fi. Encore faut-il que votre téléviseur ou votre chaîne *Home Cinema* soit compatible (le Bluetooth, c'est aussi possible).

Pour juger des solutions dont vous disposez, ou non, voyez le mode d'emploi de vos équipements. En particulier, testez depuis la barre des notifications le bouton Connexion rapide afin de voir si le Galaxy S7 reconnaît votre équipement. Si c'est le cas, vous pourrez facilement projeter vos photos ou vos vidéos (depuis l'option Partager), et même votre musique (mais vous devrez peut-être installer une application supplémentaire).

Des tubes à portée d'oreilles

Votre Galaxy S7 dispose de tout ce qu'il faut pour combler vos loisirs audiophiles. Pour cela, connectez un casque ou des oreillettes à votre portable, démarrez l'application Play Musique, et choisissez la chanson à écouter. Si personne ne vous téléphone, vous aurez vraiment l'impression d'utiliser un lecteur MP3.

Si Play Musique est la centrale musicale par défaut d'Android, ce n'est évidemment pas la seule, vous trouverez sur Play Store de nombreuses applications dédiées à l'écoute musicale, à la lecture de vidéos ou encore à celle de livres électroniques. En dehors de tout critère de qualité, il y a une différence majeure : c'est que Google, lui, veut vous vendre des titres et des albums, des films ou encore des livres…

Parcourir la bibliothèque des musiques

L'application Play Musique est le quartier général de vos musiques. Pour la démarrer, touchez son icône dans le panneau Applis ou celle du raccourci placée sur l'écran d'accueil (normalement dans le dossier Google).

Une fois passée l'incitation tentatrice de la boutique de vente en ligne de Google, la Figure 10.1 illustre la page principale de Play Musique.

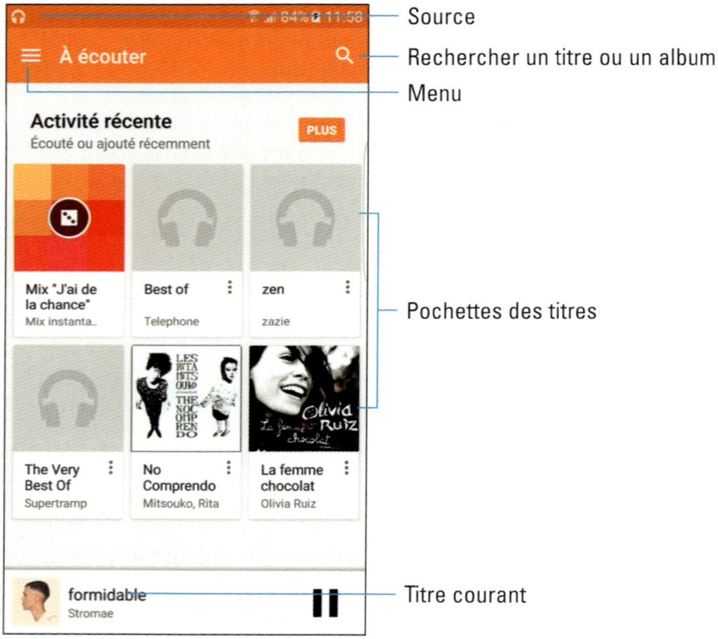

Figure 10.1 : La bibliothèque des musiques.

ATTENTION

Quand elle le peut, Play Musique affiche une image des albums que vous avez enregistrés ou achetés. Sinon, elle affiche à la place un cadre grisé.

Si vous touchez le bouton des options principales, en haut et à gauche de l'écran, puis le lien Bibliothèque musicale, vous constaterez que Play Musique organise vos titres selon différentes catégories : artistes, albums, titres ou genres. Bien entendu, ce classement est basé sur l'organisation de vos fichiers musicaux, les données contenues dans ces fichiers ainsi que sur ce que Play Musique est capable de détecter tout seul.

Ces catégories permettent d'organiser la musique. Vous retrouvez ainsi facilement une chanson quand vous ne connaissez plus le nom d'un album ou d'un artiste.

- La musique est stockée dans la mémoire interne du smartphone ou sur la carte Micros SD.
- La capacité de stockage limite le nombre de titres installés dans votre téléphone.
- Lorsque votre smartphone ne parvient pas à identifier un artiste, il applique la mention Artiste Inconnu. Cela arrive généralement quand vous copiez manuellement des titres sur votre Galaxy S7. La musique que vous achetez, que vous importez, ou que vous synchronisez avec un ordinateur contient généralement des informations sur l'artiste et l'album.

Comme votre Galaxy S7 est peut-être encore vierge de toute musique, voyons de plus près comment installer votre propre bibliothèque et comment acheter des titres ou des albums en ligne.

En avant la musique !

Vous avez bien compris que Play Musique sert d'interface non seulement vers votre collection musicale, mais aussi (et surtout ?) vers la boutique en ligne Play Store. Cette application vous permet d'écouter vos contenus musicaux et audio dans de bonnes conditions.

TRUC

La méthode d'installation de fichiers musicaux décrite dans la section qui suit vaut tout aussi bien pour tout autre type de fichier : vidéo, images, documents de travail, et ainsi de suite.

Copier de la musique depuis son ordinateur

Comment remplir votre smartphone de bonnes et belles musiques ? La première méthode consiste à y copier tout ou partie de votre audiothèque personnelle depuis votre ordinateur ou depuis un disque externe relié à celui-ci :

1. **Reliez le câble fourni avec votre Galaxy S7 à un port USB de votre ordinateur.**
2. **Déroulez la barre des notifications et regardez la ligne qui indique Connecté. Si vous lisez Connecté en tant que périphérique multimédia, c'est bon. Sinon, touchez la**

ligne de connexion et choisissez l'option Transfert des fichiers média. Touchez ensuite le bouton Accueil.

Sinon, votre smartphone risque d'être pris pour un simple appareil photo, ce qui ne vous aidera pas pour la musique.

3. **Ouvrez l'Explorateur Windows et repérez l'icône de votre Galaxy S7. Double-cliquez dessus pour l'ouvrir.**
4. **Double-cliquez sur l'icône Phone (c'est donc votre téléphone), ou bien sur l'icône Card (c'est la carte Micro SD).**
5. **Si vous voyez un dossier appelé Music, double-cliquez dessus pour l'ouvrir.**

   Sinon, créez ce dossier, exactement comme vous le feriez sur votre disque dur.
6. **Ouvrez dans une nouvelle fenêtre le dossier ou l'unité de disque qui contient votre bibliothèque musicale. Commencez votre sélection d'albums ou de titres, puis choisissez la commande Copier.**
7. **Revenez au dossier Music de la mémoire du Galaxy S7, puis choisissez la commande Coller.**

   N'OUBLIEZ PAS

   Cette méthode est non seulement simple, mais c'est aussi de loin la plus rapide.
8. **Si une fenêtre vous demande de confirmer la copie, cochez la case Faire ceci pour tous les fichiers et cliquez sur Oui.**
9. **Recommencez les Étapes 5 à 7 autant de fois que nécessaire.**

Vous pourrez plus tard reprendre ces étapes pour compléter votre collection, mais aussi pour supprimer ce dont vous ne voulez plus.

TRUC

En organisant bien votre collection musicale dans des séries de sous-dossiers classés par artiste et par album, vous faciliterez votre existence de mélomane.

ATTENTION

La mémoire de votre smartphone est limitée. N'espérez tout de même pas y copier des centaines et des centaines d'albums entiers ! Où stockeriez-vous ensuite toutes vos vidéos ? C'est pourquoi disposer d'une carte Micro SD d'une belle taille s'impose.

Accéder à la musique sans câble

Vous, ou quelqu'un d'autre, avez stocké de la musique que vous avez envie de récupérer, mais seuls le Wi-Fi et/ou le Bluetooth sont disponibles. Vous voulez donc effectuer un transfert sans fil. Voyons rapidement différents cas possibles :

- **Appareils accessibles en réseau ou en Wi-Fi :** il vous faut pour cela disposer d'un gestionnaire de fichiers capable de retrouver les disques, dossiers et contenus partagés sur votre réseau. Malheureusement, le Galaxy S7 n'est pas tellement disposé à vous aider, du moins directement (sauf pour ce qui concerne votre espace de stockage sur le nuage Internet, Google Drive en l'occurrence). Je vous conseille donc d'installer depuis Play Store un gestionnaire de fichiers plus évolué, en l'occurrence ES Explorateur de fichiers (rassurez-vous, il est gratuit). Il vous suffit dans cette appli de toucher le bouton (les trois barres, en haut et à gauche de l'écran), puis de choisir Réseau et enfin Scanner. C'est tout. Au bout de quelques instants, la liste des appareils accessibles sur votre réseau local va apparaître. Il ne vous reste plus qu'à localiser puis ouvrir le dossier qui contient les titres que vous voudriez recopier. Faites un appui long sur un premier élément pour passer en mode Sélection. Cochez les titres qui vous intéressent. Quand c'est fait, touchez le bouton Plus, en bas et à droite de l'écran. Choisissez la commande Copier vers, puis le dossier de destination sur votre Galaxy S7, disons le dossier Music (voir la Figure 10.2). C'est parti pour la copie !

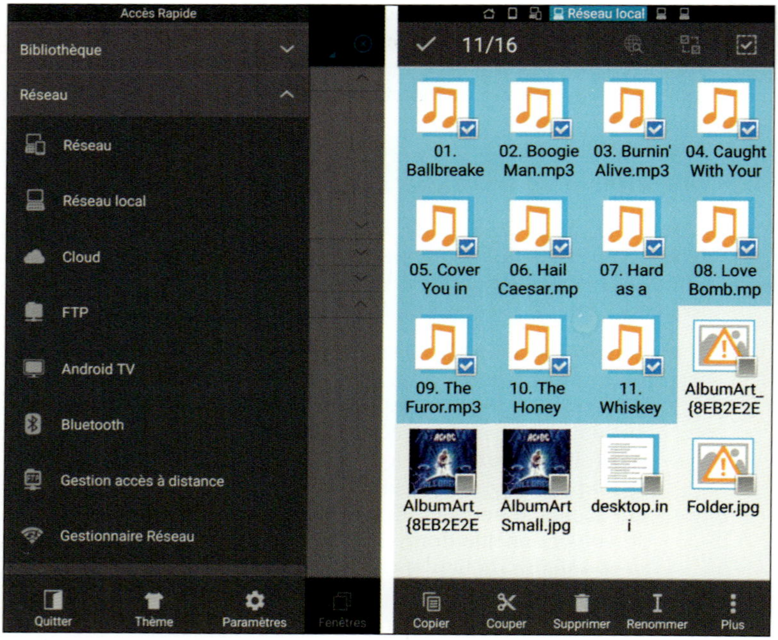

Figure 10.2 : Copier de la musique en réseau vers le Galaxy S7.

TRUC

Bien entendu, vous pouvez de cette manière copier n'importe quel type de fichier, et même des dossiers entiers (ce qui est évidemment bien préférable pour la musique) vers ou depuis votre Galaxy S7.

Pour écouter un titre, il vous suffit de le toucher, puis de choisir éventuellement l'application avec laquelle vous voulez l'écouter.

TRUC

Une fois la musique stockée dans le Galaxy S7, vous pouvez également faire appel à l'application maison Mes fichiers (bouton Applis, puis dossier Samsung). Touchez la catégorie Audio pour voir son contenu (malheureusement, il est affiché en vrac, uniquement dans l'ordre alphabétique des titres).

TRUC

Comme l'illustre la Figure 10.3, Mes fichiers vous permet aussi de sélectionner des morceaux pour les supprimer, les copier, les déplacer, ou encore en afficher quelques détails plus ou moins utiles.

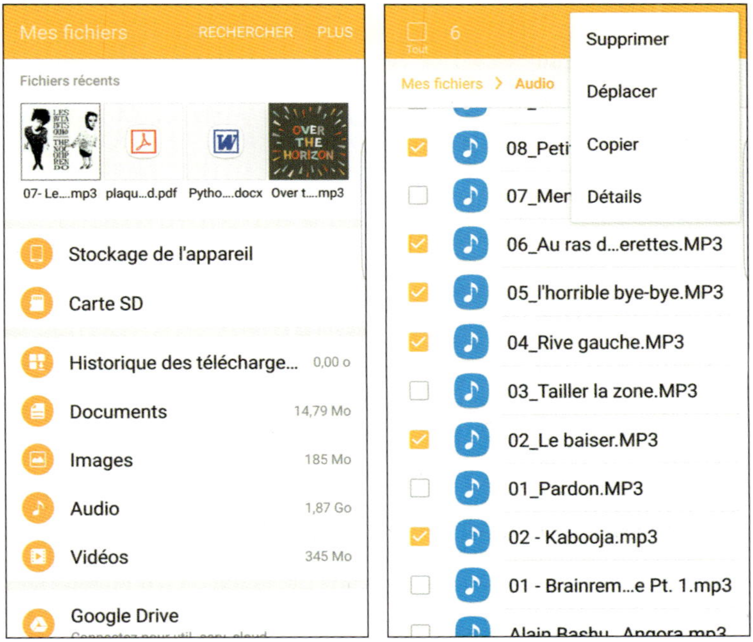

Figure 10.3 : Gérer ses titres musicaux (ou ses fichiers en général).

- **Appareils disponibles en Bluetooth ou NFC :** une fois vos smartphones/tablettes ou autres équipements appairés, vous pouvez faire un appui long sur un titre (ou effectuer une sélection multiple), puis choisir Partager, Bluetooth et enfin sélectionner l'appareil qui va recevoir le fichier (en l'occurrence votre smartphone préféré, bien sûr). Acceptez sur celui-ci la réception du morceau, et c'est parti. Une autre possibilité consiste à choisir le mode Android Beam. Il vous suffit alors de placer votre Galaxy S7 dos à dos avec un autre appareil disposant également d'une puce dite NFC (celle qui vous permet de payer par contact direct), puis de toucher l'écran pour démarrer le transfert.

- **Chargement depuis le nuage Internet :** si vos fichiers sont stockés sur un nuage Internet quelconque, il vous suffit d'ouvrir l'application correspondante sur votre smartphone (par défaut, puisque vous avez un Compte Gmail, vous disposez également d'un espace de stockage sur Drive, le bébé de Google, mais Dropbox, par exemple, c'est très bien aussi). Il vous suffit alors de sélectionner ce que vous voulez copier, puis de choisir une option du genre Télécharger, Partager ou encore Exporter.

TRUC

Un fichier musical (ou une photo, ou un autre type de fichier reconnu par au moins une application) n'a pas nécessairement besoin d'être recopié sur votre Galaxy S7 pour être ouvert. Vous pouvez le lancer directement en streaming, c'est-à-dire en le lisant depuis un périphérique de stockage réseau ou depuis Internet. Bien entendu, la méthode Internet consomme des données, et donc potentiellement du forfait si vous n'êtes pas en Wi-Fi.

TRUC

De nos jours, disposer d'un espace de stockage gratuit sur Internet est facile, et même intégré. Envoyer des fichiers sur ce nuage, puis communiquer à ses correspondants un lien pour le téléchargement est bien plus simple et efficace que l'utilisation de pièces jointes dans un e-mail. En effet, vous ne transférez qu'une seule fois le fichier (placer un simple lien dans un message ne coûte rien), et les destinataires ne sont pas encombrés avec des pièces jointes qu'ils n'ont peut-être pas envie de télécharger…

Acheter de la musique

C'est la méthode légale pour se procurer des albums ou simplement des titres. Des géants comme Amazon, Google, Fnac, Virgin, Deezer, Qobuz et autres ont des catalogues énormes. Et les prix sont, du fait de la concurrence, pratiquement les mêmes partout.

N'OUBLIEZ PAS

Les titres individuels sont généralement vendus entre 0,99 € et 1,29 €. Le prix des albums tourne en moyenne autour de 9 ou 10 €, à plus ou moins 3 € et hors promotions. Et on trouve même parfois des titres ou des albums gratuits.

La méthode d'accès peut légèrement varier, mais le principe est pratiquement le même partout. En particulier, l'opération peut généralement être réalisée depuis votre ordinateur, tout en vous permettant d'accéder à vos achats/téléchargements sur tous vos appareils connectés.

Pour ce qui suit, nous allons prendre en exemple la boutique Play Store (mais vous pouvez tout aussi bien installer par exemple l'application d'Amazon pour acheter votre musique en ligne).

Suivez donc ces étapes :

1. **Ouvrez l'application Play Store, et touchez le bouton Menu, puis Musique.**

   Souvenez-vous que vous pouvez réaliser la même opération sur votre ordinateur. Les titres achetés étant synchronisés en ligne, ils vous suivront dans vos déplacements. D'autre part, nous supposerons ici que vous avez déjà configuré votre « portefeuille » pour payer vos achats Google. Sinon, voyez la procédure à suivre au Chapitre 8.

   Vous pouvez aussi accéder à Play Store depuis l'application Play Musique. Touchez le bouton en haut et à gauche de l'écran, puis choisissez l'option Acheter.

2. **Touchez une des propositions de la sélection, ou bien faites défiler l'écran vers la gauche ou vers la droite pour changer de page. Il est possible de choisir un genre particulier, un « top » quelconque, ou bien encore de lancer une recherche, exactement comme si vous vouliez trouver une application.**

3. **Quand vous avez trouvé le titre ou l'album voulu, touchez la vignette correspondante.**

   La page associée au titre ou à l'album va s'afficher (voir la partie gauche de la Figure 10.4).

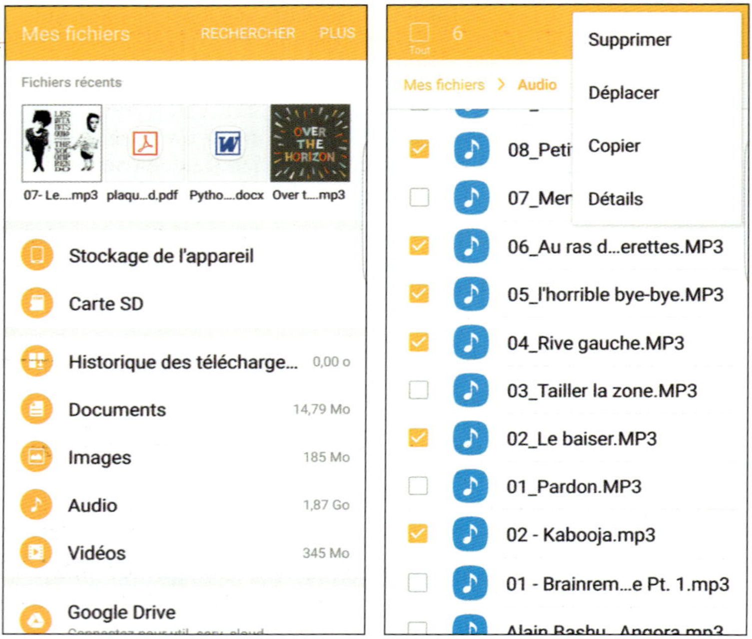

Figure 10.4 : Écoutez avant d'acheter.

4. **Pour écouter un extrait, faites si nécessaire défiler l'écran vers le bas, puis touchez le bandeau d'un titre, que ce soit dans un album ou pour un single (voir la partie droite de la Figure 10.4). Génial, non ? Si vous piaffez déjà d'impatience, touchez le bouton orange qui affiche le prix, puis le bouton Acheter dans la page qui suit.**

   Vous allez vraisemblablement avoir à confirmer votre compte (ou à créer votre portefeuille Google). Touchez ensuite le bouton OK pour confirmer.

5. **C'est fait ! Vous pouvez maintenant écouter tout de suite votre morceau avec l'application Play Musique de votre smartphone, ou sur votre ordinateur en vous connectant au site play.google.com option Musique, puis**

Ma musique, ainsi que sur tout autre appareil Android où votre compte Gmail est déjà enregistré.

L'application Play Musique reconnaît immédiatement votre achat. De plus, vous pouvez du coup écouter vos morceaux un peu partout, à condition de pouvoir vous connecter avec votre compte Gmail et de disposer d'un accès Wi-Fi.

En fait, vous avez quand même le droit de vous éloigner du point d'accès Wi-Fi le plus proche. Pour cela, ouvrez l'album ou le titre, puis touchez le bouton Télécharger (la flèche qui pointe vers le bas). Une fois le transfert terminé, votre sélection est signalée par une coche orangée. L'opération inverse est également possible en touchant la coche, puis Supprimer.

Supprimer des morceaux

Vous pouvez supprimer de votre smartphone toutes les musiques que vous n'écoutez plus. Voici comment procéder :

1. **Ouvrez Play Musique, puis touchez l'album ou le titre que vous voulez supprimer de la mémoire du téléphone.**
2. **Touchez le bouton de menu qui apparaît à droite du titre.**
3. **Exécutez la commande Supprimer.**

   Cette commande n'apparaît pas toujours. En fait, elle est essentiellement destinée à supprimer des titres individuels.

4. **Dans le message de confirmation qui apparaît, appuyez sur OK pour procéder à la suppression, ou sur Annuler pour faire avorter l'opération.**
5. **Dès que vous confirmez, le fichier correspondant à cette chanson est supprimé de votre smartphone.**

La suppression de chanson libère de l'espace de stockage. En revanche, vous ne pouvez pas récupérer le titre que vous avez ainsi supprimé. Pour restaurer cette chanson, vous devez la réimporter dans votre téléphone.

Écoute-moi (une histoire de playlist)

Votre bibliothèque audio étant remplie, il ne vous reste plus qu'à lancer Play Musique et à vous laisser porter par la musique.

Écouter un morceau (ou plusieurs)

Dans Play Musique, vous voyez par défaut s'afficher les titres et/ou albums de votre bibliothèque considérés comme récents, y compris vos derniers achats en date (reportez-vous à la Figure 10.1). Si nécessaire, touchez le bouton de menu, en haut et à gauche de l'écran, et choisissez l'option Bibliothèque musicale. Pour écouter un titre, il vous suffit de faire défiler la liste et de toucher la vignette ou la ligne voulue.

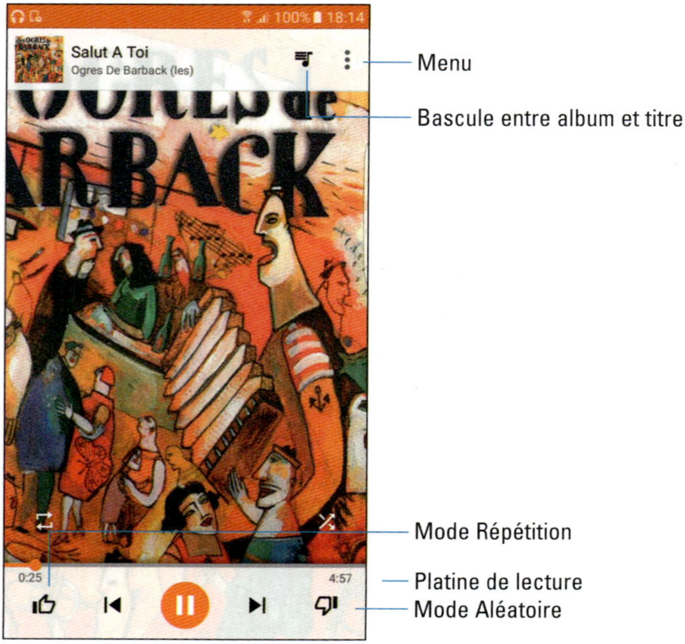

Figure 10.5 : Une platine MP3 sur votre smartphone.

TRUC

Qu'il s'agisse d'un titre unique ou d'un album entier, la manière de procéder est pratiquement la même. En fait, soit vous choisissez directement un titre, soit vous sélectionnez un album que vous ouvrez, puis vous touchez le nom du titre que vous voulez écouter, ou encore le triangle orangé pour lancer un album en entier.

N'OUBLIEZ PAS

Certains titres affichent la pochette de leur album, tandis que d'autres n'offrent qu'une image générique. Malheureusement, il n'existe pas de moyen simple de personnaliser ces illustrations.

Le morceau courant s'affiche dans un bandeau en bas de l'écran. Vous trouvez à sa droite un classique bouton Lecture/Pause. Mais vous pouvez changer l'affichage pour qu'il soit plus « festif ». Pour cela, touchez tout simplement le bandeau du titre actuel. Vous obtenez alors un écran semblable à celui illustré sur la Figure 10.5.

Vous disposez en bas de l'écran d'une série de boutons tout à fait classiques pour gérer votre heure musicale :

- **Répétition :** relance en boucle la lecture du titre ou de la liste d'écoute.
- **Mode aléatoire :** joue au hasard les titres d'une liste de lecture.
- **Piste précédente :** joue le morceau précédent dans un album ou une liste de diffusion.
- **Jouer/Pause :** comme sur tous les lecteurs audio.
- **Piste suivante :** joue le morceau suivant dans un album ou une liste de diffusion.

TRUC

La lecture continue même si vous quittez Play Musique. Un bandeau supplémentaire apparaît alors dans la barre des notifications. Vous y retrouvez les boutons décrits ci-dessus. Touchez simplement le bandeau pour revenir à Play Musique.

TRUC

Lorsque votre smartphone entre en veille, la diffusion musicale se poursuit, écran éteint. Ranimez-le pour afficher l'écran de verrouillage et vous constatez que la platine de Play Musique s'affiche. Tapotez deux fois de suite sur ce bandeau pour revenir à l'application.

Pour basculer entre l'affichage plein écran du morceau courant et l'affichage des titres d'un disque ou d'une liste, touchez le bouton représentant une portée, en haut de l'écran. Il vous suffit alors de toucher le nom d'un autre titre pour changer de musique.

Pour améliorer la qualité de l'écoute, vous avez la possibilité d'activer un égaliseur audio. Pour cela :

1. **Dans l'écran principal de Play Musique, touchez le bouton de menu qui se trouve en haut et à gauche de l'écran. Choisissez ensuite l'option Paramètres.**

Figure 10.6 : Configurer l'égaliseur audio.

2. **Dans la liste des paramètres, touchez le bouton Égaliseur. Vous pouvez parfaitement vous contenter de rééquilibrer les balances Grave/Aigu et Instrument/**

Vocal, ou personnaliser les fréquences en touchant le bouton Paramètres (voir la Figure 10.6).

3. **Choisissez un style prédéfini dans la liste disponible en bas de la fenêtre (mais vous devrez brancher des écouteurs pour en profiter), et/ou faites glisser les curseurs des fréquences pour régler les niveaux à votre convenance.**
4. **Pour pousser le jeu jusqu'au bout, touchez la ligne Adapt Sound. Vous pouvez alors tester la technologie Sound Alive de Samsung.**
5. **Quand vous êtes satisfait du résultat, touchez le bouton Retour du smartphone pour quitter les paramètres et revenir à l'écran principal de Play Musique.**

TRUC

Pour un résultat parfait, rien ne vaut l'utilisation d'un convertisseur analogique/numérique (ou DAC) que vous brancherez *via* le port USB du Galaxy S7.

N'OUBLIEZ PAS

En fait, le Galaxy S7, une fois correctement configuré, est un remarquable lecteur de musique…

Créer et gérer des listes de lecture

Une liste de lecture, ou *playlist*, est un ensemble de titres provenant d'un ou plusieurs albums. Autrement dit, c'est ce qui vous permet de composer vos propres programmes musicaux.

ATTENTION

Play Musique vous propose aussi de créer des *mix* instantanés. Un mix, c'est une sorte de playlist automatique censée correspondre à vos préférences musicales. Personnellement, je préfère décider tout seul…

Pour créer ou compléter une playlist, le plus simple consiste à lancer l'écoute d'un titre. Touchez le bouton de menu situé sur la droite de l'écran, au-dessus du premier titre de l'album. Choisissez alors l'option Ajouter à une playlist. La même méthode s'applique à chaque titre individuel d'un album (voir la Figure 10.7).

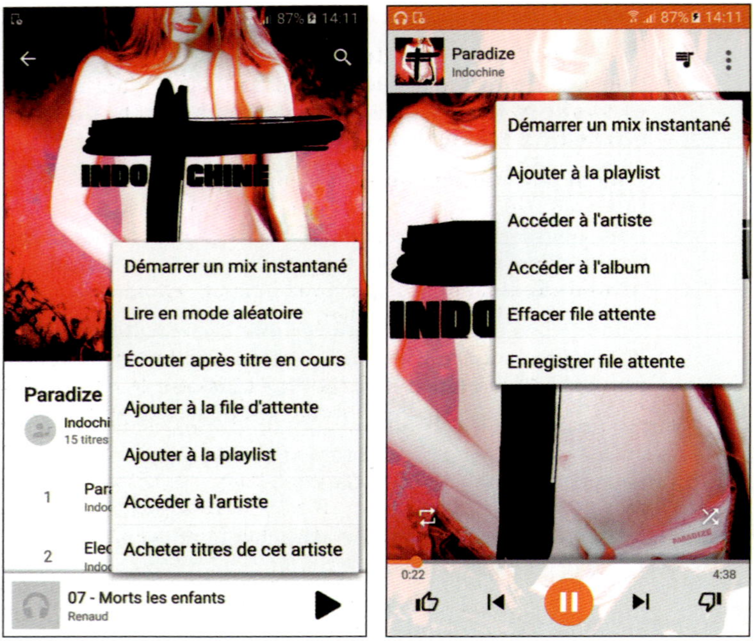

Figure 10.7 : Créer ou compléter une playlist (pour un album à gauche, ou un titre unique à droite).

Vous noterez en passant que Play Musique vous propose un peu partout de découvrir les autres albums d'un artiste, et surtout de les acheter. Commerce oblige !

Il vous suffit alors soit de choisir une liste déjà existante, soit de toucher le bouton Nouvelle playlist. Donnez un nom à celle-ci, validez en touchant le bouton OK, et le tour est joué.

Vous pouvez aussi enchaîner les morceaux sans passer par une playlist. Il vous suffit pour cela d'ouvrir un album, puis de choisir dans son menu (ou celui de titres individuels) l'option Ajouter à la file d'attente. Par défaut, votre sélection sera jouée dans l'ordre, mais ne sera pas mémorisée.

Et maintenant :

- **Pour écouter une liste de lecture :** ouvrez le menu principal de Play Musique et choisissez Bibliothèque musicale, puis l'option Playlists. Touchez ensuite simplement le nom de la liste que vous voulez écouter.
- **Pour supprimer une liste de lecture :** procédez comme ci-dessus, puis touchez le bouton de menu qui se trouve à droite du nom de la playlist que vous voulez effacer. Choisissez alors l'option Supprimer. Confirmez *via* le bouton OK. Remarquez que vous pouvez renommer la playlist avec l'option Modifier.
- **Pour supprimer un titre d'une liste de lecture :** ouvrez la playlist. Localisez le titre à retirer, et touchez le bouton de menu placé à sa droite. Choisissez l'option Supprimer de la playlist.

  La suppression d'un titre d'une playlist se fait sans confirmation de votre part. En cas d'erreur, vous devrez reprendre la procédure d'ajout du morceau à votre liste.
- **Pour réorganiser une liste de lecture :** procédez comme ci-dessus, puis touchez la double barre, à gauche d'un titre, et faites glisser le bandeau vers un autre emplacement.

Bien entendu, une chanson (ou un album entier) peut appartenir à plusieurs listes de lecture. Cette opération ne duplique pas physiquement les fichiers musicaux. Vous ne faites que répertorier un ou plusieurs titres dans diverses listes de lecture.

Tout ce que vous pouvez faire sur votre smartphone est également possible sur votre ordinateur. Il vous suffit d'ouvrir Play Store dans votre navigateur Web (`play.google.com`). Connectez-vous ensuite avec votre compte Gmail, puis choisissez Successivement Musique et Ma musique. Vous retrouvez votre bibliothèque ainsi que vos playlists personnelles et celles qui ont été créées automatiquement par Play Musique. Évidemment, tout est synchronisé *via* les ordinateurs de Google.

Vidéo, s'il vous plaît !

La vidéo, c'est d'abord l'affaire de la caméra de votre Galaxy S7 (voir le Chapitre 9). Bien. Ensuite, c'est aussi une question de commerce, puisque, en dehors du lecteur maison Vidéo, vous trouvez tout naturellement Play Films et séries, qui est aux films ou aux séries télé ce que Play Musique est à la… musique.

Dans le cas des films, il s'agit généralement de locations limitées dans le temps, plus rarement d'achats. Ne confondez cependant pas location effectuée sur un ordinateur, et location réalisée directement sur votre smartphone ! L'un n'est pas forcément compatible avec l'autre. En particulier, Google vous propose les deux mondes, mais vous ne pourrez relire vos films qu'avec l'application maison Play Films et séries.

Play Films fonctionne selon le même principe (très commercial !) que Play Musique. Il vous propose essentiellement deux options : les films et séries que vous louez ou achetez sur Play Store (option À voir du menu), et votre filmothèque personnelle (option Ma bibliothèque du menu).

Les films peuvent être « punaisés », autrement dit téléchargés, exactement comme les titres musicaux dans Play Musique.

Évidemment, il est plus confortable de regarder une vidéo en tenant l'appareil horizontalement, en mode Paysage.

Pour lire vos vidéos personnelles stockées dans la mémoire du smartphone, qu'elles soient prises avec la caméra de l'appareil ou transférées depuis votre ordinateur *via* le câble USB, utilisez l'application maison Vidéo, ou tout autre lecteur multimédia à votre convenance.

Pour aller plus loin, c'est-à-dire pour diffuser réellement de la vidéo sur votre smartphone, notamment en Wi-Fi, vous avez besoin d'applications plus généralistes et évoluées. Play Store en propose d'excellentes (comme BS Player, VLC, MX Player, *etc.*), notamment pour accéder à vos contenus partagés.

11

Une vie de réseaux sociaux

Dans ce chapitre :

- Se connecter avec Google+
- Utiliser Facebook
- Partager sa vie sur Facebook
- Et voici Twitter
- Tweetez !
- Explorer d'autres réseaux sociaux

Je suppose que les réseaux sociaux sont la manière ultime de se faire des amis. Enfin, amis, c'est un grand mot… Il est possible d'avoir des centaines, voire des milliers de proclamés « amis », de savoir qui est en ligne et ce que chacun fait, mais sans jamais rencontrer personne pour de vrai. Quelle géniale invention ! Songez à tout cet argent épargné en déodorants et en pastilles mentholées !

Équipé de votre smartphone Galaxy S7, vous aussi, vous pouvez tenter une incursion dans le monde excitant des réseaux sociaux en ligne. Ce chapitre vous présente différentes options qui vous permettront de partager vos instants privés (ou non) avec la planète toute entière.

Google veut que vous utilisiez Google+

Lorsque l'on dit « réseaux sociaux », le premier mot qui vient à l'esprit de la plupart des gens est Facebook. On ne peut pas y échapper. Peut-être que certains citeront en premier Twitter. Mais ce qui contrarie Google, c'est que peu de monde songera à répondre Google+, le propre réseau social maison de Google.

Bien sûr, comme vous avez un smartphone Android, donc estampillé Google, vous n'avez pas échappé à la création d'un compte maison Gmail. Et donc, vous êtes sans même le savoir membre du réseau social Google+.

Je ne suis pas un grand utilisateur de Google+, mais celui-ci possède certaines fonctionnalités qui peuvent être assez pratiques. C'est pourquoi je vais m'y attarder (mais pas trop) dans cette section.

Selon l'origine de votre Galaxy S7, l'application Google+ peut ou non être déjà installée sur votre smartphone. Si ce n'est pas le cas, et si le sujet vous motive, il vous suffit de la rechercher sur Play Store et de l'installer. Play Store est étudié au Chapitre 8.

Configurer Google+

Même si vous avez déjà un compte Google, et vous en avez forcément un pour utiliser votre smartphone Android, vous allez tout de même devoir en passer par la configuration de Google+ sur votre smartphone Galaxy. La procédure se présente ainsi :

1. **Lancez l'application Google+. Touchez le bouton Suivant.**

   Vous la trouverez en touchant le bouton Applications.

2. **Choisissez votre compte Google dans la liste.**

   Normalement, vous devriez sélectionner ici votre compte Google principal.

3. **Acceptez d'ajouter vos « amis » sur Google+ à vos contacts (et éventuellement de laisser Google vous suggérer de nouvelles relations. Touchez le bouton Suivant pour continuer.**

Une fois cette configuration de départ terminée, vous devriez voir s'afficher l'écran d'accueil de Google+, avec des tas de propositions de nouveaux amis, d'éléments d'information, voire de photos déjà postées par vos relations, *etc.* C'est incroyable comme on est vite reconnu !

TRUC

Les informations sur votre profil sont récupérées à partir de celles que vous avez fournies en créant votre compte Google. Pour les modifier, le mieux est d'ouvrir dans votre navigateur Web habituel la page de votre compte Gmail. Une fois connecté, cliquez sur votre nom, en haut et à droite de la page et choisissez Afficher mon profil. Vous pouvez alors éditer à loisir toutes les informations qui vous concernent, en évitant tout de même de vous dévoiler au-delà du raisonnable.

Les réseaux sociaux vous permettent même de changer très simplement de sexe… virtuellement. Au fait, comment dit-on *Autre* en langage extraterrestre ?

N'OUBLIEZ PAS

Lorsque vous demandez à éditer votre profil dans Gmail, vous constatez que vous êtes *déjà* dans Google+. On n'échappe pas aussi facilement que cela à Google !

Utiliser Google+

Lorsque vous vous connectez à Google+, vous voyez s'afficher un écran semblable à celui illustré sur la gauche de la Figure 11.1. Vous pouvez déjà vous connecter avec vos « amis » s'ils sont proposés dans la rubrique Vous connaissez peut-être.

Pour affiner vos centres d'intérêt, touchez les boutons Collections et/ou Communautés, en bas de l'écran. Faites défiler la liste verticalement de manière à faire votre choix. Touchez les catégories qui vous intéressent afin de vous y inscrire.

TRUC

Le menu de l'application (les trois barres en haut et à gauche) vous permet de modifier votre profil personnel ou de créer vos propres collections, de gérer vos contacts, d'accepter de partager votre position, ou encore de définir des événements auxquels vous inviterez tout ou partie de vos contacts sur Google+ (si c'est pour un repas ou un anniversaire, évitez tout de même d'inviter la moitié de la planète…).

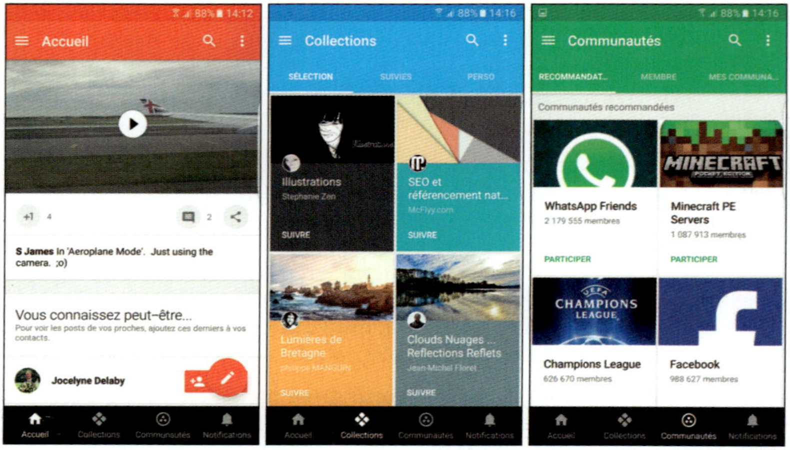

Figure 11.1 : Google+, son accueil, ses collections et ses communautés.

Pour visualiser une publication en entier, touchez par exemple le nom de son auteur. Vous pourrez alors gérer vos propres commentaires, voire selon la nature du message, faire défiler l'écran pour le lire en entier, consulter les commentaires postés par d'autres personnes, et le cas échéant rédiger votre propre avis afin de participer au débat.

TRUC

Si vous touchez une photo ou une vidéo associée à un message, vous pourrez afficher celle-ci en plein écran en basculant l'appareil en mode horizontal. Il est bien sûr possible de recommander ou de partager le post *via* l'une des applications disponibles, ou encore de poster un commentaire.

Pour publier un message, touchez le bouton Rédiger. Choisissez la publicité que vous voulez donner à votre prose en touchant votre nom puis le bouton Cercles et contacts (ou tout autre choix à votre discrétion). Google+ utilise la notion de cercles pour restreindre la diffusion à des groupes de personnes que vous aurez définis comme étant de vos amis, de votre famille, de simples connaissances, et ainsi de suite.

Il ne vous reste plus alors qu'à saisir votre texte (faites court) et à insérer une photo ou une vidéo, un lien Internet, ou bien encore un petit dessin humoristique. Vous pouvez également partager votre position actuelle (voir la Figure 11.2). Quand vous avez terminé, touchez le bouton Envoyer, et tous les destinataires de votre billet pourront le lire, le « liker » et éventuellement le commenter.

Figure 11.2 : Composer un post avec Google+.

- Par défaut, la page de composition active le partage de photos et de vidéos en affichant celles qui sont enregistrées dans votre smartphone. Faites glisser cet aperçu vers le bas pour le désactiver. Vous pouvez également toucher le bouton Ajouter une photo pour prendre un cliché ou un petit film.
- Pour ajouter un contact à un cercle, il est en fait beaucoup plus facile de le faire sur un ordinateur en ouvrant votre page Google+ (`plus.google.com`). Connectez-vous si nécessaire comme vous le faites dans Gmail. Cliquez ensuite sur le bouton Applications Google, puis sur Google+. Cliquez sur Accueil et choisissez

Contacts dans le menu qui s'affiche. Cliquez ensuite sur Cercles. Il vous suffit de sélectionner celui que vous voulez compléter (à moins que vous ne décidiez d'en créer un nouveau), puis de cliquer sur le bouton Ajouter. Vous pouvez tout aussi bien accepter les suggestions faites par Google+ lui-même, faire une recherche dans votre liste de contacts, ou profiter de toute occasion où l'ajout d'un contact à un de vos cercles vous est proposé.

- Comme il se doit, Google+ est prioritairement destiné à celles et ceux qui ont un compte Gmail. D'autres adresses de messagerie peuvent être choisies, mais les options de partage sont alors plus limitées.

Votre vie sur Facebook

Facebook est le roi de tous les réseaux sociaux. C'est l'endroit en ligne où il *faut* être pour avoir des tas d'amis (ou supposés tels), envoyer des messages, jouer, et gaspiller bien plus de temps que vous ne pensiez en disposer.

- Bien que vous puissiez accéder à Facebook depuis votre navigateur Chrome, je vous recommande vivement de vous servir de l'application dédiée présentée ici.
- Si Facebook n'est pas préinstallé sur votre Galaxy S7 (mais il devrait l'être), il est très facile de l'obtenir sur Play Store.
- Facebook, comme Google+, et d'ailleurs comme le reste du monde, évolue. Il est tout à fait possible que l'interface ait été modifiée au moment où vous lirez ce livre. Mais cela ne devrait pas en changer fondamentalement les principes généraux.

Configurer votre compte Facebook

Pour utiliser Facebook, il vous faut un compte Facebook. Et pour avoir un compte Facebook, le mieux est d'ouvrir la page `www.facebook.com` sur votre ordinateur. Créez votre compte en définissant un nom d'utilisateur et un mot de passe.

N'OUBLIEZ PAS

N'oubliez pas votre nom d'utilisateur et votre mot de passe!

Les robots de Facebook vont certainement envoyer un message de confirmation à l'adresse e-mail que vous avez indiquée. Vous cliquez sur le lien pour répondre au message, et voici que vous rejoignez les rangs serrés de cette immense communauté qui attendait depuis si longtemps votre arrivée... Une fois votre compte opérationnel, et vos options configurées à votre convenance, vous êtes paré pour accéder à Facebook sur votre Galaxy S7.

ATTENTION

Il est très important de définir correctement ses paramètres Facebook, et en particulier les règles de confidentialité. Sur Facebook, tout ce qui n'est pas explicitement privé ou en accès restreint est considéré comme public. Ne l'oubliez jamais sous peine d'avoir de mauvaises surprises...

TRUC

Les gens de Facebook modifient régulièrement les règles du jeu. Devant de nombreuses critiques, la protection de la vie privée a été renforcée. Vous devriez vérifier régulièrement vos options de manière à les affiner si possible en fonction de ce que vous voulez *réellement* partager, et *avec qui* vous voulez le partager.

Accéder à Facebook

La première fois que vous lancez l'application Facebook en touchant son icône, vous allez normalement devoir vous connecter. Pour cela, saisissez l'adresse de messagerie que vous avez spécifiée lors de la création du compte, ainsi que votre mot de passe Facebook. Confirmez, et c'est lancé.

L'application propose par défaut de consulter son fil d'actualités, autrement dit les statuts postés par vos multiples amis. Mais vous disposez également d'une barre de navigation accessible en touchant le bouton de menu, sur la droite de l'écran (voir la Figure 11.3).

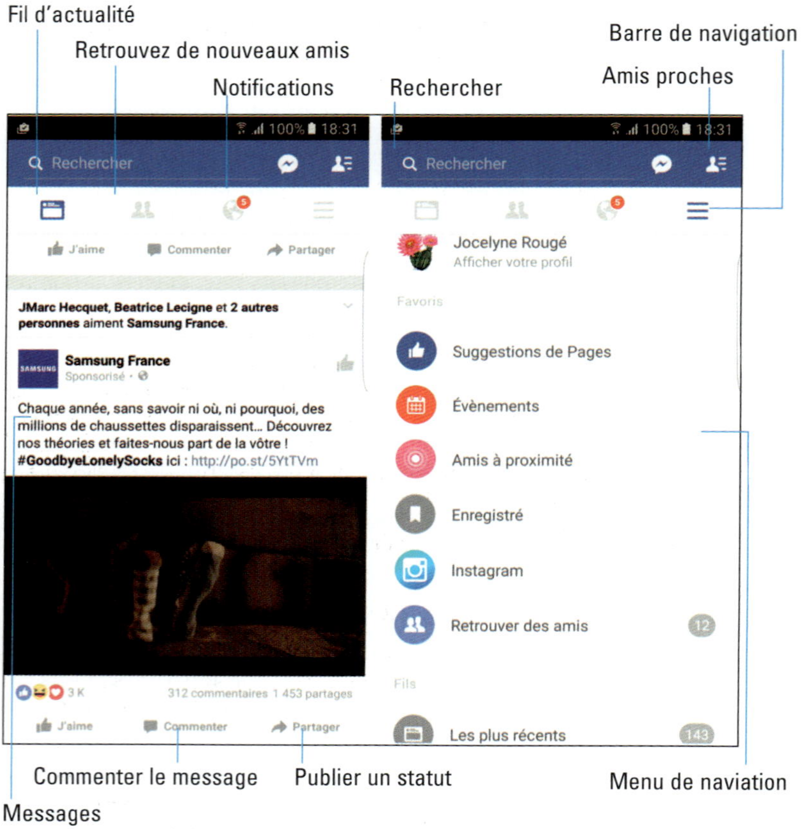

Figure 11.3 : Facebook à la une sur un smartphone Samsung Galaxy.

Lorsque vous avez fini vos pérégrinations sur Facebook, touchez le bouton Accueil du smartphone pour revenir à l'écran principal.

En fait, l'application continue son travail en arrière-plan jusqu'à ce que vous vous déconnectiez, que vous l'arrêtiez explicitement ou que vous éteigniez le Galaxy S7.

Pour vous déconnecter, ouvrez la barre de navigation de l'application, faites défiler son contenu jusqu'en bas, puis touchez le bouton Déconnexion.

- Les fils d'actualité peuvent être mis à jour en faisant glisser l'écran vers le bas.
- Les dernières nouvelles fraîches sont signalées par l'affichage d'une icône en forme de *f* dans la barre des notifications.

Publier un statut

La première motivation de votre présence sur Facebook, hormis le fait d'avoir plus d'amis que n'importe qui d'autre, est de publier des statuts (poster des messages, si vous préférez). C'est le meilleur moyen de partager vos pensées avec l'univers entier. C'est quand même beaucoup moins cher que d'envoyer une carte postale à tout le monde!

Pour publier un statut avec l'application Facebook, suivez ces étapes :

1. **Touchez le bouton Statut, tout en haut de votre fil d'actualités.**

   L'écran Publier sur Facebook va s'afficher (voir la Figure 11.4). Vous pouvez y saisir votre rêverie ou votre pensée profonde du moment.

2. **Saisissez quelque chose de préférence concis, si possible intéressant, ou encore commentant une information (ou un statut, ou ce que vous voulez) que vous avez lue sur Facebook.**

3. **Touchez le bouton Publier.**

Figure 11.4 : Rédiger un statut Facebook.

Publier une photo sur Facebook

Une activité très répandue sur Facebook, c'est la publication de photographies ou vidéos d'événements, de lieux et autres situations. Bien entendu, l'application Facebook sait parfaitement faire cela.

La procédure est simple. Suivez ces étapes :

1. **Touchez le bouton qui représente un appareil photo.**

Vous pouvez retrouver ce(s) bouton(s) en haut des fils d'actualité, en bas de l'écran de composition du statut, ou encore dans votre page personnelle (touchez votre nom en haut de la barre de navigation de l'application).

2. **Les photos et vidéos stockées dans la mémoire de votre smartphone vont apparaître. Pour publier une photo existante, touchez sa vignette. Sinon, servez-vous des boutons d'appareil photo et/ou de caméra pour prendre un cliché ou une courte vidéo.**

   Vous pouvez bien entendu ajouter plusieurs photos et/ou vidéos.

3. **Touchez le bouton Terminé quand vous avez fini.**

4. **Pour appliquer immédiatement un filtre à une photo, effleurez simplement l'écran vers la gauche ou vers la droite.**

5. **Pour visualiser une photo sélectionnée, touchez-la. Si un ou plusieurs visages apparaissent, vous avez la possibilité de les identifier parmi vos « amis ». Touchez le bouton Terminé quand c'est fait.**

   Touchez un visage pour demander à identifier la personne. Vous pouvez alors choisir un nom parmi vos amis proches, ou saisir directement celui-ci. Mais n'abusez pas de cette fonction pour ne mettre personne en péril ! Cette fonctionnalité peut aussi être désactivée en touchant l'icône qui se trouve en bas et au centre de l'écran (voir la partie gauche de la Figure 11.5).

6. **Ajoutez éventuellement d'autres photos ou vidéos. Il est aussi possible de retirer une photo en touchant la croix qui lui est associée.**

7. **Pour personnaliser une image, touchez le bouton Modifier. Vous disposez alors d'outils classiques pour retoucher la photo (voir la partie droite de la Figure 11.5).**

   Vous retrouvez ici les filtres que vous pouvez appliquer en balayant l'écran. Les petits boutons qui se trouvent en bas de chaque image insérée permettent de recadrer l'image, d'insérer un autocollant déplaçable à volonté, ou encore d'ajouter du texte ou bien de dessiner sur la photo.

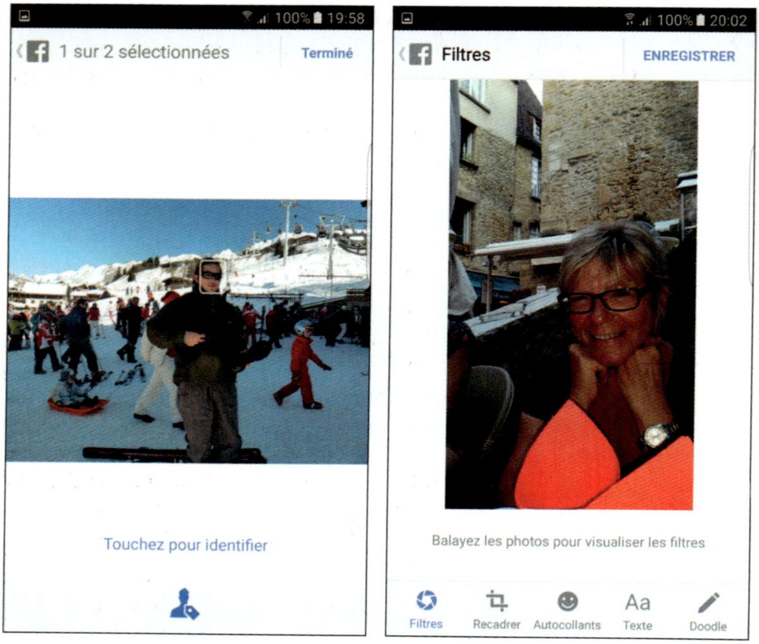

Figure 11.5 : Partager des photos, façon Facebook.

TRUC

Pour supprimer un autocollant, faites un appui long dessus et faites-le glisser sur l'icône de corbeille qui apparaît en bas de l'écran.

8. **Une fois vos images insérées, tapez le texte de votre message, exactement comme nous l'avons vu plus haut.**

   Vous pouvez aussi ajouter d'autres informations, comme un partage de position.

9. **Touchez le bouton Publier.**

   Votre ou vos images sont publiées dès que le transfert sur Internet est terminé, et elles sont immédiatement digérées par Facebook.

La ou les images peuvent être retrouvées dans la mise à jour de votre statut ou dans vos flux d'actualités.

- De nombreuses applications disposent d'un bouton Partager. Bien entendu, Facebook est proposé dans la liste des partages possibles. Touchez son bouton pour envoyer ce que vous êtes en train de voir ou de faire. Il ne vous reste plus qu'à choisir l'audience, entrer un commentaire et toucher le bouton Publier.

Configurer l'application Facebook

Les commandes qui contrôlent Facebook sont accessibles dans la barre de navigation de l'application. Touchez le bouton Menu, vers le haut et à droite de l'écran principal de l'application et faites défiler le contenu de la barre pour accéder à la rubrique Paramètres de l'application.

Facebook possède une incroyable quantité de paramètres. La plupart sont activés par défaut. Prenez le temps de bien réfléchir à ce que vous tolérez ou non. De même, voyez si vous acceptez dans les paramètres généraux la synchronisation automatique des photos et la localisation tout aussi automatique de votre position.

Touchez le bouton Retour de l'appareil pour quitter les paramètres et revenir à l'écran principal de Facebook.

Vous noterez en particulier l'option Discussion instantanée Facebook. C'est le *messenger* maison. Cet outil de discussion en direct est actif par défaut. En fait, Facebook ne vous laisse pas trop le choix. Vous êtes sur Facebook ? Vous voulez pouvoir papoter avec vos amis ? Laissez cette option active…

Je vous conseille de gérer les paramètres de votre compte de préférence sur votre ordinateur.

Dans la rubrique Journal et identification des paramètres du compte, activer l'option qui indique Examiner les publications dans lesquelles vos amis vous identifient avant qu'elles n'apparaissent sur votre journal (désolé, c'est long) n'est peut-être pas une mauvaise idée pour éviter quelques surprises pas forcément agréables… Et ce n'est pas la seule dans le genre !

Il faudrait un livre entier pour faire le tour de Facebook ! Mais le sujet de celui-ci, c'est le Galaxy S7… Pour en apprendre beaucoup plus, voyez ce que vous propose la collection Pour les Nuls. De même, nous laisserons ici de côté WhatsApp ou encore Instagram.

Gazouiller avec Twitter

Twitter est un site de réseau social, comparable à Facebook si ce n'est que les messages, les *tweets*, y sont bien plus courts. Sur Twitter, vous rédigez essentiellement de courts jets de texte qui expriment une pensée, une observation, un commentaire ou qui servent à partager un lien. Vous pouvez aussi utiliser Twitter en tant que *follower*, pour suivre les tweets d'autres personnes.

- Soyez branché : un message posté sur Twitter est un *tweet*, autrement dit un gazouillis, et celui qui suit les tweets de quelqu'un d'autre est un suiveur ou abonné, bref un *follower*. Renvoyer un tweet vers d'autres personnes est dit *retweeter*.
- Un tweet ne peut pas comprendre plus de 140 caractères, y compris les espaces et la ponctuation, plus vingt caractères servant à vous identifier. Le principe de base, c'est celui du SMS (même si, au vu des mauvais résultats économiques de l'entreprise, ce dogme pourrait se voir mis au rencart).
- Vous pouvez poster des messages sur Twitter et suivre d'autres abonnés.
- Comme sur Facebook ou Google+, il est également possible de joindre des images aux tweets.
- Il se dit que, sur l'ensemble des quelques centaines de millions de personnes qui ont un compte sur Twitter, seule une petite proportion utilise le service de manière active.

Configurer Twitter

La meilleure manière d'utiliser Twitter sur votre smartphone Galaxy, c'est de posséder déjà un compte auprès de ce service. Voyez pour cela la page Web `twitter.com` et suivez les instructions qui vous sont données.

Une fois votre compte Twitter créé et confirmé, il vous reste encore à installer l'application correspondante sur votre smartphone (celui-ci ne la propose pas par défaut). Pour cela, ouvrez Play Store et faites une recherche sur *Twitter*. L'application officielle est marquée d'un petit oiseau bleu et provient directement de chez Twitter, Inc. D'autres applications sont également estampillées Twitter, mais il s'agit en règle générale de compléments venant ajouter des fonctionnalités plus ou moins intéressantes.

Figure 11.6 : L'application Twitter.

Lorsque vous lancez l'application Twitter pour la première fois, touchez le bouton Connexion. Saisissez alors votre nom d'utilisateur Twitter, ou l'adresse de messagerie avec laquelle vous avez créé le compte, ainsi que votre mot de passe. Touchez ensuite le bouton Connexion, et acceptez ou non les propositions qui vous sont faites, dont en particulier d'être géolocalisé.

La connexion reste active jusqu'à ce que vous vous déconnectiez explicitement ou que le smartphone soit éteint.

La Figure 11.6 montre l'écran principal de l'application Twitter, avec un flux de tweets en cours.

Voyons maintenant comment *tweeter* ou mettre à jour votre profil depuis l'application Twitter.

Tweeter sous Android

L'application Twitter propose une interface simple et efficace pour accéder à toutes ces excellentes choses que propose ce service. Bien entendu, les deux tâches de base sont la lecture et l'écriture des tweets.

Pour lire les tweets, touchez le bouton Accueil (le petit oiseau) afin de voir le fil des messages envoyés selon vos abonnements. La liste se présente dans l'ordre chronologique, les plus récents étant affichés en premier. Faites défiler la liste vers le bas pour voir les autres messages.

Pour lire un tweet particulier, touchez la ligne correspondante. Touchez la ligne Quoi de neuf (la plume) pour composer votre propre tweet (voir la Figure 11.7).

Touchez ensuite le bouton Tweeter pour envoyer votre profonde pensée dans le « twittervers ».

N'OUBLIEZ PAS

- Votre tweet ne peut pas dépasser 140 caractères, espaces et ponctuation incluses.
- Twitter est en soi une machine à produire du texte. Mais il est possible de joindre des images ou des vidéos qui vont alors se présenter sous la forme de liens. Les images et vidéos seront hébergées par les bons soins de Twitter.
- L'application Twitter est parfaitement capable de se servir des capacités photographiques de votre Galaxy S7 pour joindre une image ou une vidéo à votre tweet.

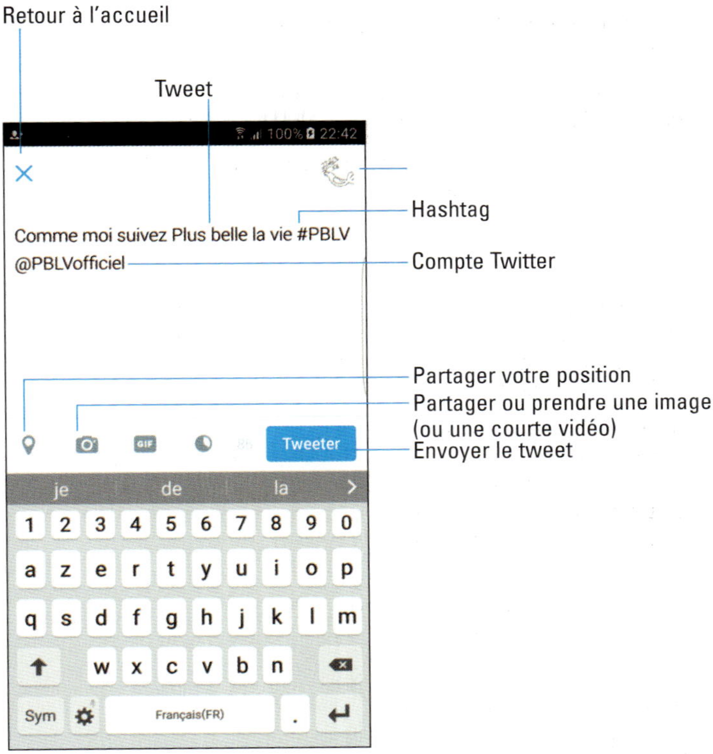

Figure 11.7 : Créer un tweet.

- La fenêtre d'affichage d'un tweetcomporte quatre boutons servant respectivement à répondre au message, le retweeter, le marquer comme favori et le partager avec d'autres (voir la Figure 11.8).

TRUC

- De nombreuses applications disposent d'un bouton Partager. Twitter devrait donc être proposé dans la liste des partages possibles. Touchez son bouton pour envoyer ce que vous êtes en train de voir ou de faire (généralement sous la forme d'un lien). Il ne vous reste plus qu'à compléter votre tweet et à toucher le bouton Tweeter.

- Les adresses Twitter sont précédées du caractère @. Une autre notation, appelée *hashtag*, sert à regrouper des fils de messages se rapportant à un certain point d'intérêt. Un hashtag se signale par la présence du préfixe #.
- De plus en plus, les responsables de Twitter essaient de se débarrasser de ces préfixes un peu ésotériques qui limitent l'expansion de cette société aux dents longues. La concurrence est très rude dans le milieu des réseaux sociaux, et être amis ne veut pas dire pour la vie…
- Si les paramètres de l'application sont très réduits (voyez surtout si vous acceptez d'être localisé), vous remarquerez qu'il n'existe pas de commande pour se déconnecter. Quand on aime, on ne quitte pas…

Figure 11.8 : Un tweet parmi tant d'autres.

Toujours plus de réseaux sociaux

L'Internet regorge d'opportunités de participer à des réseaux sociaux. Facebook peut être aujourd'hui le roi, mais il y a des tas d'autres prétendants à la couronne. On dirait que tout se passe comme si un nouveau réseau dit social surgissait chaque semaine. Parmi les noms les plus connus, on peut citer Instagram, LinkedIn, Pinterest, Snapchat ou encore Tumblr, mais aussi les sites dits de rencontres, de partage de photographie, et ainsi de suite. En fait, bien d'autres services offrent des fonctionnalités qui s'apparentent plus ou moins à celles des réseaux sociaux.

Je vous conseille dans tous les cas de configurer votre compte sur n'importe quel réseau social depuis votre ordinateur, exactement comme je l'ai expliqué à plusieurs reprises dans ce chapitre. Après cela, recherchez sur Play Store une application adaptée pour votre nouveau réseau social. Configurez cette application pour vous connecter avec votre compte.

- Si vous ne trouvez pas d'application dédiée à tel ou tel réseau, il vous reste toujours la possibilité de vous connecter depuis Chrome.
- Voyez le Chapitre 8 pour plus d'informations sur Play Store.
- Comme avec Facebook et Twitter, votre réseau social peut apparaître quand vous touchez le bouton Partager dans de multiples applications. Cela vous permet facilement d'échanger informations, images ou bonnes adresses avec vos amis en ligne.
- Quelle que soit la nature du réseau social sur lequel vous vous inscrivez, faites très attention aux renseignements que vous fournissez sur vous-même, et au choix des « cercles » avec lesquels vous acceptez d'échanger des informations.

Quatrième partie

Toujours plus loin avec votre Galaxy S7

Dans cette partie…

Votre Galaxy S7, il est à vous, et vous l'emportez partout avec vous.

Puisqu'il est à vous, vous pouvez le rendre encore plus personnel en l'adaptant à vos habitudes, vos besoins ou encore à vos goûts. Et puisque ce petit bijou est à vous, vous voulez aussi le protéger, l'entretenir et le choyer pour qu'il dure le plus longtemps possible.

Puisque vous l'emportez partout avec vous, il peut également vous servir à gérer vos agendas professionnels ou personnels, et même à préparer vos voyages et à vous piloter, ou simplement vous renseigner pendant vos déplacements.

Ce sont autant de possibilités et d'outils que nous allons explorer dans cette partie.

12

S'amuser avec Maps et la navigation

Dans ce chapitre :

- Votre smartphone, un GPS de poche
- Découvrir le monde avec Maps
- Itinéraire en vue

Si vous avez activé les bonnes options et lancé les bonnes applications, votre smartphone sait où vous êtes, dans quelle direction vous allez, où vous voulez aller, voire même le faire savoir à d'autres personnes.

Beaucoup d'applications utilisent la puce GPS intégrée à votre smartphone pour vous situer, vous *géolocaliser*. Certaines le font à bon escient, comme Maps, Navigation et bien d'autres. D'autres non. Si c'est pour mieux vous aider et vous informer, très bien. Si c'est pour vous pister, non merci.

Votre smartphone, un GPS de poche

Votre smartphone sous Android sait décidément tout faire. Prendre des photos, diffuser de la musique ou des films, jouer avec vous, et tant d'autres choses encore. J'allais oublier : téléphoner, envoyer et recevoir des messages, communiquer sur les réseaux sociaux. Et aussi localiser à peu près tout ce que vous voulez et vous y conduire. Mais vous devez commencer par vérifier que la localisation est bien active sur votre appareil. Pour cela :

1. **Ouvrez l'application Paramètres, puis touchez la ligne Confidentialité/Protection, et enfin Position.**
2. **Acceptez la localisation de votre position. Sinon, touchez le bouton (ou la case) situé en haut et à droite de l'écran pour l'activer afin de réparer cette erreur.**

   Bien entendu, vous avez parfaitement le droit de ne pas vouloir être localisé !

3. **Choisissez la manière dont la localisation doit s'opérer.**

ATTENTION

Si vous êtes en Wi-Fi sans activer le GPS, vous serez plus ou moins bien localisé. Mais où est l'intérêt ? En revanche, si vous voulez utiliser les fonctions de cartographie et de navigation fournies avec votre smartphone sans être couvert par un signal Wi-Fi, vous allez consommer des *données mobiles*, autrement dit celles qui sont incluses (ou pas) dans votre forfait téléphonique. Et cette consommation peut rapidement devenir assez exponentielle. Votre facture aussi…

TRUC

Pour pousser jusqu'au bout la localisation, vous pourriez ouvrir tout de suite Maps, puis définir vos coordonnées personnelles et professionnelles dans les paramètres de l'application. Mais nous allons largement revenir sur Maps dans ce chapitre.

N'OUBLIEZ PAS

Chaque application peut ou non avoir besoin (selon ses propres critères) de vous localiser et le faire soit automatiquement, soit vous proposer cette option dans ses paramètres.

N'oubliez pas que Maps charge les informations voulues au fur et à mesure de ses besoins, ce qui se traduit évidemment par des flux importants de données.

Il existe cependant une possibilité, qu'il convient de manier avec modération, permettant d'enregistrer des portions de cartes. Pour cela, il suffit de toucher dans Maps le champ Rechercher. Saisissez un critère de localisation quelconque. Touchez ensuite le bandeau de position qui s'affiche en bas de l'écran, puis le bouton Menu de l'application. Choisissez alors l'option Télécharger une zone hors connexion. Confirmez et donnez un nom à la carte. Celle-ci sera utilisée lors de votre navigation afin de consommer le moins de données possibles. N'oubliez pas cependant qu'une carte enregistrée n'est conservée que 29 jours. Enfin, vous pouvez gérer vos cartes enregistrées depuis l'option Zones hors connexion du menu de Maps.

Si vous vous servez de votre smartphone en voiture comme d'un GPS, achetez un raccord se branchant sur l'allume-cigare ou une prise 12 volts, disposant d'un port USB. Cela vous permettra d'y brancher le câble de votre appareil et de maintenir sa batterie en charge tout en roulant. Sinon, vous risquez fort de terminer votre trajet au jugé ! Et si vous êtes à pied, en vélo ou sur des skis, veillez à charger au maximum la batterie avant de sortir. Songez dans ce cas à vous procurer un chargeur solaire.

Voir le monde avec Maps

Pour accéder à Maps, touchez le dossier Google sur l'écran d'accueil, puis l'icône de l'application. À défaut, vous la retrouverez également en touchant le bouton Applis. Une fois l'introduction passée, vous allez alors voir s'afficher un écran semblable à celui de la Figure 12.1.

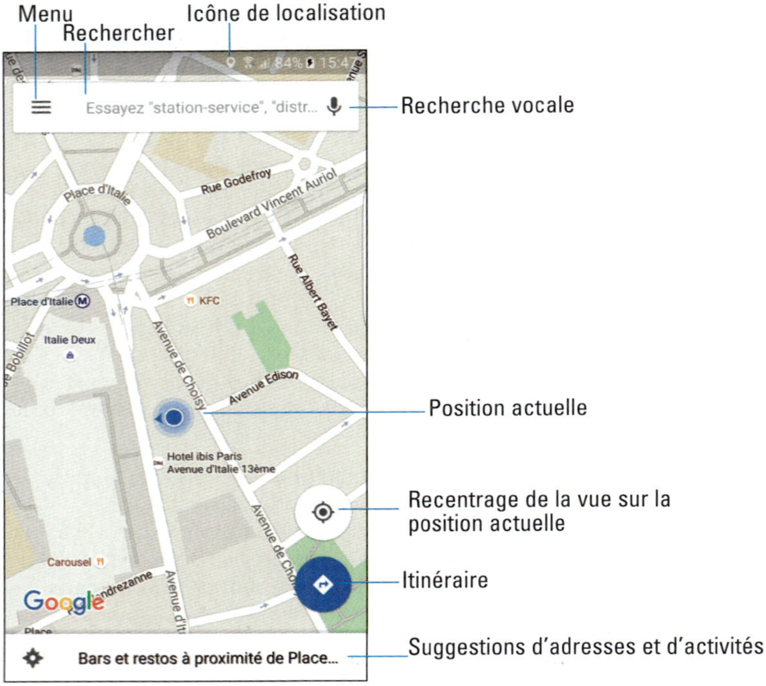

Figure 12.1 : Maps sait où vous vous trouvez.

La localisation par GPS demande généralement un peu de temps, puisque l'appareil doit repérer un nombre suffisant de signaux satellite afin de calculer votre position. Maps est particulièrement performant de ce point de vue.

Se déplacer dans Maps

Une fois localisée, votre position est représentée par un symbole bleu au centre de l'écran.

- Touchez une fois l'écran pour voir uniquement la carte. Touchez une seconde fois pour afficher à nouveau les commandes.
- Effleurez l'écran dans la direction voulue pour vous déplacer sur la carte.
- Touchez l'icône de cible affichée vers le bas et à droite de l'écran pour recentrer la carte sur votre position.
- Touchez encore une fois cette icône pour orienter la carte selon l'axe sud/nord avec une vue 3D (disons plutôt 2D et demi).
- Touchez une troisième fois cette icône pour retourner à la vue initiale.

  L'orientation du symbole de position suit celle de l'appareil.

Maps et ses fonctions

L'écran de Maps vous donne un accès direct à plusieurs fonctionnalités de base :

- **Rechercher :** c'est une recherche Google classique, écrite ou énoncée vocalement (touchez le symbole de micro), mais portant sur une position géographique, sur une activité et ainsi de suite. Nous allons y revenir un peu plus loin.
- **Itinéraire :** pour calculer un itinéraire entre deux points. C'est l'objet de la dernière partie de ce chapitre.

En bas de l'écran, Google vous propose de découvrir des « bonnes adresses » et activités variées en découvrant les alentours de la position courante sur la carte. En fait, ce bouton peut recouvrir plusieurs variantes :

- **Découvrir les alentours (ou encore Bars et restos à proximité, ou bien Près de) :** centrez la vue à l'aide de la cible, puis touchez ce bandeau. Vous allez découvrir des suggestions de restaurants, de cinémas, de lieux culturels et ainsi de suite situés à proximité (voir la partie gauche de la Figure 12.2).

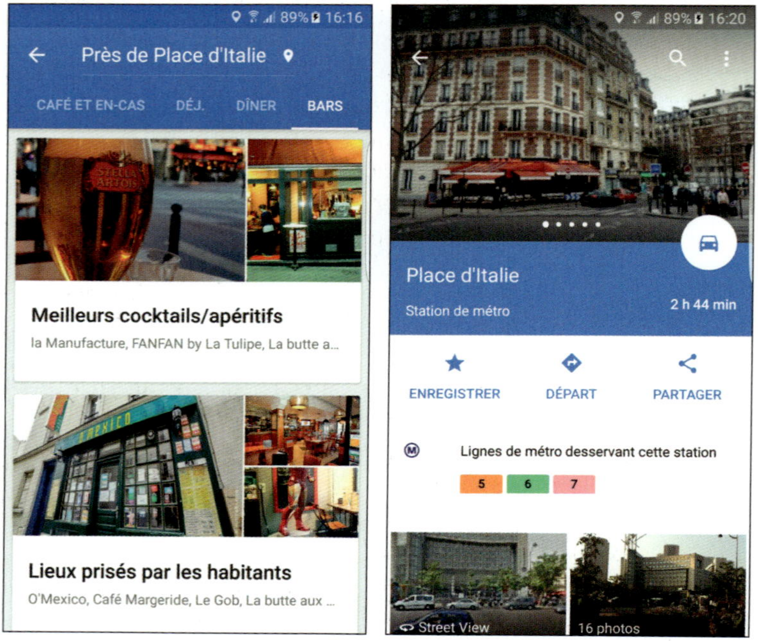

Figure 12.2 : Tout savoir ou presque sur ce qui se trouve à proximité.

Vous pouvez décider que vous êtes ailleurs que chez vous en touchant le lien Vous n'êtes pas à cet endroit. Vous pourrez alors sélectionner un des lieux suggérés par Maps ou définir une toute autre position.

- **Informations sur un lieu :** si vous avez choisi un endroit bien précis, le bandeau du bas affichera son nom. Touchez-le pour obtenir des informations détaillées. Sur l'illustration de droite de la Figure 12.2, cette technique peut être fort utile pour localiser la station de métro la plus proche de la Place d'Italie à Paris.

Toucher sur la carte la pastille rouge associée au lieu donne le même résultat. Selon la précision du critère que vous avez spécifié, un nombre plus ou moins grand de pastilles peut apparaître.

Le bouton Menu de l'interface (les trois barres en haut et à gauche de l'écran) propose d'autres options, notamment :

TRUC

Vous pouvez aussi afficher ou masquer le menu en effleurant le bord gauche de l'écran vers la droite.

- **Compte :** si plusieurs comptes Gmail sont définis sur votre smartphone, touchez le bandeau qui se trouve en haut du menu pour choisir celui que vous voulez utiliser.
- **Vos adresses :** vous permet de sélectionner directement l'adresse de votre domicile ou de votre lieu de travail sans passer par le champ Rechercher. Pour saisir ces informations, choisissez Paramètres, puis Adresse domicile ou travail.
- **Vos trajets :** pour retrouver rapidement l'historique de vos déplacements.
- **Découvrir :** c'est un autre point d'entrée pour ce que nous venons de voir.
- **Vos contributions :** c'est une sorte de réseau social dédié aux utilisateurs de Maps.
- **Découvrir :** c'est un autre point d'entrée pour ce que nous venons de voir.
- **Zones hors connexion :** nous avons déjà rencontré cette option.
- **Trafic :** pour afficher des informations sur les conditions de circulation courantes.
- **Transports en commun :** dans le même genre, pour afficher les lignes de métro ou encore d'autobus.
- **Vélo :** c'est à peu près pareil, mais sur deux roues…
- **Satellite :** ajoutez un calque offrant une vue satellitaire de la position courante. C'est comme Google Earth, mais directement intégré à Maps.
- **Relief :** s'efforce de matérialiser les altitudes en jouant sur les couleurs de la carte. Le facteur d'agrandissement est alors limité.

- **Google Earth :** c'est presque pareil que Satellite, si ce n'est que cette option vous invite à télécharger la célèbre application de Google.
- **Paramètres :** choisissez ici votre compte Google par défaut ainsi que divers paramètres de configuration de Maps (voir la partie gauche de la Figure 12.3). Notez en particulier l'option Historique Google Maps. Toutes vos recherches y sont mémorisées (voir la partie droite de la Figure 12.3). N'oubliez pas aussi d'enregistrer l'adresse de votre domicile et celle de votre lieu de travail. Cela vous fera gagner du temps.

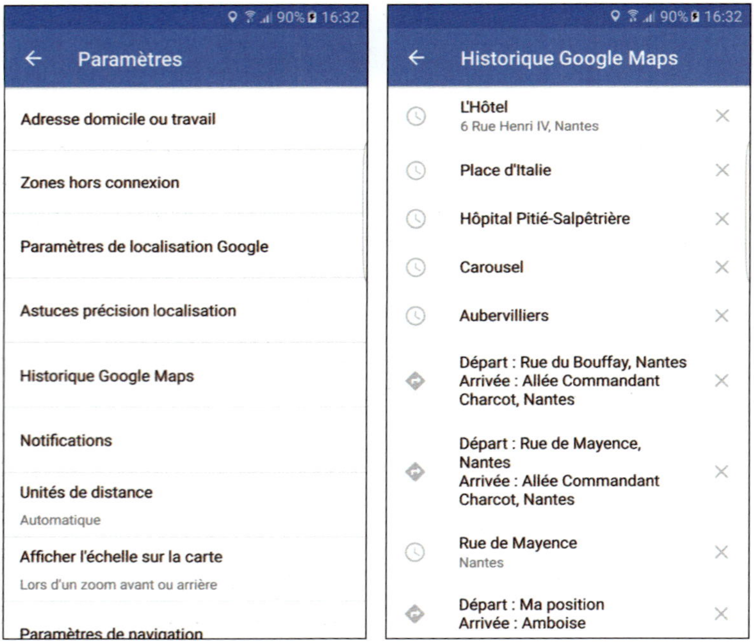

Figure 12.3 : Configurer les paramètres de Maps.

L'historique de Google Maps est lié au compte Gmail que vous utilisez, pas à l'appareil lui-même!

Modifier l'échelle de la carte

Pour agrandir l'échelle de la carte, donc pour afficher davantage de détails, touchez l'écran avec deux doigts et écartez-les.

Vous pouvez aussi tapoter deux fois de suite sur l'écran pour zoomer. Si vous recommencez plusieurs fois, vous atteindrez progressivement l'agrandissement maximal, qui dépasse cependant les capacités de localisation du GPS…

Plus vous zoomez, et plus Maps affiche de détails, notamment sur les bâtiments existants.

Pour réduire à l'inverse cette échelle, donc pour afficher un plus grand espace, touchez l'écran avec deux doigts et effectuez un pincement.

Pour recentrer la carte sur votre position, touchez l'icône représentant une sorte de cible, en bas et sur la droite de l'écran.

Vous pouvez également faire pivoter la carte en effectuant un mouvement de rotation à l'aide de deux doigts.

Rechercher un lieu ou un service

Les recherches dans Maps s'effectuent exactement comme partout chez Google. Touchez le champ Rechercher et commencez à saisir le critère qui va définir le lieu que vous voulez localiser. Vous disposez évidemment de toutes les ressources du clavier virtuel (ou du micro). Les propositions sont renouvelées chaque fois que vous entrez un nouveau caractère.

L'éventail des critères de recherche que vous pouvez utiliser est très large, sachant que Google s'efforcera en priorité de vous donner des réponses gravitant autour de votre position actuelle. Rien ne vous interdit par exemple de saisir *sushi 75005* si vous recherchez un bar à sushis dans le cinquième arrondissement de Paris, ou encore à dicter *distributeur de billets Place du Capitole à Toulouse*. N'hésitez donc pas à être imaginatif !

Si vous souhaitez simplement retrouver *quelque chose* de particulier, faites légèrement glisser l'écran vers le haut après avoir touché le bouton Rechercher (vous masquez ainsi le clavier virtuel). Maps vous propose d'explorer les environs (à partir de votre position, bien entendu) pour localiser un commerce ou un service (voir la partie gauche de la Figure 12.4). Si les quelques propositions par défaut ne vous suffisent pas, touchez le lien Plus pour afficher davantage d'options (voir la partie droite de la Figure 12.4). D'accord, si vous recherchez un magasin de jouets pour calmer le petit dernier pendant le trajet, il vous faudra faire preuve d'un peu plus d'imagination…

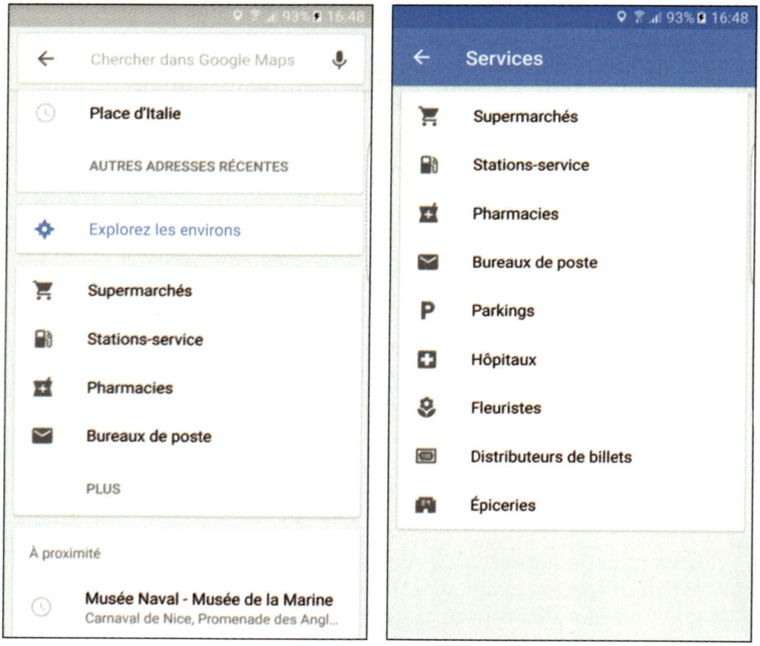

Figure 12.4 : Explorer les environs avec Maps.

Allons maintenant plus loin. Votre recherche a abouti, et vous voulez obtenir des informations plus précises, par exemple la liste des musées qui se trouvent à proximité du lieu trouvé (ou proches de vous si vous vous contentez d'afficher votre position). C'est très simple :

1. **Touchez le bouton Rechercher, puis saisissez un critère définissant la nature de ce que vous voulez localiser.**

   En l'occurrence, il vous suffirait de taper par exemple *musée*, ou encore *musée à paris*, puis de toucher l'icône de loupe sur le clavier.

2. **Si la recherche donne quelque chose, des points rouges vont s'afficher.**

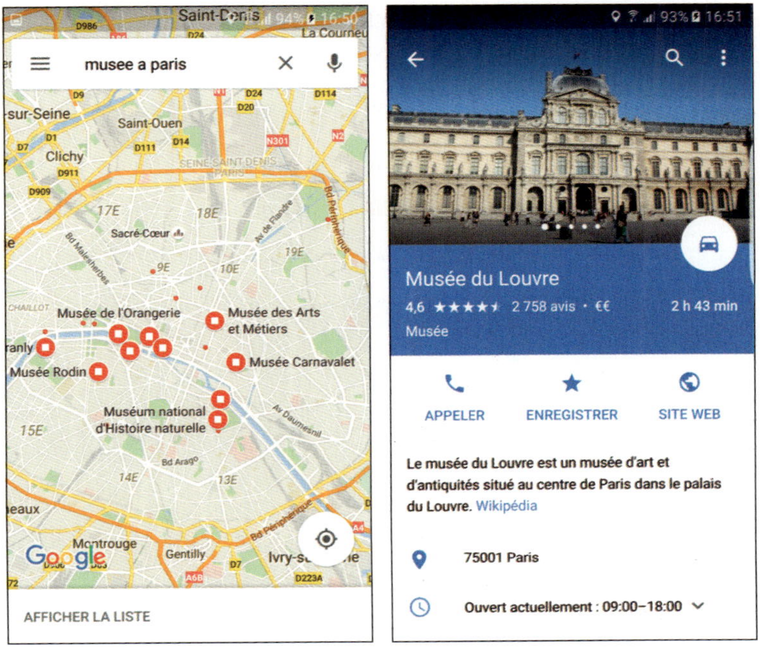

Figure 12.5 : Localiser un lieu et afficher les informations qui lui sont associées.

Dans l'exemple de la Figure 12.5, vous obtenez tous les musées connus et accessibles sur la carte telle qu'elle est affichée.

3. **Touchez une bulle ou choisissez un lieu en touchant le bandeau Afficher la liste, puis en touchant une des propositions qui vous sont faites pour afficher les informations correspondantes (voir la partie droite de la Figure 12.5).**

TRUC

Au lieu de toucher, une autre technique de Maps consiste à effleurer l'écran vers le haut ou vers le bas.

Figure 12.6 : Des arts premiers à la place Rouge, il n'y a qu'un pas à faire dans Maps !

Si trop de résultats nuisent à un bon résultat, vous pouvez également essayer d'améliorer votre recherche en touchant le bouton Filtrer. Cependant, ce filtrage est essentiellement basé sur les notes attribuées aux lieux par d'autres utilisateurs de Maps. Il n'est pas donc sûr que ce critère vous corresponde.

En touchant les diverses vignettes qui vous sont proposées, vous pouvez maintenant localiser précisément le lieu sur la carte, demander à calculer un itinéraire pour vous y rendre, lancer un appel téléphonique, consulter les avis ou donner le vôtre, l'enregistrer comme favori ou partager le lieu, prendre et publier une photo du site, ouvrir un lien Internet ou encore effectuer une visite virtuelle avec Street View. Et ainsi de suite.

TRUC

Avec Street View, vous vous promenez dans les rues et les routes, à condition bien sûr qu'elles aient été balayées par les caméras de Google. Dans certains cas, vous aurez même droit à une visite virtuelle du lieu, comme c'est par exemple le cas pour certains musées. Et pourquoi vous limiter à Paris alors que le monde entier vous tend les bras (voir la Figure 12.6).

Calculer un itinéraire et naviguer à vue

Maps est aussi un calculateur d'itinéraires entre deux points, et, comme votre smartphone contient une puce GPS, il est aussi capable de vous aider à voyager.

TRUC

Chaque fois que vous localisez un lieu dans Maps, le bouton bleu, en bas et à droite de l'écran, vous propose de calculer votre itinéraire depuis votre emplacement actuel jusqu'à l'endroit repéré. Il suffit de le toucher pour passer en mode calcul d'itinéraire.

Calculer un itinéraire

Pour rechercher un itinéraire, vous disposez de plusieurs points d'entrée :

- Toucher le bouton d'itinéraire, en bas de l'écran, lorsqu'il est proposé. Il indique un temps de trajet estimé selon le mode de déplacement que vous choisissez.

- Toucher dans Maps le bouton bleu marqué d'un véhicule, et saisir la position de départ ainsi que celle d'arrivée.

  Vous pouvez parfaitement saisir une adresse précise, une rue ou encore un nom de ville. Bien entendu, l'itinéraire sera plus ou moins exact selon la précision de vos points de départ et d'arrivée.

- Toucher une des bulles affichées sur la carte quand vous demandez à localiser un certain type de lieu, puis le bouton qui indique un temps de trajet (vous pouvez également toucher un point précis sur l'écran pour faire apparaître une bulle). Dans ce cas, le champ d'arrivée est automatiquement renseigné.
- Sélectionner l'adresse d'un contact (voir plus loin), puis demander à afficher sa position dans Maps. Il suffit pour cela de toucher le bouton en forme de bulle.
- Ou bien encore, effectuer la même action en renseignant le champ Emplacement dans la définition d'un rendez-vous.

Il ne vous reste plus qu'à vérifier vos options de navigation, choisir le cas échéant un moyen de transport, puis toucher le cadre voulu pour que Maps calcule et affiche ce qu'il pense être le meilleur trajet (voir la Figure 12.7).

Il vous suffit maintenant de toucher la vignette qui indique le temps de trajet pour faire apparaître le détail du trajet proposé.

Pour voir un itinéraire alternatif, touchez la vue réduite de la carte, puis un des tracés grisés, évidemment si Maps vous propose plusieurs solutions (voyez la partie gauche de la Figure 12.7).

- **Options :** vous avez la possibilité de choisir un mode de transport à l'aide des boutons affichés en haut de l'écran, ainsi que quelques critères supplémentaires en touchant le bouton Menu, en haut et à droite, puis Options d'itinéraire (pour éviter les autoroutes, les péages ou encore les ferries – ce n'est pas demain que vous irez en Corse avec Maps…).

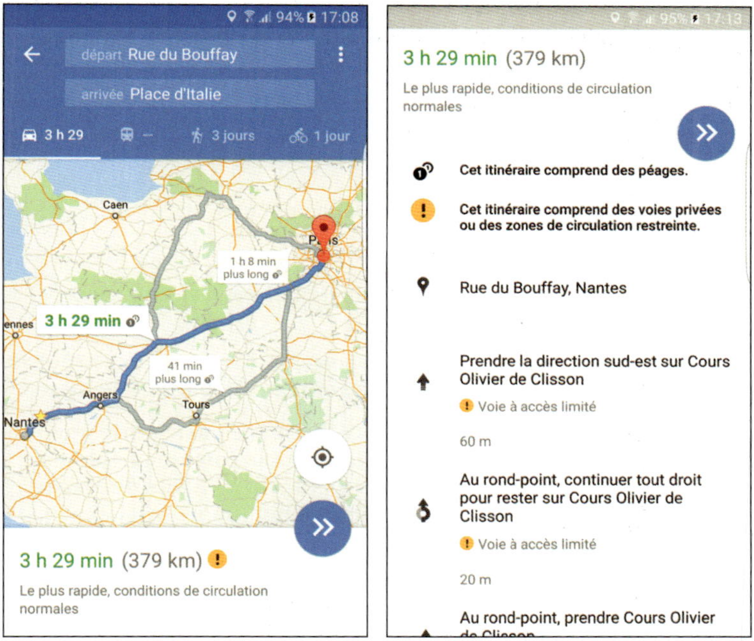

Figure 12.7 : Définir et calculer un itinéraire.

- **Aperçu de l'itinéraire :** touchez le bandeau qui correspond au trajet que vous voulez emprunter, puis l'indication de temps de trajet, en bas de l'écran. La liste des étapes de l'itinéraire proposé s'affiche (voir la partie droite de la Figure 12.7).
- **Localisation :** touchez la ligne indiquant une certaine étape pour afficher la position correspondante sur la carte.
- **Navigation :** touchez la ligne d'une étape pour visualiser la portion de carte correspondante. Vous pouvez alors faire défiler les étapes en vous servant des boutons fléchés, en bas et à droite de l'écran.

La navigation « réelle » prend comme point de départ votre position actuelle, telle qu'elle est détectée par le GPS. C'est comme un vrai GPS, quoi !

Se rendre chez un contact

Une autre manière de calculer un itinéraire consiste à partir d'une adresse enregistrée dans vos contacts :

1. **Ouvrez l'application Contacts.**
2. **Recherchez le contact chez lequel vous voulez vous rendre.**
3. **Si le champ Adresse a été renseigné, celle-ci va s'afficher parmi les coordonnées du contact. Touchez cette ligne.**
4. **Si la fenêtre Ouvrir avec s'affiche (ce qui signifie que plusieurs applications installées sur votre smartphone sont capables de vous aider), touchez l'icône de Maps puis le bouton Cette fois seulement (on ne sait jamais).**
5. **Maps affiche la localisation du contact. Touchez le bouton bleuté, en bas et à droite de l'écran, puis Accepter dans la fenêtre qui s'affiche alors (comme nous l'avons vu plus haut, il est possible que des itinéraires alternatifs vous soient proposés).**

C'est tout !

Naviguer avec Maps

Pour passer en mode guidage, il vous suffit de choisir l'un des itinéraires proposés selon l'une des méthodes présentées plus haut dans Maps, puis de toucher le bouton bleu pour démarrer la navigation.

Utiliser votre GPS et Maps pour vous conduire à votre destination est bien sûr parfaitement possible et tout à fait opérationnel. Mais n'oubliez pas les remarques faites au début de ce chapitre, notamment sur la consommation de la batterie et des données. D'autre part, un support avec ventouse est pratiquement indispensable pour la sécurité, sauf à confier à un copilote le soin de regarder l'écran à votre place et de vous dicter votre conduite…

Lorsque la fenêtre de calcul d'itinéraire s'affiche, vous pouvez choisir un point de départ quelconque, qui ne vous permettra pas d'être guidé, ou sélectionner l'option Votre position, pour démarrer de votre emplacement actuel.

Lorsque vous définissez votre point de départ et votre point d'arrivée, le bouton Options d'itinéraire vous offre un tout petit nombre de réglages pour éviter les autoroutes et les péages. Le minimum légal, quoi. Une fois la navigation lancée, c'est cette fois le bouton Menu, en bas et à droite de l'écran, qui affiche quelques paramètres, tout aussi restreints.

Si entrer votre adresse personnelle vous ennuie, pourquoi ne pas faire appel à l'application Contacts ? Créez tout simplement un contact fictif ne contenant que votre adresse, et dont le nom serait par exemple simplement formé de zéros, ou de toute autre code simple à retrouver, du moins pour vous.

Une fois le guidage commencé, vous pouvez parfaitement anticiper les étapes suivantes (ou revenir aux étapes précédentes) en touchant les boutons disponibles de chaque côté du bandeau qui est affiché en haut de l'écran (voir la partie gauche de la Figure 12.8). Pour revenir à votre trajet normal et continuer à vous laisser guider, touchez le bouton Recentrer.

Une autre méthode consiste à faire glisser le bandeau du haut vers la gauche ou vers la droite.

Ne vous étonnez pas si votre écran devient tout à coup plus sombre : vous êtes passé en mode Nuit !

Se laisser guider

Il ne vous reste plus qu'à démarrer et suivre l'itinéraire (ou pas !) en respectant bien entendu les limitations de vitesse et les priorités, tout en ne déléguant pas à votre smartphone vos responsabilités de conducteur.

Votre écran étant interactif, vous disposez d'un certain nombre de fonctions et d'options en cours de navigation. Notamment :

- Touchez l'icône de loupe pour rechercher un lieu particulier sur votre trajet (voir la partie droite de la

Figure 12.8). Si la liste proposée ne vous suffit, touchez à nouveau la loupe pour préciser votre recherche.

- L'icône de micro permet de désactiver (ou réactiver) le guidage vocal.

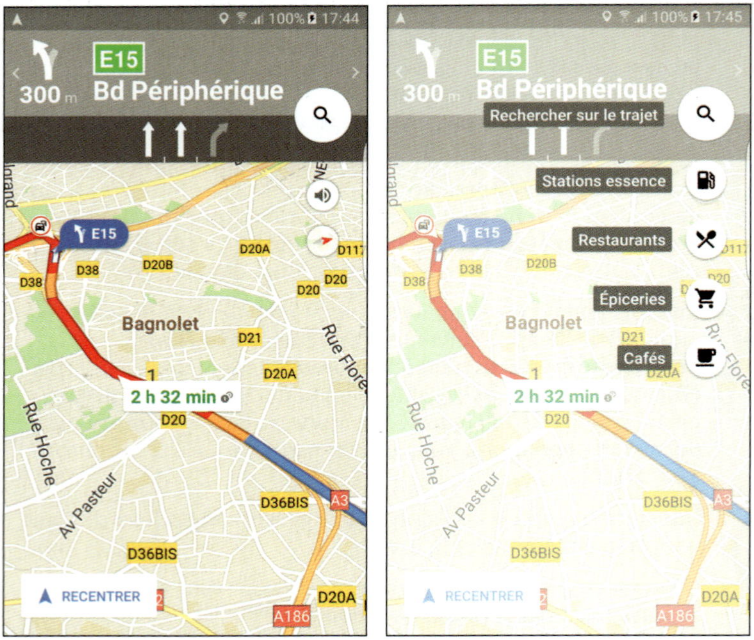

Figure 12.8 : Navigation en cours, patron !

- Le bouton Menu de l'application propose l'option Activer la vue Satellite. Elle permet d'obtenir un affichage graphique plus évolué. Mais attention à la consommation des données et à l'efficacité de la conduite ! Et n'espérez rien du côté des radars…

Dans les paramètres de navigation, vous pouvez activer le guidage vocal en Bluetooth si votre véhicule est équipé pour cela.

- Pendant la navigation, vous pouvez changer l'échelle de l'affichage à l'aide des gestuelles classiques pincer/écarter. Cela peut en particulier vous aider à repérer certains points d'intérêt utiles. Bien entendu, il vaut mieux stationner pour effectuer ce genre de manipulation, ou demander à la personne qui se trouve à côté de vous de le faire…

  À l'échelle de navigation par défaut, votre trajet est matérialisé par une ligne bleue. Si vous pincez l'écran pour élargir la vue, vous allez obtenir de nouvelles couleurs indiquant l'intensité du trafic (dans la mesure bien sûr où cette information est connue). Comme l'illustre la Figure 12.8, bleu, c'est fluide, jaune, c'est ralenti, et rouge, c'est un bouchon !

  Pour obtenir des informations supplémentaires (travaux, accidents, etc.), sélectionnez dans le menu de l'application l'option Activer la vue Trafic.

- Normalement, l'axe de l'écran, donc de la carte, est lié à votre sens de déplacement. Mais vous pouvez toucher l'aiguille, à droite et vers le haut de l'écran, pour figer l'orientation selon un axe nord-sud.

13

J'ai rendez-vous !

Dans ce chapitre :

- Synchroniser vos agendas
- Configurer et gérer vos agendas
- Créer des événements et des tâches

Vous faites quoi aujourd'hui ? Grâce à l'application S Planner du Galaxy S7 et à votre compte Gmail (et autres), gérer votre agenda devient facile, et même presque agréable. En quelques tapotements et glissements, vos agendas électroniques se synchronisent pour que vous puissiez parfaitement gérer votre emploi du temps.

Dans ce chapitre, nous allons voir comment utiliser le calendrier ou l'agenda du Galaxy S7 et le synchroniser avec un ou plusieurs comptes de messagerie. Après quoi, vous n'aurez plus aucune excuse pour manquer un rendez-vous, une réunion, une invitation ou un anniversaire.

Synchroniser des agendas

Vous avez probablement déjà plusieurs agendas électroniques pour votre travail, votre famille, vos activités sportives et ainsi de suite. Évidemment, les événements de votre vie doivent être coordonnés, gérables. Mais l'un des intérêts des agendas électroniques est justement de pouvoir vérifier instantanément que deux événements ne se chevauchent pas, ou simplement qu'il existe un décalage suffisant entre eux pour que vous ayez le temps de quitter A pour vous rendre à B…

L'un de vos agendas peut être connecté à votre compte Gmail, un autre à un autre compte Gmail ou Samsung, ou tout autre type de gestionnaire à condition que ses données puissent être reconnues par votre Galaxy S7.

Pour accéder à votre ou vos agendas, touchez le bouton Applis, puis l'icône S Planner dans la liste des applications. S Planner vous permet d'accéder aussi bien à l'agenda qui est stocké sur votre smartphone qu'à ceux que vous ajoutez à partir de l'adresse de messagerie correspondante.

Vous avez vraisemblablement déjà configuré les paramètres du Galaxy S7 pour qu'il se synchronise avec vos messageries et vos agendas. Dans ce cas, le contenu de votre agenda Gmail devrait être immédiatement et automatiquement disponible, dès lors du moins que vous avez accès à Internet. Pour le vérifier, appuyez sur le bouton Plus de l'application, en haut et à droite de l'écran, puis touchez l'option Gérer les calendriers. Vous verrez alors s'afficher la liste des agendas reconnus ainsi que les options correspondantes.

Vous pouvez aussi activer la page des widgets *via* un appui long sur une partie vide de l'écran d'accueil, et choisir le widget S Planner que vous ferez glisser sur une page de votre écran d'accueil. Toucher deux fois de suite une date ouvre l'application S Planner elle-même.

Lorsque vous ouvrez S Planner pour la première fois, il vous propose par défaut une vue au format mensuel, comme sur l'exemple de la Figure 13.1.

Figure 13.1 : L'agenda en mode Mois.

Accéder à votre agenda est on ne peut plus simple une fois les options de synchronisation correctement définies. Suivez ces étapes :

1. **Ouvrez S Planner depuis la page Applis ou votre écran d'accueil, puis touchez le bouton Plus, en haut et à droite de l'écran.**

2. **Touchez l'option Paramètres. Le cas échéant, reconfigurez les options en fonction de vos besoins. En particulier, n'oubliez pas que le premier jour de la semaine est le lundi chez nous, et le dimanche dans d'autres endroits du monde (voir la partie gauche de la Figure 13.2). Pour le reste, vous aurez surtout à choisir une sonnerie spécifique pour la notification des événements, voire à activer le vibreur. Vous pouvez aussi vous intéresser aux options suivantes :**

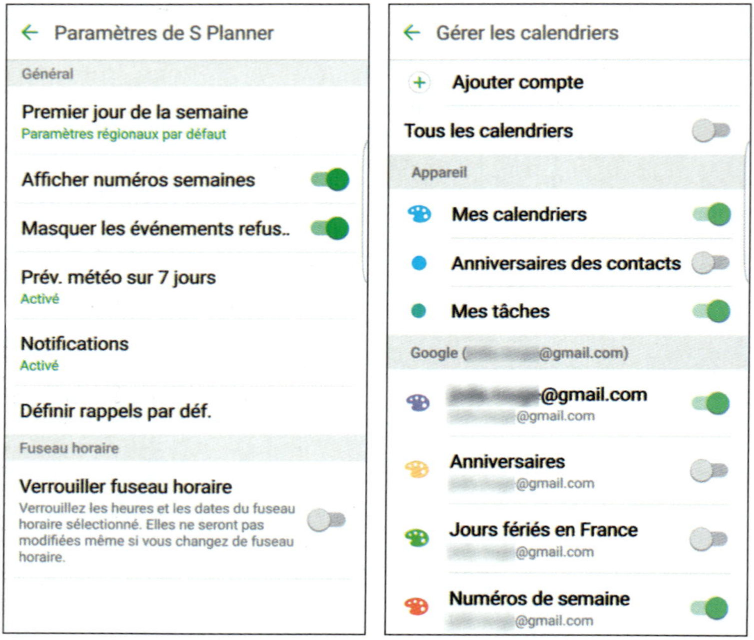

Figure 13.2 : S Planner, ses paramètres et ses calendriers.

- **Afficher numéros semaines :** il est courant de désigner les semaines par leur numéro de 1 à 52. Vous pouvez également activer ou désactiver cet affichage dans un de vos agendas.

N'OUBLIEZ PAS

Il est inutile d'afficher les numéros des semaines dans plus d'un compte. Sinon, vous ne ferez qu'encombrer l'affichage de votre agenda.

- **Définir les rappels par défaut :** si vous demandez à ce qu'un événement vous soit rappelé (de préférence à temps), choisissez ici le délai. Vous pourrez bien entendu changer d'avis pour chaque événement.
- **Verrouiller fuseau horaire :** par défaut, les horaires s'adaptent au fuseau local. Mais vous pouvez changer ce comportement en verrouillant les données de date et d'heure en un certain lieu.

3. **Revenez au menu, et choisissez maintenant l'option Gérer des calendriers (voir la partie droite de la Figure 13.2).**

4. **Dans l'écran qui apparaît, la liste des comptes déjà configurés pour la synchronisation va s'afficher. Vous constatez alors que chaque type d'événement peut être déjà activé ou non. Touchez les cases voulues pour faire apparaître ou disparaître une coche verte.**

5. **Touchez le bouton Ajouter compte, puis le lien Google.**

   Vous pouvez bien entendu choisir un autre type de connexion en fonction des comptes que vous possédez.

   Il n'existe aucun moyen simple de réaliser une synchronisation avec un agenda Outlook, sauf à exporter celui-ci vers Gmail en choisissant le format de fichier CSV, puis à importer le fichier obtenu dans Gmail à partir d'un navigateur Web.

6. **Entrez votre adresse de messagerie ainsi que votre mot de passe, puis touchez le bouton Suivant.**

   N'acceptez rien de la part de Google. Seul l'agenda nous intéresse ici.

7. **Choisissez ce que vous voulez synchroniser avec ce compte. Touchez les options voulues pour faire apparaître ou disparaître un curseur coloré.**

   Bien sûr ici, vous devriez *a minima* activer l'option Synchroniser Calendrier.

   N'activez que les options qui vous semblent absolument nécessaires. Vous pourrez toujours effectuer des changements plus tard depuis l'option Compte des paramètres de l'appareil.

8. **Touchez deux fois le bouton Retour du Galaxy S7 pour revenir à l'écran principal de S Planner.**

En plus des agendas que vous choisissez de synchroniser, vous disposez aussi d'une version interne à votre smartphone. Elle est appelée Mes calendriers.

N'OUBLIEZ PAS

Vous pouvez à tout moment choisir ce qui sera affiché dans S Planner en touchant le bouton Gérer des calendriers, depuis la touche Plus de l'application.

Choisir le type d'affichage de l'agenda

S Planner vous propose plusieurs vues sur votre ou vos agendas. Pour changer le mode d'affichage, c'est très simple :

1. **Touchez le bouton affiché en haut et à gauche de l'écran et choisissez la vue souhaitée dans la barre de navigation, comme par exemple Hebdomadaire sur la partie gauche de la Figure 13.3.**

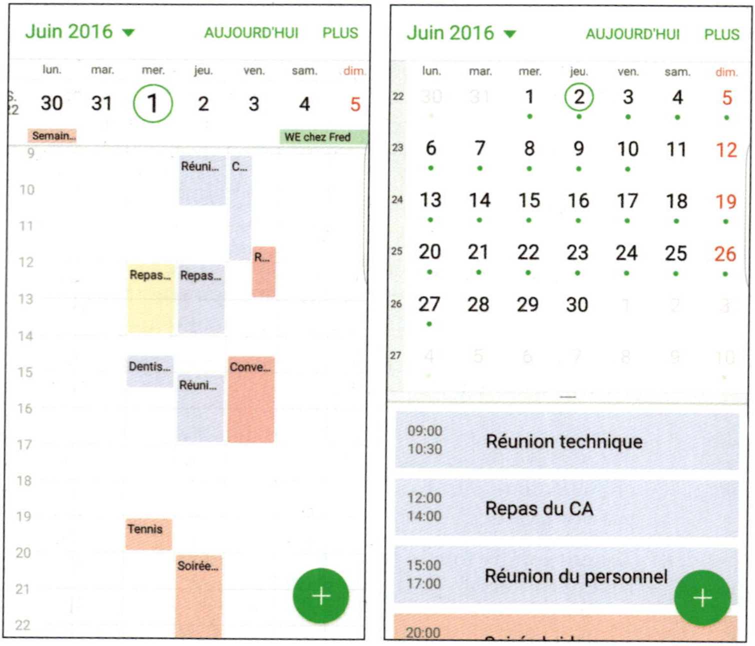

Figure 13.3 : S Planner en mode Semainier et en mode Mois.

Voyons d'un peu plus près les autres modes de présentation de l'agenda :

- **Année :** affiche un calendrier annuel. Touchez un nom de mois pour afficher celui-ci. Effleurez l'écran vers la gauche ou vers la droite pour changer d'année.
- **Mois :** c'est le mode par défaut. Mais vous pouvez afficher une vue plus détaillée des rendez-vous en effleurant l'écran de bas en haut (voir la partie droite de la Figure 13.3). Les rendez-vous apparaissent dans des bandeaux dont le détail est accessible en les touchant, et il vous suffit de toucher une date pour faire apparaître l'emploi du temps correspondant. Effleurez l'écran vers la gauche ou vers la droite pour changer de mois. Pour revenir à la vue par défaut, effleurez l'écran de haut en bas.
- **Jour :** c'est votre agenda quotidien. Faites défiler l'écran vers le haut ou vers le bas pour voir la journée entière. Pour changer de jour, effleurez l'écran vers la gauche ou vers la droite. Vous pouvez aussi toucher le numéro du jour, en haut de l'écran, pour sélectionner directement une nouvelle date. Pour revenir à la date courante, touchez le bouton Aujourd'hui.

  TRUC

  Servez-vous de la gestuelle pincer/écarter pour changer l'affichage afin de faire apparaître une plus ou moins grande amplitude horaire dans la journée. Cette technique s'applique aussi en mode Hebdomadaire pour mieux visualiser par exemple l'emploi du temps d'une certaine journée.
- **Tâches :** une tâche est un événement simplifié, un rappel de quelque chose que vous devez faire. Pour saisir une tâche, touchez simplement cette option et saisissez un texte à votre convenance. C'est aussi simple que cela.

  TRUC

  Toucher un événement dans n'importe quel mode d'affichage donne de la même manière accès aux détails de celui-ci.

Créer et gérer des événements

Vous ou votre secrétaire avez l'habitude de gérer votre ou vos agendas sur un ordinateur, en particulier dans votre page Gmail. La synchronisation devrait alors être totalement automatique. Sinon, vous allez devoir créer (et le cas échéant éditer) vos rendez-vous directement sur votre Galaxy S7, ce qui n'a rien de bien compliqué.

Pour ajouter un nouvel événement, suivez ces étapes :

1. **S Planner étant ouvert, touchez le bouton « + », en bas et à droite de l'écran.**

   Un écran semblable à celui de la partie gauche de la Figure 13.4 va s'afficher.

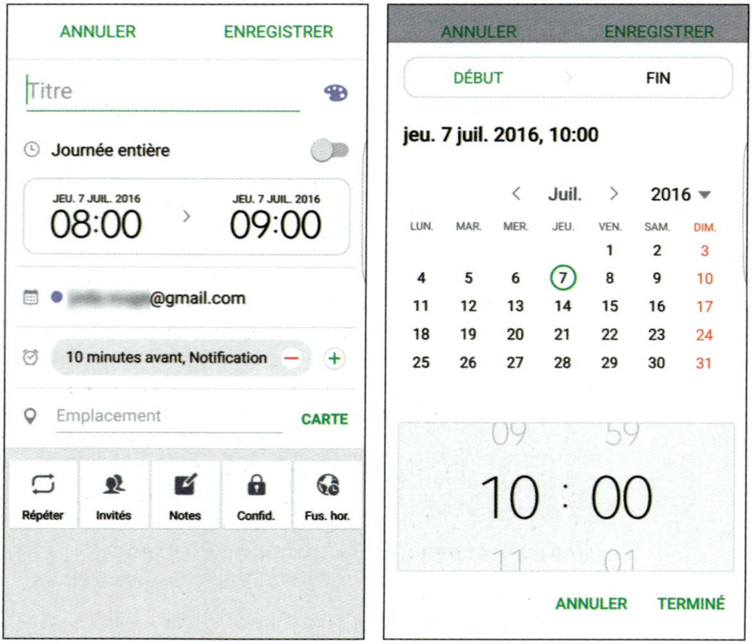

Figure 13.4 : Créer un nouvel événement.

La saisie des différents champs peut s'effectuer à l'aide du clavier virtuel ou par tout autre procédé disponible via le bouton situé à gauche de la barre d'espace. Voyez le Chapitre 3 pour plus de détails.

2. **Touchez éventuellement la ligne qui indique un nom de compte pour choisir le bon agenda. Vous noterez que chaque agenda est associé à sa propre couleur.**

   Les agendas Mes calendriers ainsi que les tâches sont enregistrés directement sur le Galaxy S7. Ils ne sont donc pas synchronisés.

3. **Entrez ensuite les renseignements dont vous disposez dans les champs appropriés.**

   Vous devez définir au moins le nom de l'événement, ainsi que la date et l'heure de son début et de sa fin.

   Voyons de plus près les principales données que vous pouvez définir pour votre événement :

   - **Titre :** le nom de l'événement. Soyez assez bref et aussi précis que possible.

   - **Couleur :** touchez le godet qui se trouve à droite du champ Titre pour choisir la couleur que vous voulez associer à l'événement.

   - **Début/Fin :** les dates et heures de début et de fin de l'événement. Touchez l'une des valeurs proposées par défaut pour définir l'information correspondante. Vous pouvez choisir un mois et une année, ainsi qu'un jour en touchant les liens correspondants. Effeuillez les chiffres du bas pour spécifier l'heure (voir la partie droite de la Figure 13.4). Vous pouvez aussi toucher l'une des valeurs (heure ou minute) pour afficher un clavier de type téléphone. Il est aussi possible de sélectionner directement le début et la fin de l'événement en jouant sur les boutons Début et Fin.

   - **Journée entière :** cochez cette case si votre événement concerne une ou plusieurs journées. Les informations horaires disparaissent, et vous pouvez alors définir une série de jours dans la semaine.

- **Notification :** vous pouvez définir ici un ou plusieurs rappels (touchez le bouton « + ») en spécifiant un délai prédéfini ou personnalisé avant le déclenchement de l'événement ainsi que le mode d'envoi de celui-ci (par notification sonore ou par e-mail).
- **Emplacement :** entrez ou localisez l'adresse de l'événement. Vous pouvez par exemple saisir ce lieu sur le clavier virtuel, ou encore toucher le bouton qui se trouve à droite du champ pour vous localiser, exactement comme vous le feriez dans Maps (l'application Maps est étudiée au Chapitre 12). Touchez ensuite le bouton Terminé.

Lorsque vous situez un événement géographiquement, une petite carte lui est automatiquement associée.

Si vous spécifiez un emplacement et que vous demandiez à être prévenu par e-mail, un lien plan dans le message vous permettra d'accéder à une carte du lieu de destination et si nécessaire de demander à calculer un itinéraire. Pratique.

Le bas de la fenêtre affiche plusieurs boutons servant à accéder à des options supplémentaires :

- **Invités :** saisissez ici le nom des personnes qui doivent participer à l'événement, ou choisissez-les dans vos contacts en touchant le bouton associé.
- **Répéter :** indiquez si l'événement doit ou non se reproduire périodiquement, et avec quelle fréquence (voir la Figure 13.5).

Selon le type de périodicité que vous définissez, vous allez devoir préciser les conditions de celle-ci. Sur la partie droite de la Figure 13.5, par exemple, l'événement se produira le premier jeudi du mois, tous les deux mois, et ce pendant un an.

- **Notes :** vous pouvez entrer ici un commentaire quelconque.

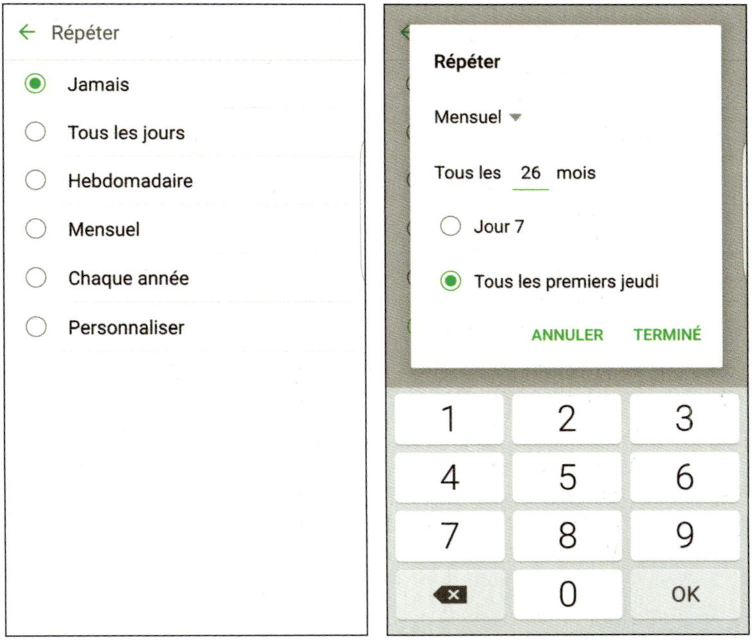

Figure 13.5 : Définir un événement répétitif.

- **Confidentialité :** vous pouvez vous déclarer comme étant occupé ou disponible (si on peut vous déranger pendant la durée de l'événement). En ce qui concerne la visibilité, l'option Par défaut est assez floue. Disons que c'est plus ou moins comme Public, autrement dit nombre de vos contacts (et même d'autres personnes…) pourront avoir la possibilité de savoir ce que vous faites. Si vous voulez que l'événement reste d'ordre strictement privé, choisissez l'option Confidentiel.

Les champs Invités et Confidentialité n'apparaissent pas si l'événement est enregistré dans Mes calendriers.

- **Fuseau horaire :** il est possible de spécifier un fuseau horaire si l'événement doit se dérouler à l'autre bout du monde. Pour ne pas manquer votre rendez-vous, vous devez activer dans les paramètres la mise à jour automatique de l'heure.

4. **Touchez le bouton Enregistrer pour terminer (ou Annuler si vous changez d'avis).**

Une fois un événement enregistré, vous avez à votre disposition diverses options pour le gérer :

- Pour réviser le contenu d'un événement, touchez la case correspondante dans votre agenda, de préférence en mode Jour ou Semaine. Vous accédez alors à la page de définition de l'événement, avec y compris la liste des éventuels invités. Vous pouvez facilement corriger des informations incorrectes, ou encore en envoyer les détails sous la forme d'un fichier au format standard ICS à l'aide du bouton Partager. Selon la nature de l'événement, vous pourrez aussi accepter ou refuser d'y participer, l'information étant accessible aux autres utilisateurs s'il s'agit d'un agenda partagé *via* un compte commun.
- Pour retrouver un certain événement, touchez le bouton Plus, puis l'option Rechercher. La liste de tous les événements va s'afficher. Commencez à saisir votre requête pour sérier la recherche. Celle-ci peut porter sur n'importe quel champ associé à l'évènement.
- Pour déplacer un événement sans l'éditer, choisissez le meilleur mode d'affichage possible. Touchez ensuite l'événement et, tout en maintenant le doigt bien appuyé, faites-le glisser verticalement pour changer d'heure, ou bien horizontalement pour changer de date.

  TRUC

  Les poignées qui apparaissent sur les bords du cadre permettent de modifier l'amplitude horaire de l'événement.
- Pour effacer un événement, il vous suffit de l'afficher, puis de toucher le bouton Supprimer.

Vous devez aller jeudi chez le dentiste à 11 heures, mais vous êtes censé avoir un rendez-vous à la même heure avec un client. Comment gérer cet agenda un peu compliqué sans rien oublier et sans attirer l'attention ? C'est très simple : vous enregistrez les deux événements pour le même jour, le premier dans l'agenda Mes calendriers, qui n'apparaîtra que sur votre smartphone, et le second dans votre agenda « officiel », consultable sur le Web. Il ne vous reste plus qu'à choisir ce que vous voulez afficher en touchant le bouton Plus, puis Gérer les calendriers, et le tour est joué !

14

Une touche de personnalisation en plus

Dans ce chapitre :

- Personnaliser l'écran d'accueil et de verrouillage et choisir un thème
- Configurer la date et l'heure
- Un écran plus éclatant ?
- Personnaliser la barre des notifications
- Mettre en veille, mais intelligemment
- Changer de sonnerie (et régler son volume)
- Un réveil à portée de main
- Bloquer les appels et protéger ses fichiers
- Votre santé, version Samsung
- Le Galaxy S7, version Gamers
- Edge et sa languette

Nous savons déjà comment gérer les pages de l'écran d'accueil en les garnissant d'icônes d'applications et de widgets, ou encore en les réorganisant. Reste à lui donner une touche personnelle supplémentaire en le décorant d'un fond qui vous plaise.

Ce n'est qu'une des possibilités que vous offre votre Galaxy S7. Nous allons en découvrir d'autres dans ce chapitre. Mais commençons par le plus facile.

Personnaliser l'écran d'accueil

L'image affichée en arrière-plan sur votre écran, qu'il soit d'accueil ou de verrouillage, c'est ce que vous voyez en premier. Il doit donc être à votre image, vous ressembler, vous rappeler quelque chose d'important, et tant qu'à faire, être beau et vous plaire (même si vous pouvez en changer quand vous voulez).

Pour choisir un nouveau fond d'écran, suivez ces étapes :

1. **Repérez une partie vide d'une page quelconque de votre écran d'accueil et faites un appui long dessus.**

2. **Dans la page qui apparaît, touchez le bouton Fonds d'écran.**

   Nous avons déjà vu qu'il était aussi possible d'afficher un plus ou moins grand nombre d'icônes via l'option Grille d'écran.

3. **Un menu s'affiche en haut de l'écran. Touchez l'une des options Écran d'accueil ou Écran de verrouillage. La troisième applique le même fond aux deux.**

4. **Touchez par exemple le bouton Écran d'accueil. Vous disposez alors de choix prédéfinis, ainsi que d'un bouton Depuis Galerie qui vous permet d'aller chercher votre décoration dans votre stock de photographies.**

   L'écran d'accueil propose une option spécifique, pour donner un effet de mouvement à l'image. Mais, dans ce cas, votre batterie s'épuisera évidemment plus vite.

   Si le format de l'image que vous choisissez dans la Galerie dépasse les capacités de l'écran, le Galaxy S7 va automatiquement tenter de l'ajuster selon la meilleure disposition possible. Il vous suffit alors d'effleurer l'écran dans le sens voulu pour positionner définitivement le fond d'écran, ou encore d'utiliser la gestuelle pincer/écarter pour redimensionner l'image.

Malheureusement, il n'est pas possible d'afficher des fonds différents sur les pages de l'écran d'accueil…

Si vous trouvez que les fonds d'écran proposés ne suffisent pas à votre bonheur, tournez-vous du côté de Play Store et voyez par exemple ce que propose la catégorie d'applications Fond d'écran animé. Vous pouvez également en trouver d'autres gratuits en installant par exemple une application spécialisée telle que Zedge. Pour plus d'informations sur Play Store, reportez-vous au Chapitre 8.

Il existe des applications qui redéfinissent entièrement la gestion de l'écran et des applications. On les appelle des *launchers*, des lanceurs. Comme elles risquent de désactiver au passage certaines fonctionnalités propres aux appareils Samsung, nous les laisserons de côté.

Personnaliser l'écran de verrouillage

Le Chapitre 16 vous explique comment mieux protéger votre Galaxy S7 en remplaçant le glissement par défaut par d'autres techniques plus poussées. Mais, ici, il ne s'agit que de personnalisation. Voyons donc d'un peu plus près ce qu'il est possible de faire :

1. **Touchez le bouton Applications, puis l'icône Paramètres. Touchez ensuite la ligne Écran verrouillage/Sécurité, puis Informations et raccourcis.**

2. **Ajustez ensuite les icônes que vous voulez voir s'afficher sur l'écran de verrouillage dans la section Raccourcis d'application (voir la Figure 14.1).**

Comme vous pouvez facilement le constater, les options dont vous disposez sont assez pauvres.

Les deux icônes sont des raccourcis qu'il suffit de faire glisser pour accéder directement aux applications correspondantes.

Les choix par défaut, le téléphone et l'appareil photo, sont vraisemblablement les meilleurs.

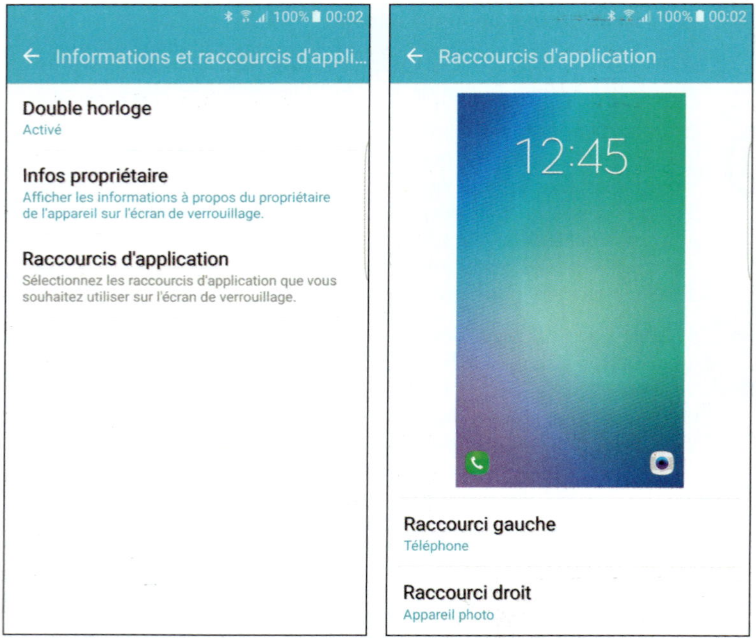

Figure 14.1 : Les options de l'écran de verrouillage.

Choisir un thème

Samsung vous propose une méthode supplémentaire pour personnaliser votre Galaxy S7 : l'application d'un thème qui va modifier non seulement vos fonds d'écran, mais aussi l'aspect de vos fenêtres, de vos icônes ou ensuite du style des caractères.

Pour explorer cette autre piste :

1. **Repérez une partie vide d'une page quelconque de votre écran d'accueil et faites un appui long dessus.**

2. **Dans la page qui apparaît, touchez le bouton Thèmes.**

   TRUC Il est également possible d'accéder aux thèmes via les paramètres de l'appareil.

3. **Votre thème actuel est gentiment appelé Par défaut. Vous pouvez en choisir un autre parmi les quelques propositions qui vous sont faites (voir la partie gauche de la Figure 14.2).**

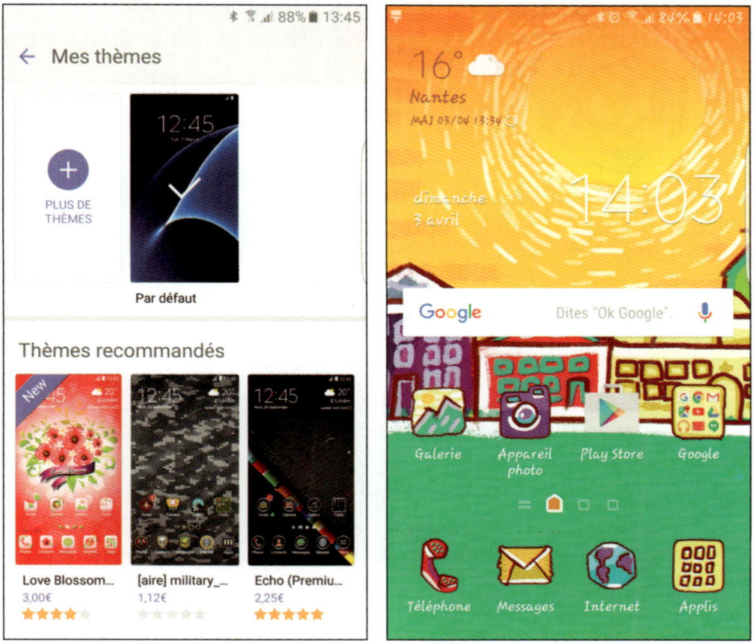

Figure 14.2 : Choisir un thème pour le Galaxy S7.

4. **Si, comme je le suppose, vous n'êtes pas convaincu, touchez le bouton Plus de thèmes. Faites défiler la page pour tenter de trouver votre bonheur.**

5. **Quand, et si, vous trouvez un thème qui vous plaît, touchez-le pour afficher sa description (assurez-vous d'abord qu'il n'est pas payant…). Touchez ensuite le bouton Télécharger et validez.**

6. **Une fois l'installation terminée, vous pouvez décider de l'installer tout de suite, ou encore appuyer plusieurs fois sur la touche Retour du smartphone pour revenir à la page Thèmes du Galaxy S7. Touchez la vignette de votre nouveau thème, puis le bouton Appliquer. Notez que vous êtes tout de suite prévenu des risques.**

   Il ne vous reste plus qu'à admirer le travail (voir la partie droite de la Figure 14.2).

7. **Vous êtes déçu ? Il ne vous reste plus qu'à reprendre toute la procédure depuis le début, choisir le thème Par défaut et l'appliquer…**

Voilà, tout est rentré dans l'ordre.

Configurer la date et l'heure

Normalement, votre Galaxy S7 ne devrait pas avoir besoin de vous pour connaître la date et l'heure courantes. Mais vous pourriez tout de même avoir besoin d'effectuer vous-même ce réglage, soit parce qu'un décalage s'est produit, soit parce que, par exemple, vous changez de fuseau horaire.

N'OUBLIEZ PAS

Nombre de services et d'applications fonctionneront mieux si la date et l'heure sont correctement définies. Cela va de la messagerie, de votre agenda, des outils de localisation et de navigation, jusqu'à l'appareil photo (les clichés mémorisent ces informations), *etc.*

Pour régler correctement la date et l'heure, suivez ces étapes :

1. **Ouvrez l'application Paramètres.**
2. **Faites défiler l'écran vers le bas, et repérez la ligne Date et heure. Touchez-la.**
3. **Dans la page qui s'affiche, commencez par vérifier que l'option Date et heure automatiques est bien cochée (voir la partie gauche de la Figure 14.3).**
4. **Si vous avez constaté un décalage anormal, décochez la première ligne, puis servez-vous des options Définir la date et Définir l'heure pour ajuster ces valeurs (voir la partie droite de la Figure 14.3).**

5. **Configurez à votre convenance les options de fuseau horaire et de style d'affichage.**
6. **Quand vous avez terminé, touchez deux fois le bouton Retour du smartphone pour quitter les paramètres.**

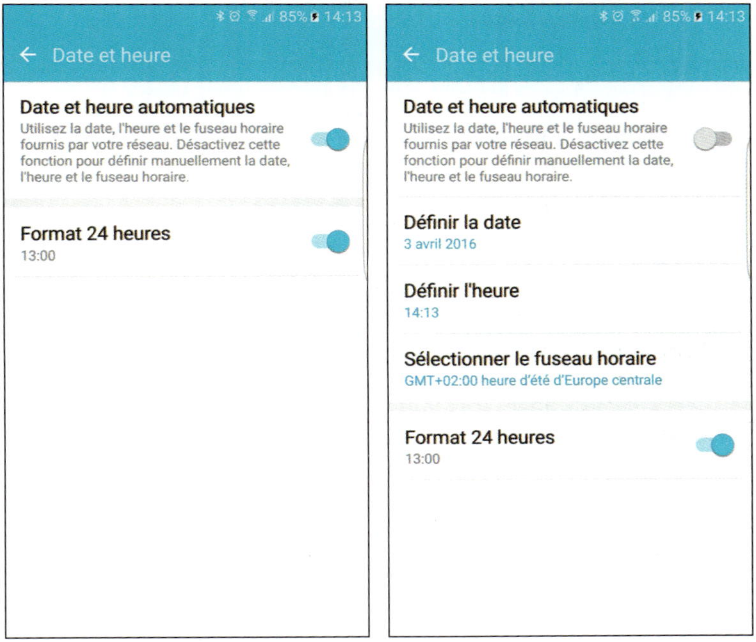

Figure 14.3 : Régler la date et l'heure.

Un écran plus éclatant ?

Nous avons déjà vu comment changer l'image affichée sur le fond de l'écran, et même comment choisir un thème. Mais comment modifier la manière dont celui-ci réagit à la lumière, ou le mode d'affichage des couleurs ? Vous disposez pour cela de plusieurs options :

1. **Ouvrez l'application Paramètres, puis touchez la ligne Affichage.**
2. **Touchez l'option Mode d'écran et sélectionnez une « couleur » d'affichage plus ou moins neutre ou saturée (voir la partie gauche de la Figure 14.4). Touchez ensuite le bouton Retour.**

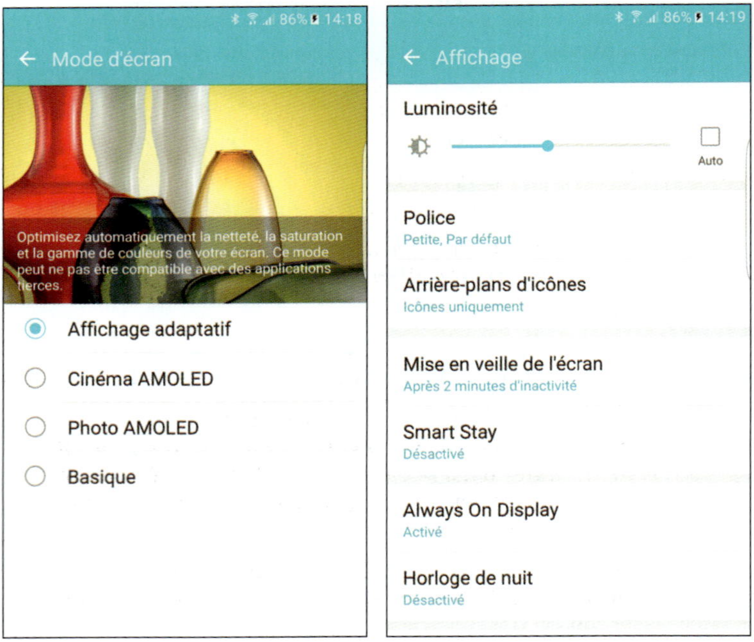

Figure 14.4 : Ajuster les paramètres d'affichage.

Même en mode adaptatif, les couleurs ont tendance à être un peu trop saturées, mais ce n'est pas un défaut sur un écran de smartphone, car cela le rend généralement plus facile à lire.

3. **Touchez ensuite l'option Luminosité. Faites glisser le petit curseur pour obtenir le niveau de clarté qui vous convient le mieux (voyez la partie droite de la Figure 14.4).**

Si vous cochez la case Luminosité automatique, vous laissez l'appareil décider de lui-même. Cependant, cela produit parfois un affichage bien trop sombre, du moins à mon goût.

4. **Modifiez si vous le souhaitez les autres paramètres d'affichage à votre convenance.**

   Nous en avons déjà rencontré certains. Notez en particulier l'option Police qui vous permet de changer le style et la taille des caractères affichés à l'écran. Sauf à avoir une vue ou bien très perçante ou bien très basse, je vous conseille d'éviter les polices de caractères exotiques et les tailles extrêmes.

   L'option Écran de veille, qui sollicite la batterie pour son rechargement, semble à éviter.

5. **Appuyez plusieurs fois sur le bouton Retour du smartphone pour quitter l'application Paramètres.**

Personnaliser la barre des notifications

Tant que vous êtes dans les options d'affichage, vous pouvez aussi, si vous le souhaitez, adapter les paramètres qu'il est possible de régler dans la barre des notifications (souvenez-vous : vous l'ouvrez en faisant glisser vers le bas le bandeau affiché en haut de l'écran).

1. **Faites glisser vers le bas la barre des notifications, puis touchez le bouton Modifier, en haut et à droite de l'écran.**
2. **Pour accéder directement à l'activation ou à la désactivation d'une des fonctions proposées, touchez simplement l'icône correspondante (voir la Figure 14.5). Faites un appui long sur une icône pour ouvrir (si possible) la page de configuration correspondante.**
3. **Appuyez sur le bouton Retour du smartphone pour revenir à l'écran d'accueil.**

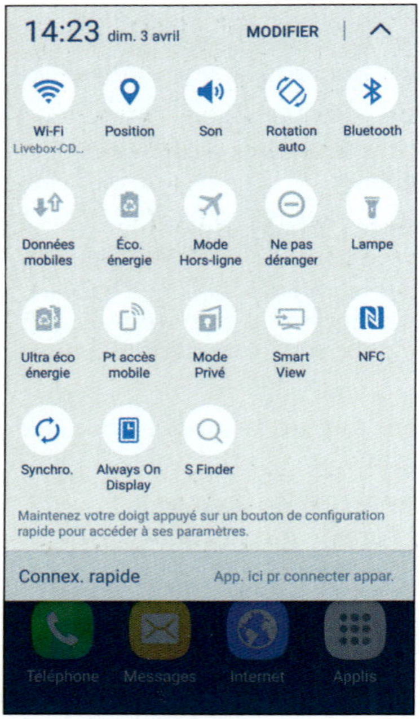

Figure 14.5 : Redéfinir le contenu des raccourcis dans la barre des notifications.

Mettre en veille, mais intelligemment

Pour économiser sa batterie, le Galaxy S7 se met automatiquement en veille au bout d'un *certain* temps. *Certain*, c'est combien ? À vous de choisir :

1. **Ouvrez à nouveau l'application Paramètres, puis choisissez Affichage, et enfin l'option Mise en veille de l'écran.**
2. **Touchez la ligne qui correspond au délai qui vous convient le mieux.**

   Ce délai peut aller de 15 secondes à 10 minutes. Personnellement, une minute ou deux me conviennent très bien.

3. **Tant que vous y êtes, vous pouvez activer dans la page Affichage le mode appelé Smart Stay. Dans ce mode, le Galaxy S7 (ou plutôt sa caméra frontale) vous surveille. S'il constate que vous le regardez droit dans les yeux, il commence à paniquer et, du coup, ne se met pas en veille. Très fort !**

4. **Appuyez plusieurs fois sur le bouton Retour du smartphone pour quitter l'application Paramètres.**

Changer de sonnerie (et régler son volume)

Le téléphone sonne... Oui, mais comment ? Trop fort ? Désagréablement ? Voyons donc cela de plus près :

1. **Ouvrez l'application Paramètres, puis touchez l'icône Sons et vibration.**

2. **Commencez par l'option Volume. Vous pouvez ici jouer des curseurs pour régler à votre convenance le niveau sonore par défaut de la musique, de la sonnerie des notifications et du système (voir la Figure 14.6). Touchez le bouton Retour pour terminer.**

   TRUC

   Bien entendu, vous avez toujours les boutons physiques du téléphone pour modifier le volume sonore quand vous en avez besoin.

3. **Touchez maintenant l'option Sonnerie. Choisissez le thème qui vous convient le mieux, puis touchez le bouton Retour du smartphone (voyez la partie droite de la Figure 14.6).**

   Vous avez la possibilité de ne *pas* faire sonner le téléphone avec le thème Discret. D'autre part, il est parfaitement possible de personnaliser totalement vos sonneries en touchant le bouton Ajouter pour sélectionner un fichier MP3 (de préférence) enregistré sur le smartphone.

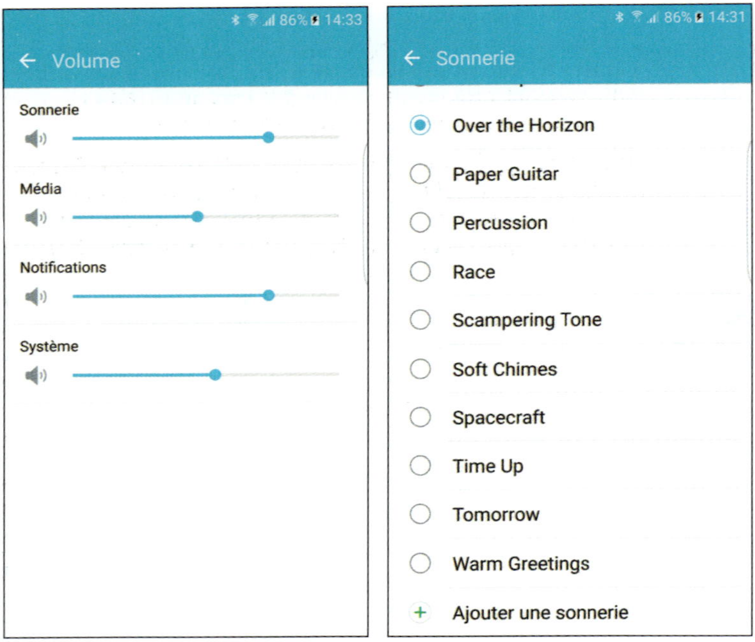

Figure 14.6 : Configurer les options sonores du Galaxy S7.

Voyez dans cette page quelles autres options vous souhaitez personnaliser, notamment pour le son émis par les notifications ou encore la configuration du vibreur. Alors que la plupart des paramètres sont généralement définis une fois pour toutes, vous risquez de revenir plus souvent à cette page d'options en fonction des circonstances, ou simplement suite à une envie de changement…

Un réveil à portée de main

Tous les téléphones actuels ont une fonction du genre alarme ou réveil, et le Galaxy S7 ne manque évidemment pas à l'appel. Voyons donc comment il peut vous aider à vous réveiller le matin, ou à vous rappeler un rendez-vous important.

Suivez ces étapes :

1. **Touchez le bouton Applications, puis l'icône Horloge.**

   Vous pouvez bien entendu faire glisser l'application Horloge sur une page de votre écran d'accueil.

2. **Dans l'écran qui apparaît, définissez l'heure de l'alarme en effleurant les chiffres vers le haut ou vers le bas, ou tout simplement en touchant une des valeurs pour afficher un gros pavé numérique (voir la Figure 14.7).**

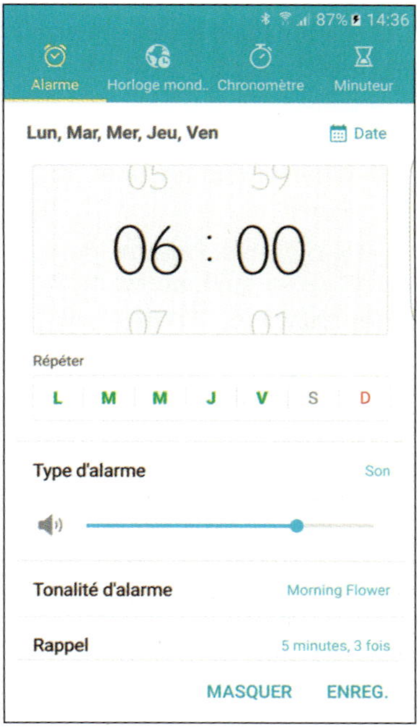

Figure 14.7 : Créer une alarme.

3. **Sélectionnez si nécessaire un certain jour en touchant le bouton Date.**

Tout cela ressemble exactement au choix de la date créée pour un événement dans S Planner. Reportez-vous si nécessaire au Chapitre 13.

4. **Dans la section Répéter, cochez les cases des jours où l'alarme doit se déclencher.**

   Si aucune répétition n'est définie, l'alarme se déclenchera une seule fois à l'heure dite.

5. **Choisissez les autres réglages en touchant le bouton Options (reportez-vous à la Figure 14.7) :**

   - **Type d'alarme :** vous avez le choix entre son, vibreur ou les deux. Faites glisser le curseur pour régler le volume sonore
   - **Tonalité d'alarme :** choisissez une musique prédéfinie ou un fichier personnel, exactement comme pour la sonnerie du téléphone.
   - **Rappel :** définissez avec cette option si l'alarme doit être répétée plusieurs fois, et selon quel intervalle. N'oubliez pas là non plus de valider vos choix et de rendre l'option active.
   - **Augmenter le volume :** décidément, l'intelligence de votre Galaxy S7 se loge partout! En fait, cette « intelligence » consiste surtout à déclencher une alarme dont le volume sonore augmentera progressivement. C'est sans doute destiné à ceux qui veulent se réveiller « intelligemment », c'est-à-dire en douceur…
   - **Nom de l'arme :** il ne vous reste plus qu'à donner éventuellement un nom (assez concis) à votre alarme à l'aide du clavier virtuel.

6. **Quand vous avez terminé, touchez le bouton Enreg.**

Votre alarme est maintenant opérationnelle.

- Pour éditer une alarme, touchez la ligne correspondante.
- Pour effacer une alarme, touchez la croix qui se trouve en haut et à droite du bandeau correspondant.

TRUC

- Pour activer ou désactiver une alarme, touchez l'icône de réveil, à sa gauche.

  Lorsqu'une alarme est activée, un petit symbole de réveil apparaît vers la droite de la barre des notifications.

- Vous pouvez bien entendu créer de multiples alarmes en reprenant la même procédure.
- L'application Horloge est également capable de servir d'horloge mondiale en choisissant une ville dans la liste, mais aussi de chronomètre ou encore de Minuteur. Touchez le bouton correspondant dans le bandeau affiché en haut de l'écran.
- L'horloge interne du smartphone a beau battre en permanence, inutile d'espérer être réveillé à l'heure s'il est éteint ou déchargé !

Bloquez-les tous !

Quoi de plus désagréable que d'être dérangé en pleine réunion par l'appel d'un inopportun ? Pour éviter cela, le Galaxy S7 vous propose une option spécifique appelée le mode Ne pas déranger :

1. **Ouvrez l'application Paramètres, puis touchez l'option Ne pas déranger. Commencez par rendre actif ce mode en touchant le bouton Activer maintenant. Faites de même pour l'option Activation programmée.**

   Vous voyez s'afficher une liste de réglages (voir la partie gauche de la Figure 14.8) :

   - **Jours et heures :** vous choisissez ici les jours ainsi qu'une certaine plage horaire (la nuit ou encore pendant une réunion très importante) d'activation du mode Ne pas déranger.
   - **Autoriser les exceptions :** cochez ou décochez les cases des types de signaux qui seront ou non bloqués : appels téléphoniques, notifications diverses et variées, messages, et ainsi de suite (voir la partie droite de la Figure 14.8).

Si vous vous servez du Galaxy S7 comme réveil et que vous désactiviez les alarmes, vous risquez d'être en retard au travail !

2. **Quand vous avez terminé, touchez deux fois le bouton Retour du téléphone pour quitter l'application.**
3. **Pour activer ou désactiver ce mode à tout instant, déroulez la barre des notifications, faites glisser vers la droite la rangée des raccourcis, puis touchez le bouton Ne pas déranger.**

Votre tranquillité est assurée !

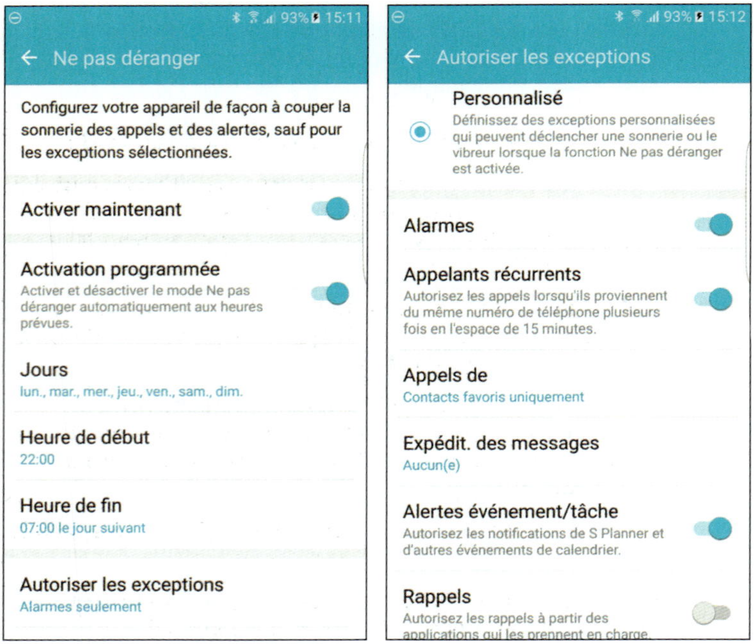

Figure 14.8 : Le mode Ne pas déranger.

Le Galaxy S7, mais privé

Dans cet autre mode, vous ne bloquez plus certaines fonctions et/ou appels, mais vous protégez vos contenus personnels de manière à ce qu'ils ne soient pas accessibles de l'extérieur.

Pour activer ce mode :

1. **Ouvrez l'application Paramètres, puis touchez l'option Confidentialité/Protection suivie de Mode Privé. Activez ce mode en touchant le bouton placé en haut et à droite de l'écran.**

2. **Commencez par choisir un mode de déverrouillage par modèle, code PIN, mot de passe ou encore empreintes.**

   N'OUBLIEZ PAS

   Pour plus d'informations sur ces modes de protection, reportez-vous au Chapitre 16.

3. **Ajoutez un code PIN pour une protection maximale.**

   Vos données sont tellement importantes et confidentielles que vous devez faire preuve de ruses de Sioux afin de déjouer tous les services secrets… Enfin, on peut faire semblant d'y croire !

4. **L'écran de configuration du mode Privé apparaît. Modifiez éventuellement le type d'accès et le régime de désactivation automatique.**

   Vous êtes prévenu que le mode Privé ne concerne que quelques applications : Galerie, Musique, Enregistreur vocal et Mes fichiers. La liste est certes limitée, mais importante.

   Quand le mode Privé est activé, une petite icône apparaît à gauche de la barre des notifications.

Maintenant, vous allez avoir à choisir ce que vous voulez absolument garder pour vous. Prenons un exemple :

5. **Ouvrez l'une des applications concernées par le mode Privé, disons au hasard la Galerie.**

6. **Ouvrez un des albums, puis faites un appui long sur une des vignettes pour la sélectionner.**

Vous pouvez continuer à cocher des photos en touchant leurs aperçus, ou encore sélectionner l'album entier à l'aide de la liste affichée en haut et à gauche de l'écran.

7. **Touchez maintenant le bouton Plus, en haut et à droite de l'écran. Une nouvelle commande vous propose de déplacer votre sélection dans Privé. Touchez-la.**

   Vos images sont stockées dans un endroit résolument interdit au public.

   TRUC

   Mais où se trouve cet endroit ? Pour le savoir, ouvrez l'application Mes fichiers. Vous y voyez une nouvelle entrée dans la rubrique Stockage local. Judicieusement nommée Privé, elle contient tous les éléments que vous avez marqués comme étant privés. Vous seul pouvez y accéder.

8. **Pour revenir en arrière, autrement dit rendre à nouveau public ce que vous aviez masqué, ouvrez l'application Mes fichiers. Faites un appui long sur un des éléments, puis continuez normalement votre sélection.**

9. **Touchez le bouton Plus. Touchez la ligne Supprimer de Privé.**

10. **Choisissez votre destination et touchez le bouton Déplacer ici.**

    ATTENTION

    Ne vous trompez pas sur le dossier de destination, car les éléments déclarés comme étant privés peuvent provenir de sources variées !

Enfin, pour activer ou désactiver le mode Privé, procédez comme suit !

11. **Ouvrez la barre des notifications, puis touchez le bouton Modifier, en haut de l'écran pour révéler tout le volet des raccourcis.**

12. **Touchez l'icône Mode Privé.**

13. **Si le mode Privé était activé, vous revenez à la situation « normale ».**

    Les éléments définis comme étant privés ne sont plus accessibles, même pour vous.

14. **Si le mode Privé était désactivé, servez-vous du type de déverrouillage défini plus haut pour le réactiver.**

    Vous pouvez à nouveau accéder aux éléments privés.

Même si c'est privé, c'est encore plus ou moins public... Si vous activez le mode Privé et que vous connectiez par exemple votre Galaxy S7 sur votre ordinateur, vous allez tout simplement voir un « disque virtuel » supplémentaire appelé Private. Et vous pourrez évidemment faire ce que voulez avec son contenu, du moins si vous êtes capable d'activer et de désactiver le mode Privé sur votre smartphone.

Votre santé, version Samsung

Samsung veut que vous soyez en bonne santé et que vous fassiez du sport. Disons plutôt, Samsung veut aussi être en bonne santé (financière) en accompagnant ou créant de nouvelles modes, et en vous vendant des appareillages complémentaires. Mais tout cela n'a rien de critiquable, et si votre Galaxy S7 vous accompagne pour améliorer votre condition et votre mode de vie, tant mieux !

Le point d'accueil de cet accompagnement, c'est l'application S Health (plus éventuellement celles que vous installerez en suivant les indications bienveillantes du géant coréen).

Pour utiliser S Health :

1. **Touchez le bouton Applications, puis l'icône S Health.**

   Normalement, S Health devrait aussi être accessible par défaut depuis une des pages de l'écran d'accueil.

2. **Suivez la procédure de configuration de l'application pour définir votre profil.**

   À l'arrivée, et si vous avez répondu sans tricher aux questions, S Health devrait en savoir suffisamment sur vous pour vous accompagner dans vos efforts sportifs et autres activités.

3. **Vous pouvez maintenant vous lancer dans diverses activités sportives tout en vous fixant des objectifs et en**

choisissant ce que vous voulez faire apparaître, comme la durée de l'effort, la distance parcourue, la vitesse, les calories brûlées, le rythme cardiaque, et ainsi de suite (voir la Figure 14.9). Marche, course à pied, vélo, randonnée… Tout y passe (ou presque, car le Galaxy S7 ne va pas jusqu'à vous proposer la natation).

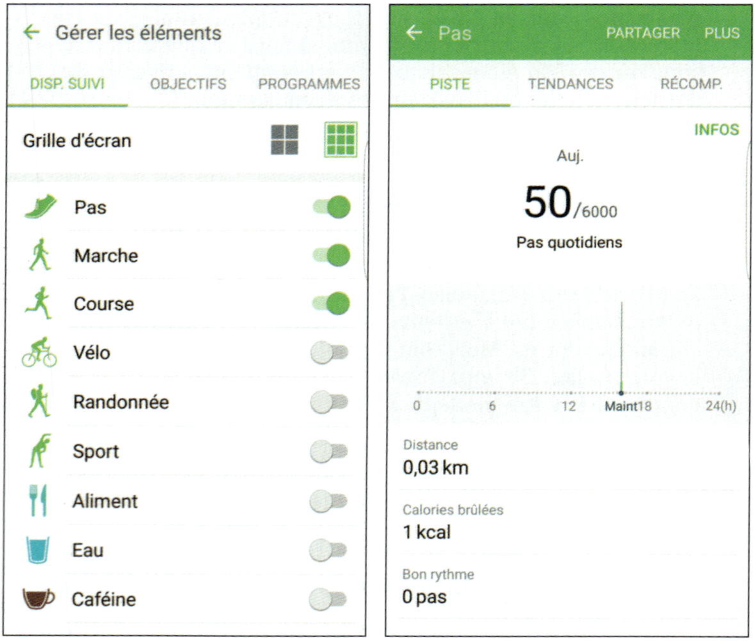

Figure 14.9 : S Health gère et contrôle vos activités physiques.

Pour certaines activités, il est préférable que le Galaxy S7 soit placé à l'horizontale. Pas évidemment pendant un footing !

Dans les modes Marche ou Course, vous pouvez être suivi grâce au GPS, et même écouter de la musique en faisant votre exercice !

4. **Au repos ou dans l'effort, vous devriez profiter régulièrement de la présence du cardiofréquencemètre. Pour cela, touchez le bouton Fréq. Card dans l'interface principale de S Health. Placez alors un doigt sur la face arrière du smartphone, juste sous le flash. Un voyant rouge va s'allumer pendant la mesure, et vos pulsations devraient s'afficher au bout de quelques (longues) secondes (voir la Figure 14.10).**

Figure 14.10 : Mesurer sa fréquence cardiaque avec le cardiofréquencemètre.

TRUC

Comme il se doit, vous êtes suivi par un médecin, pardon par un journal qui va mémoriser tous vos exploits.

Il ne vous reste plus qu'à définir vos programmes d'entraînement, et à tenter de les réaliser, tout en mesurant vos efforts pour qu'ils concourent à votre bien-être.

N'OUBLIEZ PAS

Évidemment, les intentions de Samsung ne sont pas complètement innocentes et dépourvues d'arrière-pensées. Ces gens-là aimeraient *beaucoup* que vous complétiez votre panoplie de sportif et d'individu branché en achetant les accessoires qui viennent se connecter au Galaxy S7. Disons au hasard un bracelet Gear Fit ou une montre Gear (mais d'autres dispositifs sont à venir).

Le Galaxy S7, version Gamers

Samsung a pensé aux joueurs invétérés en leur proposant deux fonctionnalités :

- **Game Launcher :** dès que vous installez un premier jeu, le Galaxy S7 vous propose d'activer ce mode afin de centraliser tous vos jeux, voire de profiter de plaisirs supplémentaires (si cela est prévu par l'application, bien sûr). Il vous suffit de toucher le bouton Activer pour débuter.
- **Game Tools :** cette fonction désactive certaines options quand vous jouez, et en active certaines autres.

TRUC

Ces deux modes peuvent aussi être activés ou désactivés depuis les paramètres. Choisissez pour cela Fonctions avancées, puis Jeux.

À partir de maintenant, les jeux que vous allez télécharger et installer vont apparaître dans un dossier spécial appelé Game Launcher. Il ressemble vaguement à un dossier quelconque, si ce n'est qu'il ne peut contenir que des jeux, et qu'il propose des options spécifiques (voir la Figure 14.11).

Il ne vous reste qu'à lancer un jeu. Lorsque vous voulez profiter des options offertes par Game Tools, vous touchez simplement le petit bouton qui apparaît en bas et à gauche de l'écran, et vous pouvez alors choisir vos options, ou par exemple enregistrer vos exploits ludiques pour les partager avec vos amis (voir la Figure 14.12).

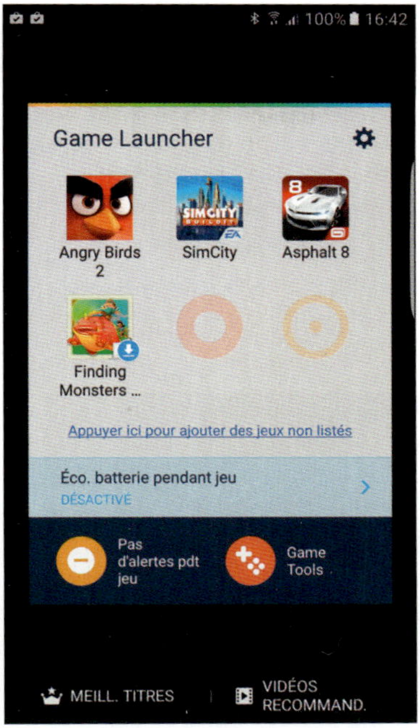

Figure 14.11 : Le dossier Game Launcher.

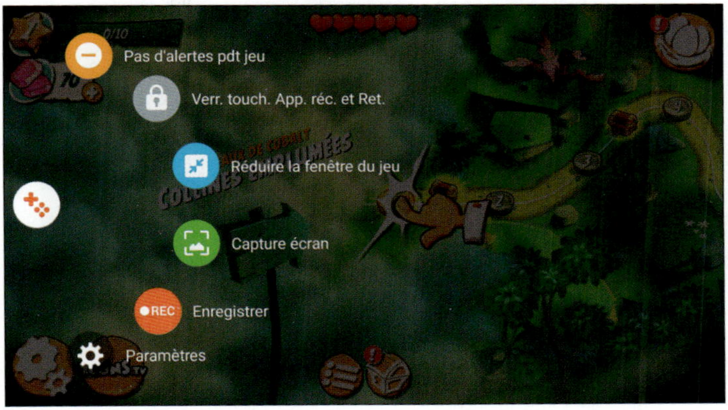

Figure 14.12 : Les gamers ont la cote avec le Galaxy S7 et la fonction Game Tools.

Edge et sa languette

Le Galaxy S7 Edge, avec les bords arrondis de son écran, propose des fonctionnalités particulières. Vous les découvrez en faisant glisser la languette qui apparaît à droite de l'écran pour révéler différents jeux de raccourcis. C'est ce que Samsung appelle les volets latéraux, ou encore l'interface EtiquEdge.

N'OUBLIEZ PAS

Nous avons déjà vu comment associer des contacts favoris à un volet latéral. Reportez-vous au Chapitre 5 pour plus de détails.

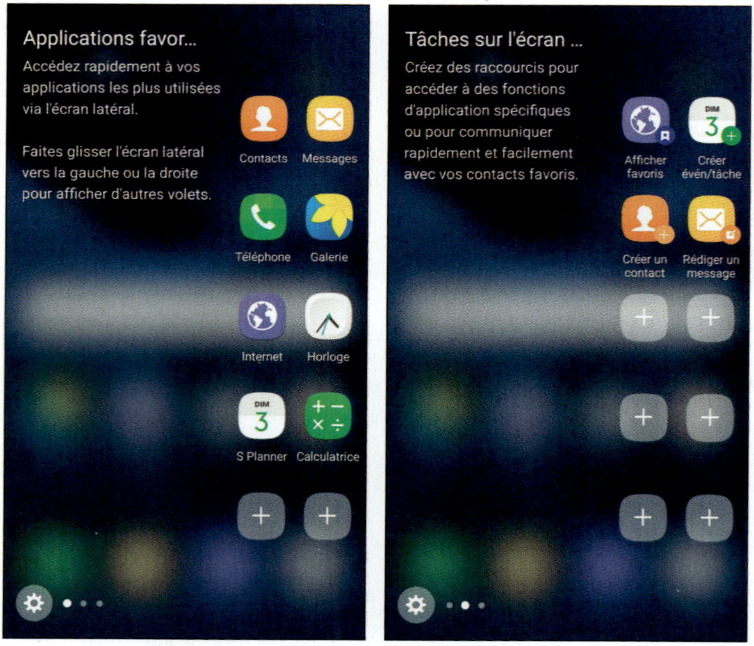

Figure 14.13 : Le Galaxy S7 Edge et ses raccourcis.

Par défaut, vous disposez de trois volets latéraux, correspondant à autant de types de raccourcis : applications favorites, tâches sur l'écran d'accueil et contacts favoris (voir la Figure 14.13).

- Pour accéder à un volet, effleurez l'écran latéralement.
- Pour ajouter un raccourci sur un volet, touchez un bouton marqué d'un signe plus. Dans la page qui s'affiche, faites défiler la liste de vos applications ou des tâches disponibles. Faites ensuite glisser une icône sur un emplacement libre (voir la Figure 14.14). Vous pouvez également retirer un raccourci en touchant le bouton « - » correspondant sur la droite de la fenêtre.

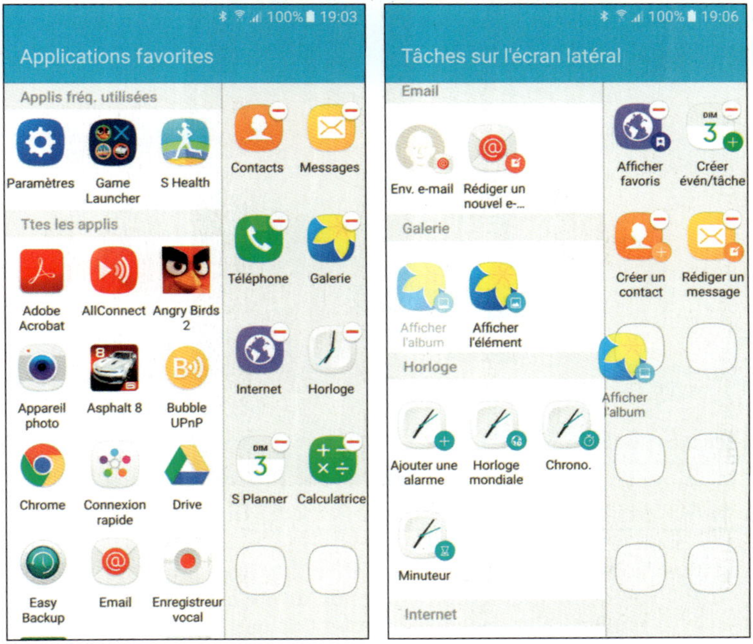

Figure 14.14 : Gérer les raccourcis dans les volets latéraux.

TRUC

Pour supprimer rapidement un raccourci, faites un appui long dessus dans le volet latéral, puis faites-le glisser sur le bouton Supprimer.

- Pour configurer le comportement des volets latéraux, touchez le bouton des paramètres (la roue dentée en bas et à gauche de l'écran). Vous pouvez alors activer ou désactiver la languette, ou encore chaque volet, ainsi que régler la position, la taille et la transparence des volets (voir la partie gauche de la Figure 14.15).

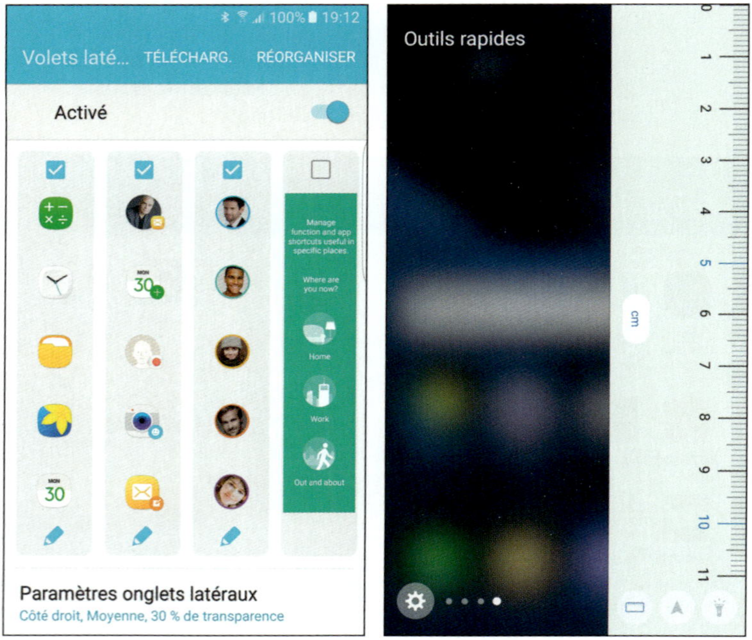

Figure 14.15 : Configurer les volets latéraux du Galaxy S7 Edge.

- Vous pouvez également activer l'un des cinq autres volets prédéfinis (effleurez l'écran de droite à gauche pour les révéler). Par exemple, le volet des outils rapides vous propose une règle graduée, une boussole et une lampe torche (voir la partie droite de la Figure 14.15).
- Vous pouvez également réorganiser l'ordre des volets, ou encore en télécharger de nouveaux. Cependant, il faut bien reconnaître que les propositions potentiellement les plus intéressantes sont celles qui sont payantes…

Bien géré et organisé, ce système se révèle à la fois pratique et amusant à l'usage en vous évitant d'avoir à rechercher un peu partout les applications, tâches, contacts ou encore informations auxquels vous avez régulièrement besoin d'accéder.

15

Mieux partager votre Galaxy S7

Dans ce Chapitre :

- Transférer et partager avec Samsung Smart Switch
- Échanger avec Bluetooth
- Échanger avec Android Beam
- Partager ou imprimer en Wi-Fi Direct
- Toujours connecté avec le nuage Internet
- Imprimer avec Google Cloud Print
- Utiliser le Galaxy S7 comme modem Wi-Fi
- Tous ensemble avec le HDMI

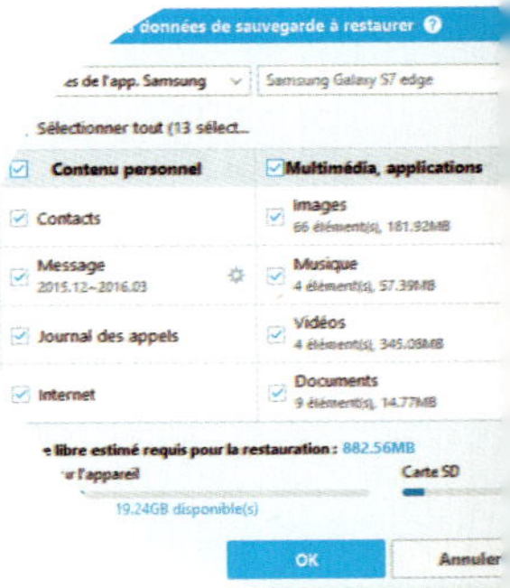

La mobilité, c'est le partage, la connectivité, la communication, l'échange. Dans ce chapitre, nous allons donc étudier diverses manières de mieux partager le contenu de votre Galaxy S7 avec les autres… et avec vous-même, c'est-à-dire entre vos différents appareils.

Transférer et partager avec Samsung Smart Switch

C'est la solution maison de Samsung. En fait, l'application est préinstallée sur votre Galaxy S7, mais aucune icône ne le signale. Voyons cela d'un peu plus près.

Transférer directement les données d'un ancien appareil

Comme nous l'avons vu dans le Chapitre 1, votre Galaxy S7 vous propose, lors de sa mise en service, d'effectuer tout de suite un transfert des données de votre ancien appareil (sous Android, iOS ou encore de type BlackBerry). Comme je trouve préférable d'en passer d'abord par une sauvegarde sur ordinateur, je vous ai fait patienter jusqu'ici… Pour autant, la procédure n'est pas très compliquée :

1. **Branchez le connecteur USB fourni avec l'appareil sur le Galaxy S7.**
2. **Connectez-y un câble de chargement USB, et que brancherez de l'autre côté sur votre ancien smartphone.**

   Smart Switch devrait automatiquement se lancer sur le Galaxy S7. Celui-ci va se connecter à l'autre appareil et lire ce qu'il contient (mémoire interne, et le cas échéant carte Micro SD).

3. **Au bout d'un certain temps, Smart Switch va afficher ce qu'il a trouvé, et vous proposer d'effectuer le transfert. Cochez les éléments que vous souhaitez récupérer (voir la Figure 15.1).**

   Il ne vous reste plus qu'à patienter, le temps que la copie se fasse.

4. **Une fois l'opération terminée, vous pouvez débrancher les appareils et ranger le connecteur USB.**

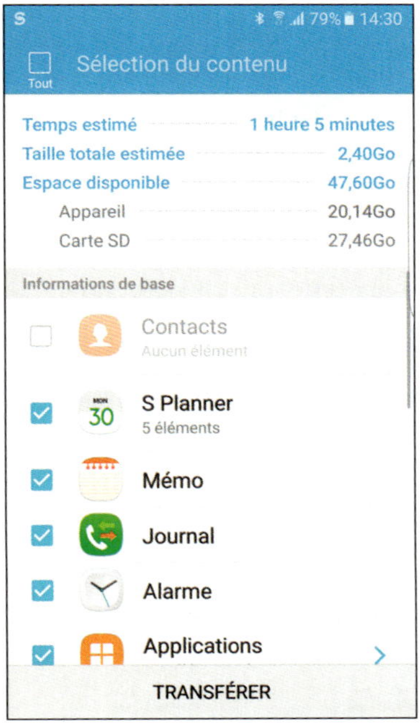

Figure 15.1 : Smart Switch est à l'œuvre sur le Galaxy S7.

Votre Galaxy S7 est opérationnel. Vérifiez tout de même si vos contacts, messages, applications, et ainsi de suite, sont enregistrés comme il faut.

Vous pouvez également installer Smart Switch sur votre ancien appareil en téléchargeant l'appli depuis le Store qui convient afin de procéder manuellement. Vous devez cependant vérifier la version de votre système d'exploitation Android 4.3 et plus, iOS 5 ou plus et BlackBerry 7 ou plus.

Sauvegarder et restaurer des données avec Smart Switch

L'autre solution consiste à installer le programme Smart Switch sur votre ordinateur (PC ou Mac). Pour cela, visitez la page www.samsung.com/fr/support/smartswitch/. Localisez le lien de téléchargement qui correspond à votre système. Une fois le chargement terminé, procédez normalement à l'installation du programme. Ensuite :

1. **Lancez le programme Smart Switch sur votre ordinateur, et connectez votre ancien appareil sur un port USB de celui-ci.**
2. **Une fois la connexion établie, cliquez sur le bouton Sauvegarder. Indiquez le cas échéant si le contenu de la carte Micro SD doit lui aussi être copié.**

   Patientez le temps que la sauvegarde s'effectue. Et soyez tranquille : le contenu de votre ancien appareil n'est pas modifié.

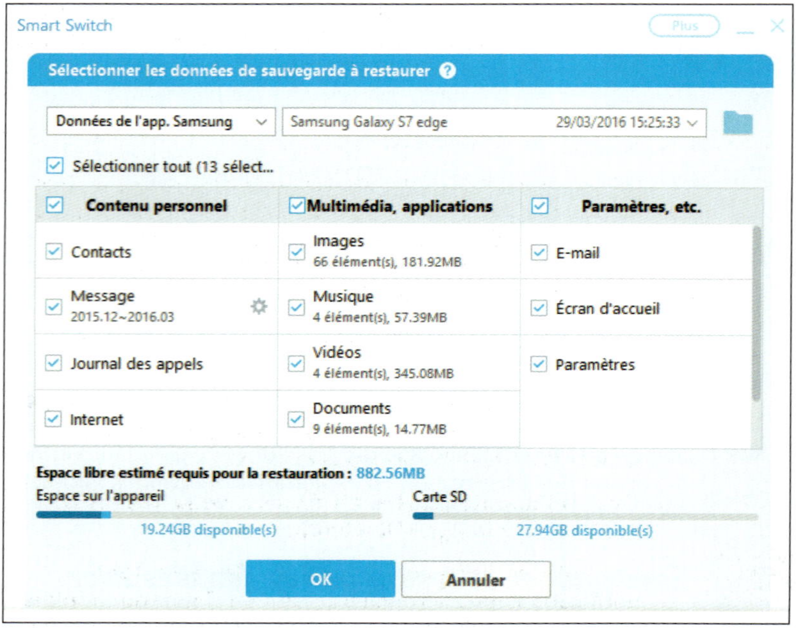

Figure 15.2 : Restaurer une sauvegarde de l'ordinateur vers le Galaxy S7.

Si nécessaire, vous pouvez aussi tenter une synchronisation avec vos données Outlook.

3. **Quand cette partie de l'opération est terminée, vous disposez d'une copie de vos données et (si possible) applications, ce qui est une sécurité supplémentaire. Vous pouvez débrancher votre ancien appareil, puis le remplacer par votre Galaxy S7.**

4. **Cliquez maintenant sur le bouton Restaurer, puis sur le bouton de gauche (Sélectionner une autre sauvegarde). Il ne vous reste plus qu'à choisir ce que vous voulez copier et à confirmer (voir la Figure 15.2).**

Tant qu'à faire, procédez régulièrement à une sauvegarde de votre Galaxy S7. On ne sait jamais ce que l'avenir réserve… D'autre part, même si Smart Switch enregistre l'essentiel des données, rien ne vous interdit de lui adjoindre une autre application (gratuite) telle qu'AirDroid ou encore Easy Backup.

Échanger avec Bluetooth

De multiples appareils et dispositifs modernes sont capables de collaborer à l'aide de la norme sans fil Bluetooth. De portée relativement limitée, le Bluetooth vous permet non seulement d'échanger des fichiers, mais aussi de relier une souris, un clavier, des écouteurs ou encore des enceintes compatibles.

Pour connecter par exemple un autre appareil au Galaxy S7, suivez ces étapes :

1. **Commencez par vous assurer que le Bluetooth est actif sur l'appareil que vous voulez connecter. Suivez la procédure adaptée pour ce système.**

2. **Ouvrez l'application Paramètres sur votre Galaxy S7, puis touchez la ligne Bluetooth.**

Une autre solution consiste à ouvrir la barre des notifications puis à toucher le bouton Connexion rapide. Si un appareil visible en Bluetooth se trouve sur le chemin de votre Galaxy S7, il sera facilement détecté et vous pourrez lui transmettre un fichier d'image, musical ou autre (voir la Figure 15.3).

Figure 15.3 : Se connecter facilement à d'autres appareils en Bluetooth (ou en Wi-Fi via un box Internet).

3. **Vérifiez que le bouton d'activation du Bluetooth est bien en position « allumée » (bleue). Sinon, touchez-le pour inverser sa position.**

4. **Touchez le bouton Analyser. Les périphériques disponibles s'affichent.**

5. **Si celui que vous voulez localiser n'apparaît pas, touchez sur chaque appareil la ligne qui indique quelque chose comme Visible uniquement avec des appareils associés, de manière à ce qu'elle affiche Visible sur tous périphériques à proximité ou quelque chose de semblable. Cela devrait régler le problème.**

6. **Touchez dans la liste des appareils disponibles le nom du système que vous voulez connecter (voir la partie**

gauche de la Figure 15.4). En cas d'échec, suivez la procédure indiquée à l'Étape 5. Un message contenant un mot de passe s'affiche sur les deux écrans. Touchez le bouton OK ou Se connecter de chaque périphérique (voir la partie droite de la Figure 15.4).

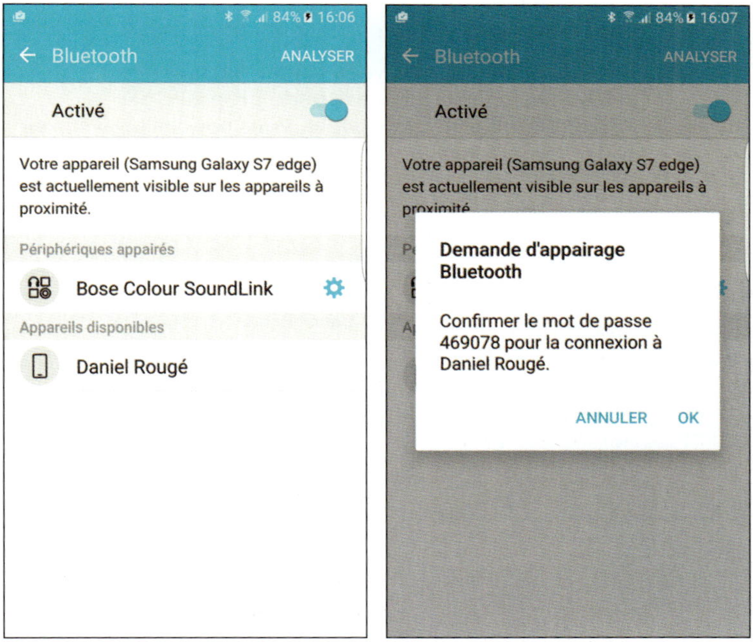

Figure 15.4 : Appairer deux appareils en Bluetooth.

Bien entendu, tout dépend de la nature des deux appareils. Par exemple, une enceinte Bluetooth ou encore un système de voiture Bluetooth embarqué ne vous poseront pas les mêmes questions !

C'est fait. Les deux dispositifs sont maintenant associés, ou *appairés*. Ils peuvent communiquer entre eux *via* l'option Partager de vos applications. Par exemple :

7. **Ouvrez l'application voulue, par exemple la Galerie, le navigateur Internet, ou tout ce que vous voulez d'autre.**

   ATTENTION

   Si vous voulez par exemple diffuser de la musique en Bluetooth, votre Galaxy va vous demander de télécharger l'application maison Musique. En fait, vous n'êtes tenu à rien, puisque la diffusion du son en Bluetooth avec un appareil appairé est normalement automatique.

8. **Ouvrez l'élément que vous voulez partager ou sélectionnez-le selon la méthode proposée par l'application. Si c'est possible, vous pouvez bien sûr en sélectionner plusieurs, comme une série de photos.**

9. **Touchez le bouton Partager (en haut de l'écran), puis Partage à proximité, en bas de l'écran (voir la partie gauche de la Figure 15.5).**

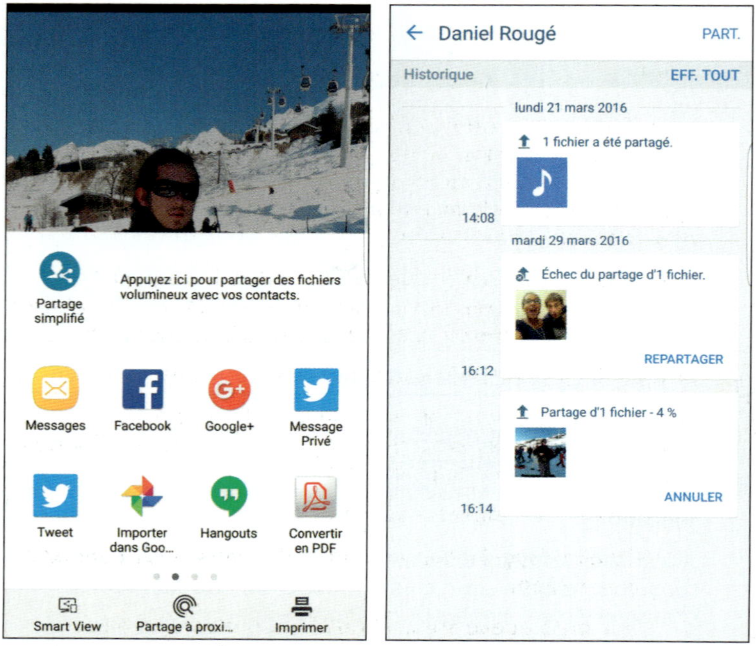

Figure 15.5 : Transmettre en Bluetooth.

10. **Touchez dans la liste qui s'affiche l'appareil de destination.**

11. **Sur l'appareil qui reçoit, un message va vous demander si vous autorisez ou non l'envoi. Bien sûr, vous allez accepter !**

12. **Patientez le temps que la copie du ou des éléments se fasse (voir la partie droite de la Figure 15.5). Pour y accéder, servez-vous de l'application Mes fichiers (voyez le dossier appelé Download, ou encore Bluetooth) ou, par exemple, directement de l'application Galerie s'il s'agit de photos, du lecteur MP3 s'il s'agit d'une chanson, et ainsi de suite.**

La procédure est évidemment plus simple et plus directe dans le cas d'un dispositif « non intelligent », comme des écouteurs, une souris, un clavier ou encore des enceintes.

Échanger avec Android Beam

Votre Galaxy S7 contient un composant radio appelé NFC (*Near Field Communications*, ou communications en champ proche). Celui-ci permet de communiquer sans fil avec d'autres appareils dotés de la même puce *via* une interface appelée Android Beam chez Samsung.

Commencez par vérifier que NFC et Android Beam sont activés, ce qui devrait être le cas par défaut. Pour cela, vérifiez dans les paramètres ce que dit l'option NFC et paiement.

Si vous désactivez NFC, Android Beam ne sert plus à rien.

Votre Galaxy S7 est maintenant capable d'échanger des données avec d'autres systèmes NFC (smartphones, tablettes ou encore systèmes de paiement).

La suite des événements est simple :

1. **Ouvrez l'application avec laquelle vous voulez partager un contenu.**

   Oui, mais quelle application ? La réponse n'est pas évidente. Disons *a priori* toute application à la condition qu'elle soit installée sur l'autre appareil, ou du moins qu'il s'y trouve une application compatible avec les données à partager.

TRUC

Le partage avec Android Beam peut concerner un contact, une page Web, un contenu Facebook, une vidéo YouTube, un lieu Maps, une photo, un document, etc.

2. **Mettez les deux appareils dos à dos (ils doivent se toucher). Vous allez alors voir s'afficher un message qui vous dit Appuyez ici pour transférer. Touchez l'écran, et ce que vous voyez d'affiché est immédiatement transmis à l'autre appareil.**

Amusant, non ?

- Il est possible que le message Appuyez ici pour transférer apparaisse sur les deux écrans. L'échange peut donc être bidirectionnel.
- Le champ NFC a une portée très limitée. Les deux appareils doivent donc être correctement orientés pour qu'Android Beam fonctionne.
- À l'avenir, l'une des principales utilisations de la technologie NFC sera certainement le paiement de vos achats. Mais attendez encore un peu…

Partager ou imprimer en Wi-Fi Direct

Le Wi-Fi Direct est un autre mode de connexion sans fil qui consiste à transmettre directement les signaux entre appareils compatibles au lieu de passer par un routeur Wi-Fi, une box si vous préférez.

Vous pouvez choisir ce mode lorsque vous sélectionnez la commande Partager d'une application, ou l'activer directement dans l'application Paramètres, en choisissant Wi-Fi, puis en touchant l'option Wi-Fi Direct en haut de l'écran.

Votre appareil est alors pourvu d'un nom susceptible d'être détecté par un autre dispositif. Lancez l'analyse, acceptez la liaison des deux côtés et partagez.

En fait, la meilleure application du Wi-Fi Direct, c'est le tirage sur une imprimante compatible, c'est-à-dire elle-même estampillée « Wi-Fi Direct ». Il en existe aujourd'hui de nombreux modèles. En supposant que vous êtes l'heureux possesseur d'un tel matériel, vous devez en premier lieu trouver sur Play Store une application dédiée, proposée par le fabricant de l'imprimante. Vérifiez dans la page de présentation de l'application si votre matériel est bien référencé, et quelles sont les fonctionnalités de l'application (par exemple, HP vous permet de tout imprimer, tandis que Canon vous limite aux photos).

Une fois l'application installée, ouvrez-la et suivez les instructions qu'elle vous donne. Quand l'imprimante est détectée, vous devriez avoir à entrer une clé de type WPA (on est en Wi-Fi, comme sur une box!). Vous pouvez ensuite lancer l'impression. Certes, ce n'est pas forcément simple, mais c'est efficace quand ça marche.

TRUC

Quel est l'avantage de cette méthode par rapport au Bluetooth ? Essentiellement la rapidité, ainsi qu'éventuellement la portée si l'imprimante est connectée en réseau.

Toujours connecté avec le nuage Internet

Rappelons que ce « nuage » (le fameux *cloud*) est non seulement un excellent moyen de stockage, mais aussi de partage puisque vous pouvez y accéder où que vous soyez à condition d'avoir sous la main un navigateur Web ou une application adaptée.

Voici trois remarques complémentaires à ce sujet :

- Toute application offrant un bouton ou une commande Partager doit proposer parmi les choix possibles un espace de stockage Internet : Google Drive, OneDrive de Microsoft ou encore Dropbox (à installer depuis Play Store) ou autre. En faisant ce choix, vous envoyez votre sélection en cours sur ce nuage. Il vous est possible ensuite d'y accéder vous-même, ou encore de communiquer à d'autres personnes un lien qui leur permettra d'ouvrir et/ou de télécharger ce que vous acceptez de leur communiquer. À titre d'exemple, la Figure 15.6 montre comment définir un tel partage avec Google Drive en ajoutant de nouveaux contacts depuis un ordinateur, la partie droite de la figure illustrant le volet principal de Google Drive sur le Galaxy S7.

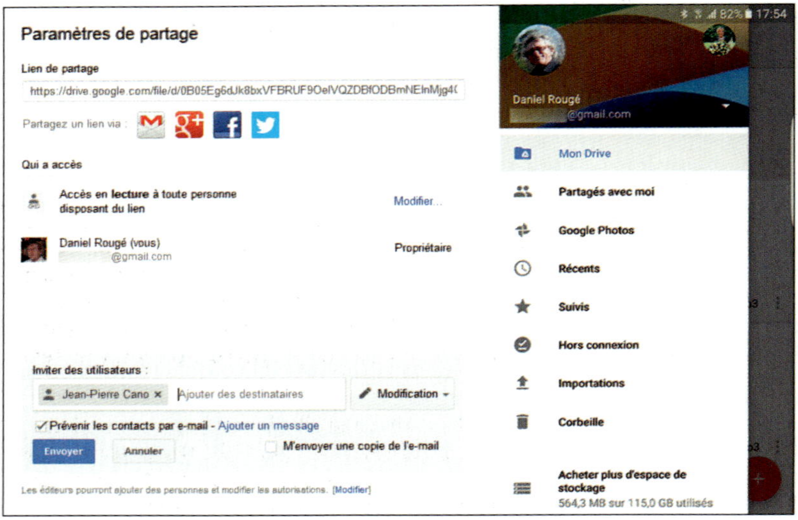

Figure 15.6 : Partager des fichiers avec Google Drive.

- Les applications qui effectuent des sauvegardes sur un nuage Internet disposent d'options servant à gérer la synchronisation automatique de certaines données (photos, vidéos, musiques et autres). Vous les trouvez facilement en cherchant une commande Paramètres. Veillez à ne pas vous laisser dépasser, car cette synchronisation est souvent active par défaut. Vous risquez donc, si vous n'y prenez pas garde, de voir votre smartphone vous échapper, trop occupé qu'il est à envoyer des tas de fichiers à des tas de nuages… D'autre part, vérifiez bien aussi que cette synchronisation ne soit déclenchée que si vous avez accès au Wi-Fi.

- Surveillez le remplissage de l'espace qui vous est alloué sur un nuage Internet. Disposer par exemple de 2 ou 10 Go, cela paraît très bien au départ. Moins lorsque vous vous apercevez qu'il contient déjà plusieurs centaines de photographies et de vidéos. Vous devrez donc sans doute un jour faire un peu de ménage et supprimer ce qui ne vous intéresse plus trop (ou le télécharger d'abord sur votre disque dur).

Imprimer avec Google Cloud Print

Autrefois, il était déjà tout à fait possible de lancer une sortie vers une imprimante accessible d'une manière ou d'une autre en réseau, le tout *via* le service Google Cloud Print, mais il n'y avait aucune option permettant d'accéder directement à cette fonctionnalité. Il existait bien des applications dédiées à ce genre de travail, mais elles étaient payantes et nécessitaient le cas échéant l'installation de pilotes spécifiques à tel ou tel matériel.

Depuis Android KitKat (autrement dit, à partir de la version 4.4 d'Android, et donc bien entendu sous Marshmallow), il est possible d'imprimer directement sur pratiquement n'importe quel dispositif connecté à votre ordinateur, ou encore d'enregistrer une page Web, une photo ou un document au format PDF.

Si vous voyez une commande Imprimer dans une application, dans un partage, ou encore sous une photo de la Galerie, vous n'aurez par défaut comme choix que d'enregistrer le document au format PDF. Si cela vous suffit, c'est parfait. Sinon, vous pouvez faire mieux :

1. **Ouvrez l'application Paramètres. Touchez la ligne Plus de paramètres de connexion, puis Impression, et enfin Télécharger le plug-in.**

2. **Une page spécialisée de Play Store va s'afficher. Localisez l'application Google Cloud Print et installez-la.**

3. **Quand c'est fait, n'oubliez pas d'activer le service Google Cloud Print dans la page Impression.**

Dès maintenant, toute commande d'impression devrait vous proposer comme dispositif de sortie l'espace Google Drive associé à votre ou vos comptes Gmail, voire à OneNote, plus le cas échéant à quelques autres appareils déjà reconnus.

4. **Lancez une commande d'impression (par exemple, depuis Chrome ou l'option de partage de la Galerie). Touchez la petite pointe, en haut et à droite de la page, puis Toutes les imprimantes, et enfin le bouton Plus. Si vous avez de la chance, Google Cloud Print va vous proposer le matériel qu'il a pu localiser.**

À ce stade, vous vous trouvez en fait dans une nouvelle application. En touchant le bouton du menu, en haut et à gauche de l'écran, vous pourrez choisir le compte actif et gérer vos imprimantes.

Comme vous débutez, votre propre imprimante n'est sans doute pas encore reconnue. Vous avez encore un peu de travail devant vous (n'oubliez surtout pas de mettre en marche votre imprimante!) :

5. **Sur votre ordinateur, lancez le navigateur Chrome de Google (et exclusivement celui-ci) et connectez-vous avec votre compte Gmail. Dans la barre d'adresse, tapez ceci : chrome://devices.**

6. **Cliquez sur le bouton Ajouter des imprimantes. Une liste de choix devrait s'afficher. Sinon, cliquez sur le bouton Ajouter une ou plusieurs imprimantes et laissez-vous guider.**

7. **Cliquez sur Gérer vos imprimantes. Miracle ! Une série de matériels réels ou virtuels vous est proposée (voir la Figure 15.7).**

Trop de choix? Vous pouvez parfaitement sélectionner une des propositions, puis cliquer sur le bouton Supprimer.

8. **C'est fait ? Immédiatement, votre smartphone est prévenu. Il ne vous reste plus qu'à ouvrir une application, effectuer les actions voulues, puis à choisir la commande Imprimer.**

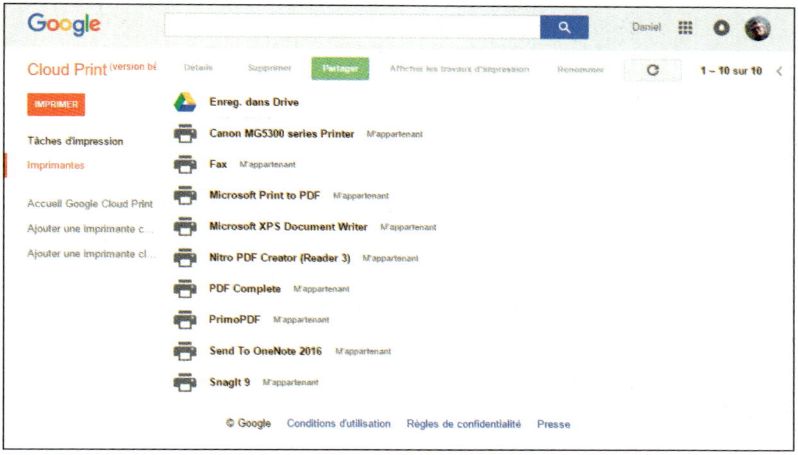

Figure 15.7 : Configurer Google Cloud Print dans Chrome.

Bien entendu, seules les applications qui proposent une commande Imprimer sont concernées !

9. **Touchez maintenant la première ligne, celle qui devrait indiquer par défaut Enregistrer au format PDF. La liste des imprimantes déclarées dans Google Cloud Print apparaît. Touchez la ligne qui correspond à la destination voulue.**

   Pour un choix plus poussé, touchez le bouton Toutes les imprimantes, en bas de la liste.

10. **Touchez la petite flèche pointant vers le bas et choisissez vos options d'impression : nombre de copies, format du papier, orientation, etc. (voir la Figure 15.8).**

    La liste des formats disponibles dépend évidemment des capacités du dispositif de sortie.

11. **Touchez le bouton qui représente une imprimante, et c'est parti !**

C'est *presque* trop simple, non ?

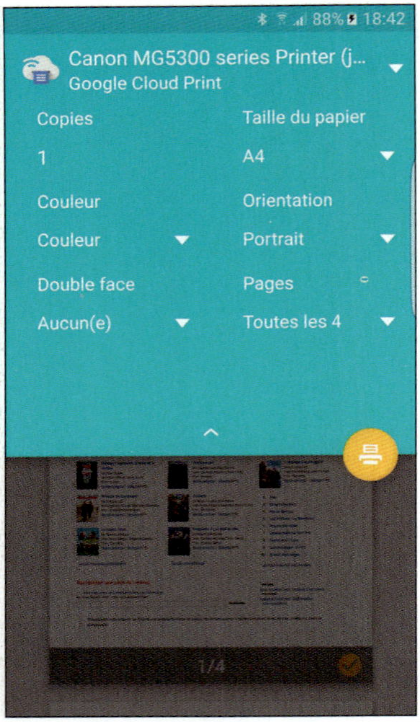

Figure 15.8 : Choisir les options d'impression.

Utiliser le Galaxy S7 comme modem

Voyons. Vous avez un travail urgent à finir sur votre ordinateur portable sous Windows pour le transmettre à votre bureau avant que celui-ci ne ferme. Mais, là où vous vous trouvez, vous n'avez aucun accès à un réseau Wi-Fi ou autre. Comment faire ? Vous n'avez pas le choix : il faut que vous appeliez votre Galaxy S7 à la rescousse, et tant pis pour la facture de téléphone… Suivez ces étapes :

1. **Reliez le smartphone à un port USB de l'ordinateur portable.**

Pour l'instant, il va être reconnu comme appareil photo ou dispositif multimédia. Annulez la fenêtre qui vous demande ce que vous voulez faire.

2. **Sur le Galaxy S7, ouvrez l'application Paramètres et choisissez Point d'accès mobile et modem.**

3. **Touchez la case située au bout de la ligne Modem USB pour l'activer (voir la partie gauche de la Figure 15.9).**

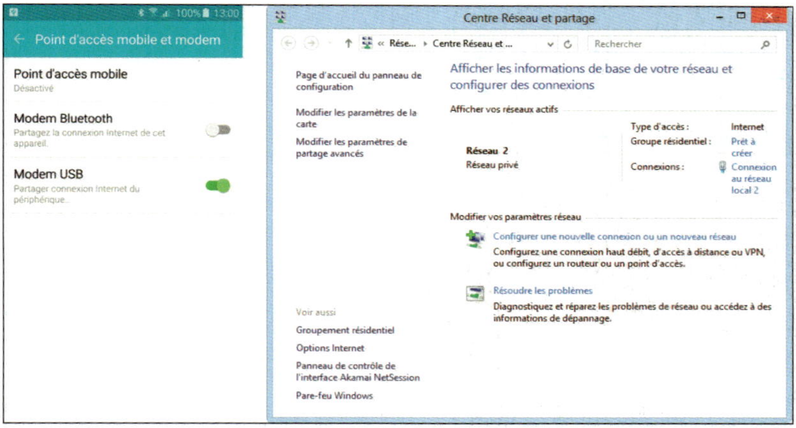

Figure 15.9 : Utiliser le Galaxy S7 comme point d'accès Internet en USB.

TRUC

Dans la barre des notifications, la couleur de l'icône de connexion est inversée pour vous rappeler que la fonction modem Wi-Fi est activée.

4. **Patientez un peu. Au bout d'un certain temps, Windows devrait reconnaître votre smartphone et l'installer en tant que réseau privé (ce qu'indique la partie droite de la Figure 15.9).**

Vous pouvez maintenant accéder à Internet, surfer sur le Web et transmettre votre précieux travail en temps et en heure.

ATTENTION

Dès que vous avez terminé, n'oubliez pas de désactiver le point d'accès en décochant la case Modem USB dans vos paramètres. Sinon, votre facture risque de continuer à grimper rapidement !

L'efficacité d'une telle connexion dépend bien entendu de la qualité du signal reçu par le smartphone. Si c'est mauvais d'un côté, ce sera certainement épouvantable de l'autre.

Si vous n'avez pas de câble USB sous la main, vous devrez choisir le mode Point d'accès mobile dans les paramètres et vérifier que le Wi-Fi est bien activé sur l'ordinateur portable ainsi que sur le smartphone. Pour le reste, la procédure est la même que pour une connexion USB, si ce n'est que le nom de guerre de votre smartphone sera AndroidAP et que devrez saisir sur le portable le mot de passe indiqué par le Galaxy S7.

Votre ordinateur portable sera considéré comme étant un genre de smartphone (ou plutôt comme une extension de celui-ci), et c'est donc la version dédiée à ce type d'appareil qui s'affichera sur les sites que vous visitez dans votre navigateur Web.

Tous ensemble avec le HDMI

Pouvoir regarder ses photos et ses vidéos sur l'écran de son téléviseur, devant la famille et les amis éblouis, pouvoir aussi surfer sur le Web et jouer sur grand écran, c'est tellement génial !

Vous pouvez revendre votre console de jeu achetée à prix d'or, économiser les forces de votre ordinateur de bureau, écouter vos morceaux favoris sur votre *Home Cinema*, rédiger vos messages sans que vos doigts ne se mélangent entre les touches, vous promener dans Street View comme si vous viviez à New York, aller sur Facebook en grand format, et même travailler sur des documents Microsoft Office, et tant d'autres choses encore…

Le Galaxy S7 est compatible avec le système MHL. Cela signifie que vous pouvez lui adjoindre un câble adéquat, c'est-à-dire pourvu d'un côté d'un connecteur mini USB, et de l'autre d'une prise HDMI à brancher sur votre téléviseur (voire votre chaîne multimédia). L'écran de votre smartphone sera reproduit sur votre téléviseur, et vous pourrez donc facilement profiter ainsi de tout son contenu.

De plus, le Galaxy S7 possède une fonction appelée Smart View. Celle permet de projeter certains types de contenus vers un appareil compatible. La procédure de connexion est basée sur le même principe que pour le Bluetooth. Reportez-vous plus haut à la section « Échanger avec Bluetooth » pour plus de détails.

Le bouton Smart View, que vous trouverez en ouvrant la barre des notifications, puis en touchant la pointe, en haut et à droite de l'écran, ne détecte pas toujours les appareils connectables. Il est préférable de passer par le bouton Connexion rapide.

Prenons un exemple :

1. **Allumez le ou les appareils connectables. Lancez une recherche de connexion rapide sur votre Galaxy S7 (reportez-vous à la Figure 15.3).**
2. **Une fois la connexion établie, touchez le nom de l'appareil. Il ne vous reste plus qu'à lancer la bonne application, puis à choisir par exemple une photo suivie du bouton Smart View (ou Partager à proximité, ce qui semble être plus efficace).**
3. **Choisissez le type de fichier à partager, et donc ensuite l'application capable de le gérer (voir la Figure 15.10).**

Et voilà !

Si cela ne vous suffit pas, vous devriez vous tourner vers une autre solution externe, comme une clé Chromecast ou équivalent, ou encore une application multimédia spécialisée telle que BubbleUPnP, à condition du moins que votre téléviseur et/ou votre ampli *Home Cinema* soit compatible.

Tant qu'à faire, offrez-vous en prime un clavier/souris Bluetooth. Vous ne le regretterez pas.

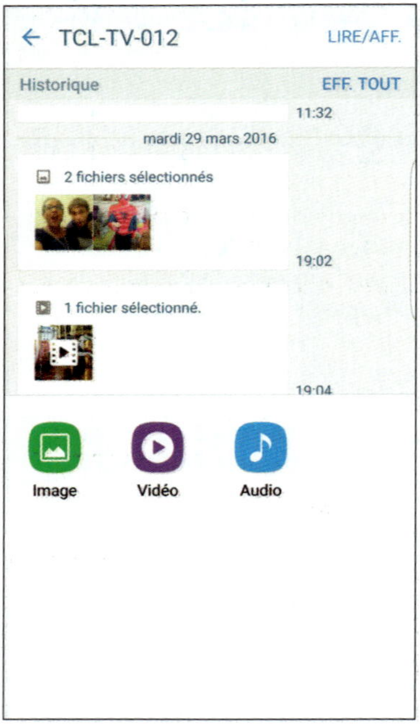

Figure 15.10 : Partager un fichier multimédia avec la fonction Smart View.

16

Votre confort et votre sécurité n'ont pas de prix

Dans ce chapitre :

- Économiser la batterie
- Offrir une coque de protection à votre Galaxy S7
- Verrouiller l'écran de verrouillage
- Personnaliser vos informations
- Installer un antivirus
- Activer le traçage de votre appareil
- Sauvegarder vos données
- Noter votre numéro IMEI et autres informations système

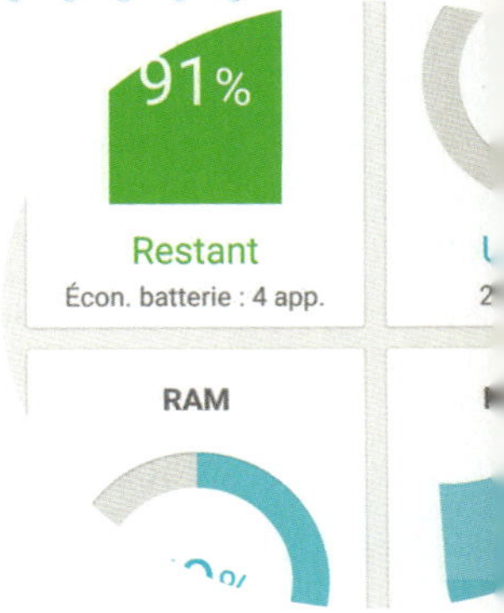

La sécurité, c'est toujours important. Vous n'avez évidemment pas envie qu'il arrive quoi que ce soit de désagréable à ce petit bijou électronique qu'est votre Galaxy S7, pas plus qu'à vos précieuses données.

Voici donc quelques conseils pour vous aider à vivre dans la meilleure harmonie qui soit avec votre smartphone, éviter stress et angoisses, et dormir paisiblement du sommeil du juste.

Économiser la batterie (et la mémoire)

Certes. Ce n'est pas en soi une question de sécurité, mais plutôt de bonne gestion de l'appareil, histoire par exemple de ne pas manquer de carburant juste au moment où vous allez enregistrer un rendez-vous professionnel décisif, ou d'éviter que votre GPS ne vous lâche alors que vous abordez un croisement mal signalé…

La barre des notifications affiche une icône qui vous donne une idée approximative de l'état de charge de la batterie, et un message d'avertissement devrait s'afficher dès que le niveau tombe à peu près à 15 % de capacité.

Pour en savoir plus, ouvrez l'application Paramètres et touchez l'option Batterie sous la rubrique Système. Vous voyez apparaître une page d'informations qui vous indique le niveau de charge actuel. En touchant le bouton Utilisation de la batterie, vous aurez une idée un peu plus précise du temps restant jusqu'à extinction des feux (voir la Figure 16.1). Bien entendu, cette durée est à prendre avec circonspection, puisqu'elle suppose que vous n'allez rien faire de particulier avec votre smartphone dans les heures ou les jours qui viennent…

Vous constaterez généralement que c'est l'écran qui est le plus gourmand, et peut-être que certaines applications sont elles aussi dépensières. Vous pouvez d'ailleurs obtenir des informations plus détaillées sur chaque consommateur en touchant la ligne correspondante.

N'OUBLIEZ PAS

Si l'appareil est en charge, c'est le temps restant estimé de celle-ci qui sera affiché.

Le Galaxy S7 vous offre deux fonctions destinées aux utilisateurs économes, ou qui ont besoin, dans certaines circonstances, de prolonger au maximum la charge de la batterie :

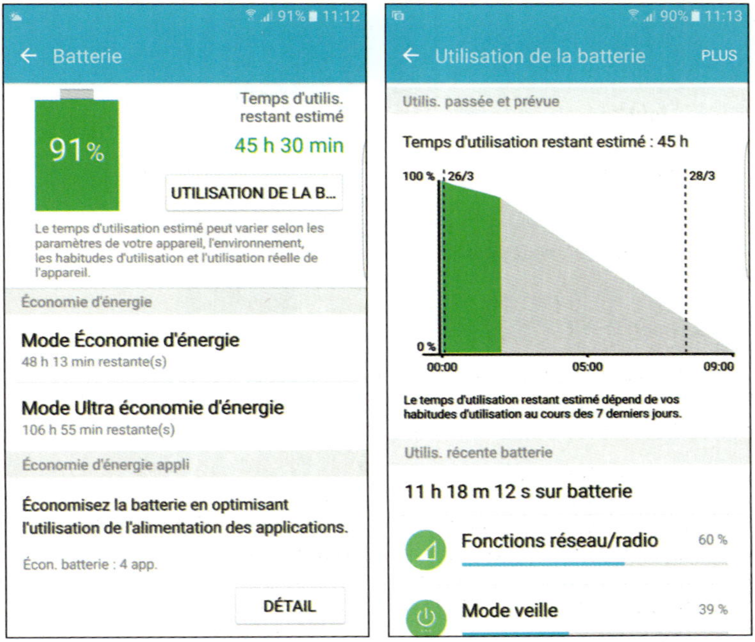

Figure 16.1 : Afficher l'état de la batterie.

- **Mode Économie d'énergie :** il vous propose une série de réglages qui vont désactiver certaines des fonctionnalités du Galaxy S7 réputées gourmandes en énergie et pas forcément indispensables en permanence. Pour activer ce mode, ouvrez l'application Paramètres et choisissez Batterie dans la rubrique Système. Touchez la ligne du mode d'économie, puis le bouton situé en haut et à droite de l'écran pour l'activer (voir la partie gauche de la Figure 16.2). Si vous ne pouvez pas paramétrer les options d'économie d'énergie, vous avez la possibilité de choisir le niveau de chargement de la batterie en dessous duquel ce mode sera déclenché.

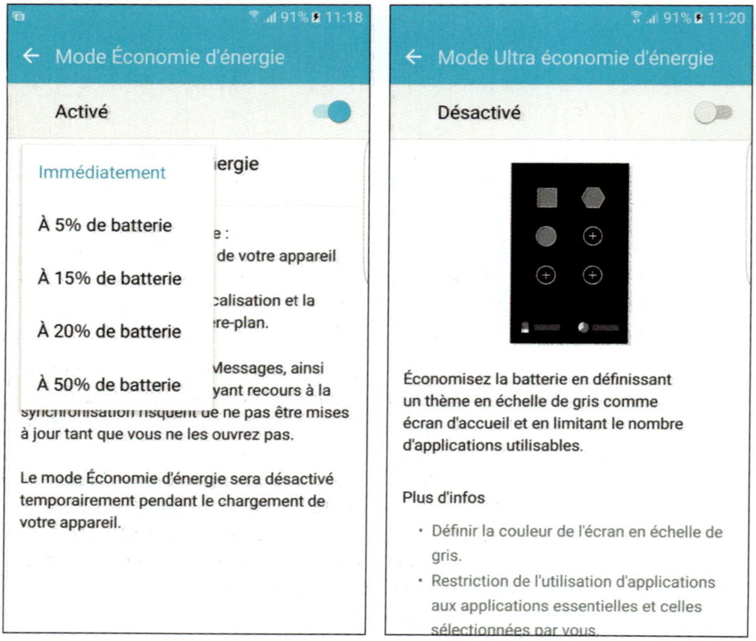

Figure 16.2 : Le Galaxy S7 et ses modes d'économie d'énergie.

- **Mode Ultra Économie d'énergie :** c'est le degré ultime de l'économie d'énergie, qui devrait assurer une durée de vie maximale à votre charge, comme l'illustre la partie droite de la Figure 16.2. Tout ce qui est réputé énergivore et sans utilité essentielle est désactivé. Votre écran devient tout gris, et vous n'avez plus accès qu'à quelques paramètres et applications, même si vous pouvez en ajouter d'autres, mais avec un choix extrêmement limité. Pour revenir à une situation moins draconienne, touchez le bouton Plus, en haut et à droite de l'écran, et choisissez l'option Désactiver (vous la retrouvez également dans la barre des notifications).

Voici quelques conseils supplémentaires pour tirer le maximum de votre batterie :

- Ajustez au mieux le réglage de la mise en veille de l'écran en fonction de vos habitudes d'utilisation. Pour cela, choisissez Affichage dans les paramètres, puis Mise en veille de l'écran. Vos choix vont de quinze secondes à dix minutes.

- Toujours dans les paramètres d'affichage, réglez la luminosité à votre convenance, en évitant une valeur trop élevée.

- Si vous n'en avez pas besoin, désactivez le Wi-Fi et le Bluetooth, toujours dans l'application Paramètres. Cela ne vous procurera sans doute pas un gain important, mais c'est toujours autant de pris.

- Stoppez les applications actives dont vous ne vous servez pas. Ouvrez l'application Paramètres, puis choisissez Applications. Touchez la ligne du Gestionnaire de tâches. Pour refermer une application, localisez son nom. Touchez-le pour ouvrir la page correspondante. Regardez ce que dit l'utilisation de la batterie. Vous constaterez peut-être que l'application continue de consommer de l'énergie en arrière-plan alors que vous la pensieznactive. Si vous n'en n'avez pas vraiment besoin, n'hésitez pas à toucher le bouton Forcer l'arrêt.

  TRUC

  Profitez-en pour vérifier les autorisations dont dispose l'application, et éventuellement en retirer certaines. On ne sait jamais…

- Voici plus efficace à coup sûr. Le Galaxy S7 dispose d'une incroyable quantité d'options et de réglages. Bien entendu, nous sommes d'ailleurs loin dans ce livre de pouvoir en faire le tour complet. Bon. Mais certains de ces réglages peuvent être assez gourmands en termes de consommation d'énergie et de performances. Il serait donc judicieux de faire le tour de l'application Paramètres, sans même chercher à tout comprendre, et de désactiver ce dont vous n'avez pas besoin. Et si vous êtes comme moi et que l'application S Voice ne vous convainc pas, essayez ceci : ouvrez S Voice depuis la page Applis. Touchez ensuite le bouton des paramètres de l'application (la roue dentée). Désactivez alors au moins les options Réveil vocal et Activation auto du haut-parleur. Votre batterie vous en remerciera.

Si la gestion de la mémoire ne semble pas directement liée à l'utilisation de la batterie, elle joue cependant son rôle dans cette affaire. Une mémoire surchargée sollicitera davantage le système, et donc la batterie.

Votre Galaxy S7 vous offre plusieurs méthodes pour gérer au mieux sa mémoire :

- Comme nous l'avons déjà vu, il est possible de faire le ménage application par application. Pour cela, ouvrez les paramètres, puis touchez la ligne Applications. Touchez ensuite la ligne Gestionnaire d'applications. Localisez une application que vous soupçonned'être un peu trop gourmande. Touchez la ligne correspondante. Vous pouvez alors toucher la ligne Stockage, puis vider les informations temporaires en cache, et toutes les données (ce qui revient à réinitialiser l'application). Si nécessaire, forcez l'arrêt du petit malin (voir la partie gauche de la Figure 16.3).
- Pour faire un ménage un peu plus conséquent, voyez du côté de l'application Mes fichiers. Tout en bas de la fenêtre, touchez le bouton Utilisation du stockage. Vous pourrez alors obtenir des détails sur l'occupation de la mémoire interne, demander à supprimer des données réputées être inutiles, et même effacer manuellement des fichiers et des applications (voir la partie droite de la Figure 16.3).
- Le Galaxy S7 centralise ces outils de gestion dans une interface commune appelée Smart Manager. Vous la trouvez dans les paramètres (juste au-dessus de la ligne Applications). Vous pouvez alors jouer directement ici sur la batterie et le stockage, ou encore alléger la mémoire vive de l'appareil (voir la partie gauche de la Figure 16.4). L'outil RAM permet en particulier de terminer proprement certaines applications qui squattent la mémoire alors que vous n'en avez pas ou plus besoin (voyez la partie droite de la Figure 16.4).

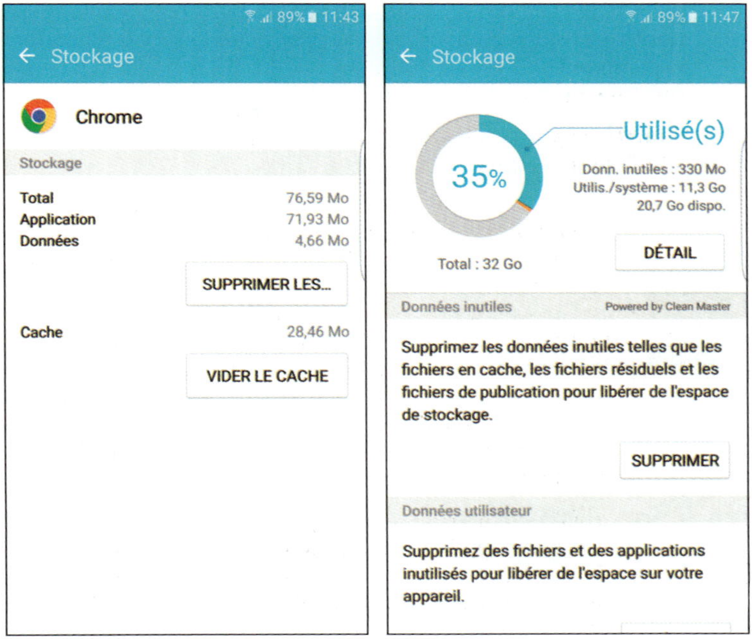

Figure 16.3 : Alléger la mémoire du smartphone.

N'OUBLIEZ PAS

La protection offerte part Smart Manager permet de vérifier qu'un intrus n'a pas modifié le système sans y être autorisé. Ce n'est pas un véritableanti-virus (nous y reviendrons plus loin dans ce chapitre). Quant au système de protection maison Knox, c'est plutôt affaire de pro.

Une coque de protection pour votre Galaxy S7

Le Galaxy S7 est beau, grand, fin et plutôt lisse. Il vous glisse entre les doigts, tombe sur du carrelage, et le voilà brisé !

Évitez ce cauchemar en lui offrant tout de suite une coque (ou un étui) à la fois solide et fonctionnelle, c'est-à-dire qui ne gêne pas l'accès aux boutons du smartphone et qui ne demande pas trente secondes pour dégager l'écran quand un correspondant vous appelle.

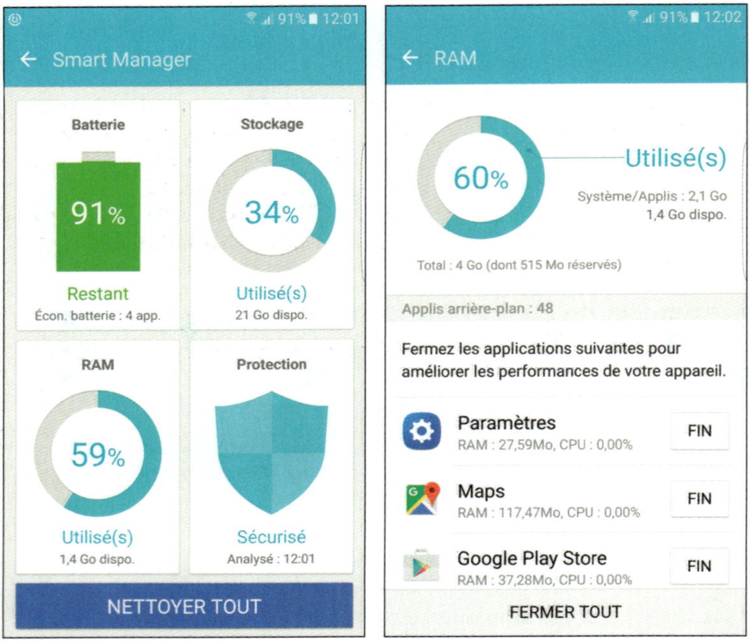

Figure 16.4 : Gérer mémoire et batterie avec l'application Smart Manager.

Il en existe divers modèles, et à tous les prix. À mon sens, il faut privilégier quatre points : qualité des matériaux, prise dans les angles, facilité d'accès aux boutons et connecteurs, et pas de recouvrement des bords de l'appareil, ce qui risquerait de gêner le toucher de l'écran. Après, c'est une affaire de goût !

TRUC

Samsung propose ses propres solutions appelées LED View Cover, Clear View Cover ou encre S View Cover. Ce sont plus que des simples coques, puisque ces protections savent afficher l'heure, les appels ou encore diverses notifications. C'est plutôt joli, mais évidemment pas vraiment bon marché…

Verrouiller l'écran de verrouillage

Par défaut, un simple glisser sur l'écran de verrouillage suffit à accéder à toutes vos applications, données et paramètres. Autant dire que c'est le degré zéro de la sécurité.

Si vous ne voulez pas que tout un chacun puisse mettre le doigt sur votre écran pour savoir ce que vous avez et faites, il faut évidemment un meilleur niveau de protection. Vous pouvez définir celui-ci à partir de l'option Écran verrouillage/Sécurité de l'application Paramètres en touchant l'option Mode de déverrouillage. Comme l'illustre la partie gauche de la Figure 16.5, vous disposez de plusieurs modes plus ou moins efficaces :

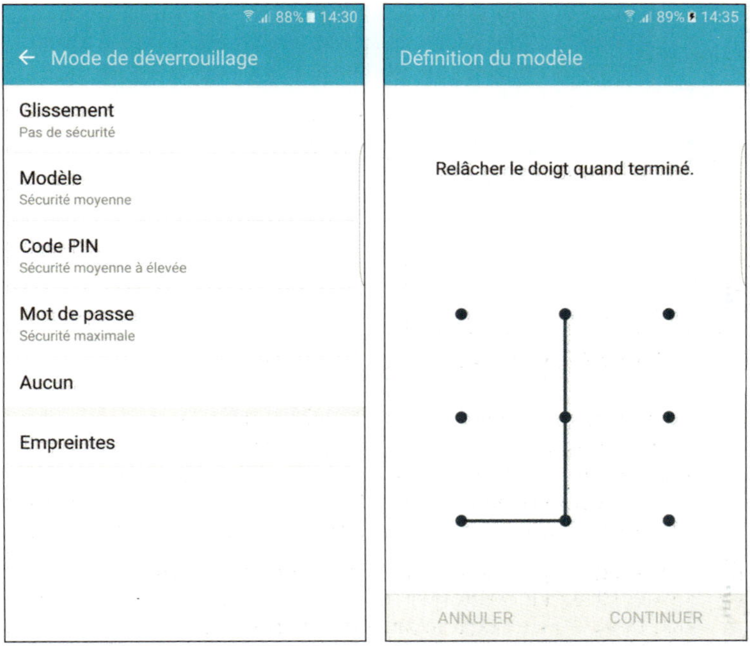

Figure 16.5 : Découvrir les options de déverrouillage de l'écran.

- **Glissement :** c'est l'option par défaut. Vous n'avez pas peur !
- **Modèle :** pour créer un modèle de déverrouillage, vous faites glisser votre doigt sur une série de neuf points (voir la partie droite de la Figure 16.5). Vous devez passer par au moins quatre points sans utiliser deux fois le même. C'est sans doute amusant, mais pas si sûr que cela.
- **Code PIN :** c'est comme le code PIN qui déverrouille votre carte SIM, mais celui-ci peut comporter de quatre à seize chiffres. C'est un moyen évidemment plus efficace que les précédents.
- **Mot de passe :** c'est généralement ce qu'il y a de plus sûr, du moins si vous ne choisissez pas quelque chose de trop simple à deviner, et c'est ce que je vous conseille. Vous devez entrer au moins quatre caractères alphanumériques. Un bon mot de passe devrait en comporter au minimum huit, en mélangeant chiffres et lettres, majuscules et minuscules. Bien sûr, il vaut mieux pour vous ne pas l'oublier, ni l'écrire sur de petits papiers que vous laisseriez traîner à droite ou à gauche !

ATTENTION

Si vous optez pour un code PIN ou un mot de passe, vous devrez saisir celui-ci pour changer votre mode de déverrouillage.

- **Empreintes :** c'est la dernière mode… Chacun étant réputé avoir des empreintes différentes, ce mode de protection devrait être simple et parfait. Bien entendu, une fois activé, vous êtes à la merci d'un problème de détection, vous ne pouvez même plus laisser vos enfants jouer avec le smartphone sans rester en permanence à côté d'eux, sans même parler de redoutables criminels qui auraient réussi à obtenir une empreinte de vos empreintes… Pour activer ce mode, vous devez tout d'abord définir un modèle, un code PIN ou un mot de passe qui vous permettra de déverrouiller votre Galaxy S7 si celui-ci n'arrivait pas à reconnaître votre doigt (voir la partie gauche de la Figure 16.6). Pour créer une image de votre empreinte, placez un doigt sur le bouton Accueil de manière à ce que celui-ci soit totalement recouvert.

Levez le doigt, et recommencez jusqu'à ce que votre empreinte soit entièrement détectée (voir la partie droite de la Figure 16.6). Et si votre confiance est limitée, vous pourrez toujours changer de mode de protection en dessinant le modèle, ou en saisissant le code PIN ou bien le mot de passe…

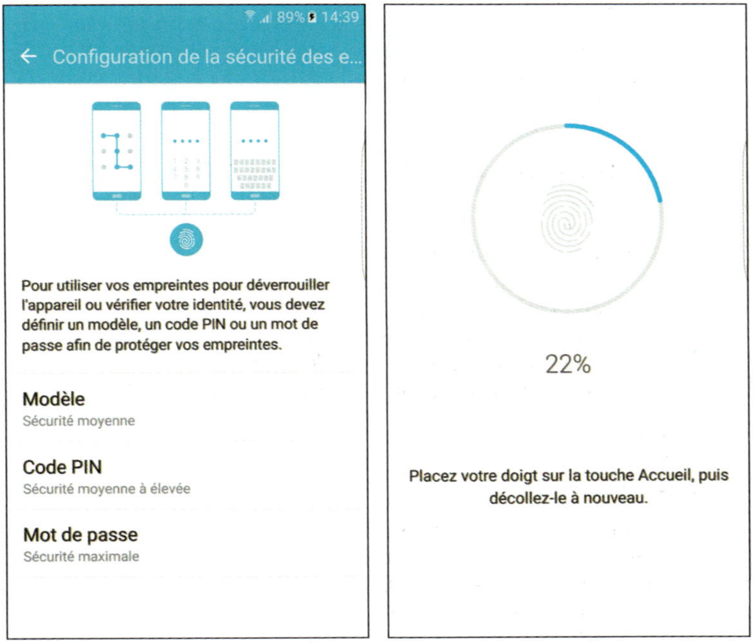

Figure 16.6 : Configurer la protection par empreinte.

D'accord, il est possible de faire mémoriser plusieurs empreintes. Mais cela réduit évidemment le niveau de sécurité recherché.

Une utilisation possible est le paiement avec empreinte. Cette technologie reste encore un peu futuriste, mais elle va se développer. Notez tout de même que Samsung vous prévient qu'il n'est responsable de rien !

Pour ajuster la configuration de ce mode de sécurité, voyez dans la rubrique Sécurité de la page Écran verrouillage/Sécurité ce que propose l'option Empreintes.

Personnaliser vos informations

Dans le mode de déverrouillage par défaut, c'est-à-dire par glissement, l'écran affiche un message qui vous explique comment faire. Imaginons un instant que vous égariez votre Galaxy S7. Par bonheur, une personne très honnête le trouve et voudrait vous le restituer. Mais vous avez défini un mot de passe, et bien sûr elle ne le connaît pas. Comment faire? Tout simplement en affichant des renseignements qui lui permettront de vous contacter. Pour cela :

1. **Dans l'application Paramètres, choisissez Écran verrouillage/Sécurité, puis Informations et raccourcis, et enfin Infos propriétaire.**
2. **Saisissez un message sur quatre lignes au maximum.**
3. **Touchez le bouton OK pour terminer.**

C'est tout! Vous pourrez facilement de cette manière afficher votre nom, un numéro à appeler ou encore une adresse de messagerie. Bien entendu, encore faut-il que la personne qui retrouve votre Galaxy S7 soit *réellement* honnête!

Pour annuler les informations du propriétaire, reprenez les étapes ci-dessus et effacez simplement le contenu de votre texte.

En suivant la même démarche, il est aussi possible d'ajouter à l'écran de verrouillage un bref message plus généraliste.

Installer un antivirus

Même si Android est réputé être moins sujet aux attaques de virus et autres *malwares* que, disons au hasard, Windows, cela ne signifie pas que le risque est inexistant (en fait, il est rapidement croissant). Se protéger avec un bon antivirus est aussi une mesure de sécurité hautement recommandée.

ATTENTION

Supposons un petit instant que quelqu'un qui a accès à votre smartphone, pas vous bien sûr, arrive à charger une application sur un marché, comment dire, *parallèle*. Mais, malheureusement, cette jolie application, bien sûr payante sur Play Store, a été un peu trafiquée. Et voilà un méchant virus qui arrive sur votre Galaxy S7 sans que vous le sachiez (normal, puisque tout cela s'est fait à votre insu). Et vous n'étiez pas protégé. Catastrophe!

Il est facile de trouver et d'installer des applications antivirus fiables, réputées et gratuites (du moins hors version Pro ou Premium) sur Play Store. Les quatre les plus réputées et les mieux notées sont :

- Avast! Mobile Security
- AVG Antivirus
- Lookout Antivirus et sécurité
- Norton Antivirus et sécurité

NOTE TECHNIQUE

Certains antivirus vous proposent également une sauvegarde automatique d'un certain nombre de données, notamment contacts, photos, *etc.* Comme tout cela est déjà possible avec votre compte Google ou Samsung, ce n'est sans doute pas un argument de vente très utile. D'autre part, la sauvegarde de vos applications et de beaucoup d'autres éléments peut s'effectuer facilement avec une application dédiée (comme Samsung Smart Switch, Airdroid ou encore Easy Backup).

TRUC

Tous ces antivirus offrent aussi des fonctionnalités de localisation et d'alarme si votre smartphone est égaré, perdu ou volé. Samsung propose également ce type de service (voyez la prochaine section). Tout le problème est de savoir quel est le limier le plus efficace. N'ayant pas encore rencontré ce genre d'aventure, je ne peux pas vous conseiller. Voyez donc ce que disent à ce sujet les commentaires laissés par des utilisateurs malchanceux.

N'OUBLIEZ PAS

Comme sur un PC, n'installez jamais *deux* antivirus. Ils se gêneraient mutuellement, ralentiraient le Galaxy S7, et finiraient peut-être par avoir raison de la charge de votre batterie…

Activer le traçage de votre appareil

Ce que les antivirus vous vendent le plus souvent, Samsung vous l'offre grâce aux fonctions de contrôle à distance et de traçage. Pour y accéder, ouvrez l'application Paramètres, puis choisissez Écran verrouillage/Sécurité.

Pour pouvoir envoyer une alerte automatique lors d'un traçage, touchez l'option Traçage du mobile. Vous allez devoir entrer le mot de passe de votre compte Samsung puis confirmer. Si vous ne l'avez pas créé, vous pouvez revenir en arrière et le faire dans la rubrique Comptes des paramètres (il est parfaitement possible d'utiliser pour cela son compte Gmail).

Figure 16.7 : Activer le traçage du Galaxy S7.

Vérifiez maintenant que l'option Contrôle à distance est bien activée (sinon, tout cela ne servirait à rien). Avec l'option Alerte changement de SIM, vous pouvez définir un mesage d'au plus 18 caractères, ainsi que le numéro de téléphone à appeler en cas de perte ou de vol (voir la Figure 16.7). Touchez ensuite le bouton Enreg.

Il ne vous reste plus qu'à accepter la localisation. À défaut, la position de votre Galaxy S7 ne pourrait évidemment pas être détectée, si ce n'est par les services de police ou de renseignement.

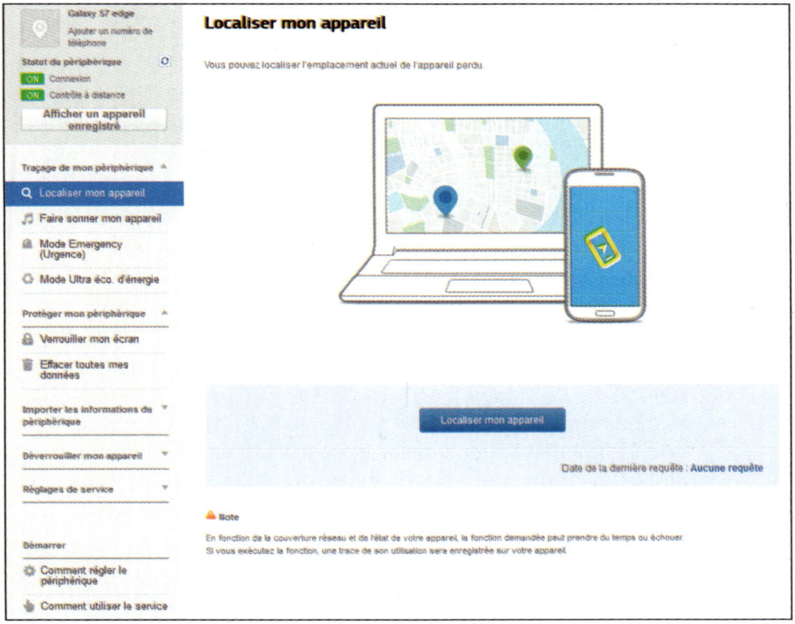

Figure 16.8 : Suivre à la trace un téléphone perdu.

En cas de besoin, trouvez un navigateur Web sur un ordinateur ou un smartphone et accédez au site Find my mobile de Samsung (`findmymobile.samsung.com`). Vous pouvez le faire depuis votre Galaxy S7 en touchant le nom du site Web dans la page Traçage du mobile, mais si vous y arrivez, c'est que vous n'avez pas perdu votre smartphone préféré... Peut-être voulez-vous localiser un autre appareil ?

Saisissez vos données de connexion ainsi que les informations de votre appareil Samsung dans la page d'accueil du site. Vous disposez alors d'options avancées pour le localiser (avec une précision assez diabolique, merci Google Maps !), le verrouiller, récupérer appels et messages, voire même effacer vos données (voir la Figure 16.8).

Voilà bien une option de sécurité qui a l'air utile et efficace, et que je vous recommande vivement d'activer.

Sauvegarder vos données

Avec votre compte Gmail, vous pouvez stocker bon nombre de données sur le Web, et en assurer automatiquement la synchronisation.

Pour vérifier la configuration de celle-ci, ouvrez l'application Paramètres et choisissez votre compte Google (option Comptes). Dans la page qui s'affiche, touchez la ligne qui montre le nom de votre compte. Vos paramètres de synchronisation vont s'afficher (voir la Figure 16.9).

Touchez les cases des différentes options afin d'accepter ou non que les données correspondantes soient synchronisées. Si, par exemple, vous ne louez jamais de films, il est inutile de cocher la ligne Synchroniser Google Play Films. Vous pouvez alors demander une synchronisation immédiate (bouton Plus), ou toucher le bouton Accueil pour quitter les paramètres.

N'OUBLIEZ PAS

Vérifiez bien dans vos paramètres, sous l'option Sauvegarder et réinitialiser des paramètres que les lignes Sauvegarder mes données et Restauration auto sont bien cochées, et que le compte de sauvegarde est le bon.

TRUC

Si vous avez créé un compte Dropbox, ou encore OneDrive, vous pouvez également y synchroniser automatiquement photos et vidéos. Le cas échéant, cela vous fait donc une double copie de ces fichiers. Demandez évidemment dans les options de l'application à ce que la synchronisation ne se fasse qu'en Wi-Fi.

Pour autant, si votre agenda, vos contacts, vos messages et ainsi de suite sont essentiels pour vous, il y a encore beaucoup d'autres choses dans la mémoire de votre smartphone : le système, vos applications, les données stockées par celles-ci, *etc.* Il existe pour cela des applications spécialisées. Vous pouvez par exemple vous tourner vers l'excellent AirDroid. Le sympathique Easy Backup vous aidera aussi à éviter une catastrophe en sauvegardant vos SMS, vos MMS et votre journal d'appels. Les deux sont gratuits.

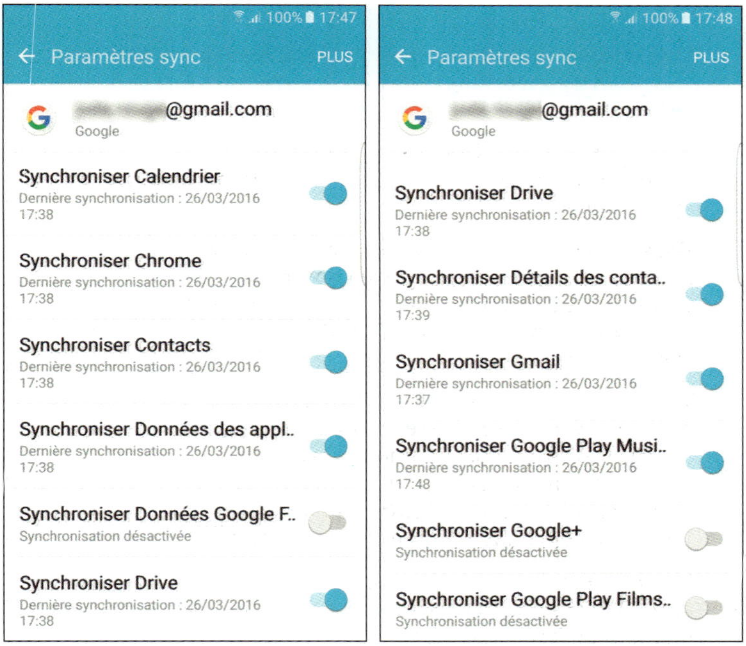

Figure 16.9 : Synchroniser ses données avec son compte Gmail.

Crypter la carte Micro SD

Si les données de votre smartphone sont hautement confidentielles et classées secret défense, vous pouvez demander à ce qu'elles soient codées, cryptées. Voilà le genre de décision qui doit être mûrement réfléchie et correspondre à une impérative nécessité !

Si c'est le cas, ouvrez l'application Paramètres et choisissez la rubrique Écran verrouillage/Sécurité, puis Autres paramètres de sécurité et enfin Cryptage de la carte SD.

Vous allez devoir définir un mot de passe de six caractères ou plus, dont au moins un chiffre. La procédure de cryptage de l'appareil peut être longue, et vous devez donc impérativement laisser celui-ci branché sur le secteur. En cas de faiblesse de la batterie, vous risqueriez purement et simplement de tout perdre !

TRUC

Dans les autres paramètres de sécurité, vous trouvez, en faisant défiler la liste des options vers le bas, une ligne intitulée Épingler les fenêtres. Ce mode permet de mettre une application en avant-plan (par exemple, le lecteur vidéo), les autres se trouvant alors « bloquées » tant que l'épinglage reste actif. Mais vous êtes prévenu que certaines fonctions risquent de ne pas être disponibles. Donc pas d'appels, pas de messages ! Voyez si cela peut vous être utile un jour.

TRUC

N'hésitez pas à parcourir les autres options de sécurité, ainsi que la section Confidentialité/Protection. Par exemple, la rubrique Autorisations application vous permet de personnaliser la liste des applications autorisées à accéder à telle ou telle ressource du système. Pour autant, il est inutile de sombrer das la paranoïa, Android 6 (ou plus) surveillant de près votre sécurité (et donc en même temps les intérêts de Google).

Noter votre numéro IMEI

Pour en terminer sur ce sujet, je vous conseille de noter quelque part plusieurs renseignements sur votre Galaxy S7 :

- **Informations sur l'appareil :** vous les trouverez en choisissant À propos de l'appareil dans les paramètres. Elles concernent le nom de votre smartphone et les références sur la version d'Android qui y est installée. Il t d'informations que vous pourra demander une personne de l'assistance technique si vous en avez besoin un jour.

  L'option Téléchargement manuel des MÀJ concerne les évolutions possibles d'Android. L'appareil recherche en fait ces mises à jour de manière automatisée afin de vous proposer de les télécharger et de les installer. Attendez si nécessaire d'être en Wi-Fi pour cela.

- **Numéro IMEI :** ce numéro à quinze chiffres est unique et attaché à chaque appareil mobile (IMEI signifie *International Mobile Equipment Identity*). Vous pouvez en avoir besoin si vous devez porter plainte pour vol et transmettre cette information à votre opérateur pour qu'il désactive l'appareil. Pour retrouver le numéro IMEI, vous avez trois solutions : 1) il est écrit sur une étiquette collée au dos de votre Galaxy S7 ainsi que sur sa boîte ; 2) il est accessible en touchant la ligne État de la page À propos de l'appareil et 3) il est possible de l'obtenir en appelant le numéro de téléphone spécial #06#.

Index

D

E